U0138907

本書經科技部TSSCI期刊學術專書審查通過出版

邁向交織教育學
多元文化班級經營理念
與實踐策略圖像

李淑菁　著

五南圖書出版公司 印行

從「性別教育」、「多元文化教育」走向「交織教育學」

　　一次跟指導的研究生聊到「本來想說出版《性別教育：政策與實踐》一書後就不做性別了，沒想到指導的學生一個個都是以性別為主題作論文研究……」學生略顯焦慮的問：「妳的意思是妳要登出『性別』」？我連忙解釋：「也不是啦，我在進行博論的時候，已經逐漸看到『性別』單一觀點的侷限，《性別教育》一書是個結束，也是新的出發……。」

　　的確，這是當時在撰寫《性別教育：政策與實踐》的初衷，從性別談到多元文化教育，本著先自我消滅，才有機會開創新局的態度探究新的可能。《邁向交織教育學》這本書，就是繼《性別教育：政策與實踐》專書之後，啟航出發看見的新視野。在兩者之間，夾雜著一個美麗的意外——多元文化教育，出現在我的學術生命中。

多元文化教育，讓我重新閱讀自己的生命

　　2005年進行博士論文田野研究時，帶著性別的眼睛進到東部學校，原住民區域的田野資料開展豐富了我原本的性／別想像；2008年拿到博士學位，決定回到臺灣服務，起初在國家科學委員會（後改為「科技部」）人文社會科學研究中心進行博士後研究，當時高師大游美惠教授推薦我到高師大教育系開「多元文化教育」課程。坦白說，在決定接這門課時，我壓根沒聽過「多元文化教育」，在一邊準備課程的同時，我發覺自己很容易進到這領域來，一方面是教育社會學、性別教育、社會學與社會政策的學術基礎，另一方面是在許多文獻中我逐漸能夠理解並解釋自己的處境。「多元文化教育」解答我一直以來的疑惑，從根本上重新閱讀、理解自己的生命——作為女性、鄉村、勞動階級家庭、嚴重口吃者，如此多

重邊緣的交織，或許作爲漢人（閩南）、順性別（cis-gender）的身分讓我的處境不至於完全沒有機會。

　　一開始念「性別」，跟我的出身息息相關。出生於雲林海線偏遠的農家，四年級生的父親是長孫，母親爲了「拼男生」只能拼命生，生到第三個女生她就開始哭了，沒想到第四個、第五個都還是女生，終於第六個是個男孩，然而曾祖母覺得一個曾孫太不保險，要求母親繼續生。很幸運的，母親終於能夠完成她的「任務」，第七個孩子也是男孩，她的子宮能夠停止成爲生殖工具。

　　作爲長女，沒能「招弟」，只有招來一堆妹妹，因此從小到大，經歷許多因生理女性而遭受到許多不同的對待。我還清楚的記得，曾有親戚拿著當時很珍貴的兩顆蘋果探望臥病的曾祖父，我跟姊妹們看著蘋果流口水，但弟弟只因生爲男生而能擁有特權，不需費力，蘋果直接送進嘴裡。姊妹們從小到大最常聽到的一句話是「以後所有的都是弟弟的！」從小，我們就知道：作爲女性，我們什麼都沒有，只能靠自己！

　　從小患有嚴重口吃，其實很少人知道我的這段曾經，只有在上課、演講時，突然間我無法正常的「說」出某些字來時，會順帶說明一下自己的邊緣過往。因口吃，曾遭受過許多的模仿與訕笑。我還記得念國中時，老師常要求同學輪流站起來念每一題目跟答案，我往往無法完整的念出來，只聽到後面傳來的哄堂大笑，我往往尷尬不已。或許是神經大條、或許是同學們的仁慈，中學就這樣過了。

　　一直以來，我往往是班上的邊緣群體，因此也很容易成爲獨行俠。來自偏遠的小村，村子內只有我一位進到鄉立國中的女生唯一升學班（家中環境好的會直接去念私立中學）。沒有例外的，在這一班我也不認識任何人，後來我發覺同學們大多彼此認識，因爲她們主要來自鄉裡面最熱鬧的兩個小學。對我而言，每一個階段都是邊緣進到主流的過程，無法進入群體成爲一種必然，一個人在邊緣做自己的事也成爲習慣，只是偶爾成績表現讓同學們看見，大部分時候的我仍是隱形的。

　　一開始不認識任何人，是我每一段求學過程必經的劇碼，似乎是習慣了，因此也沒有所謂的「害怕」。後來自己決定到臺北讀高中，因爲我是家中長女，沒公立學校念代表的是我可能要去工廠工作，考慮臺北有比較多公立高中可選擇，再怎麼樣也不會落到沒學校念的地步，當時的我已經

開始學習為自己的人生做決定。來自務農的勞動階級，我在很有限的資源中，推演選擇出一條最具利基的道路，我沒有浪漫的條件，但有著充滿夢想的渴望。

我還記得，當傳來我上中山女高的消息，還被爸爸罵，原來是因為鄉下國中畢業的父親當時以為臺北只有北一女中才是唯一公立學校，經旁人解釋才釋懷。鄉下人進城，又是一個邊緣位置。當時，我看臺北的一切都是那麼的「崇高」、「偉大」、「進步」、「繁榮」、「高級」，我就像劉姥姥進大觀園，感覺到自己好渺小、什麼都不懂，舉手投足可能都要鬧出笑話，因此什麼都要加把勁重新學，否則稍不注意就要貽笑大方。第一次文化震撼是開學不久某一位同學生日，她帶了好多進口巧克力與糖果跟同學分享，當時的我不懂生日原來要這樣子過。透過分享，其他同學好喜歡她，更願意跟她交朋友。當時十四歲的我還在適應臺北這個繁華都市，連紅綠燈都不太會看的我，坐車、吃飯、念書，一切都要自己來。「求生存」對我而言就是一門很大的功課，光這些事就夠忙了，我也沒想被看見或刻意去交朋友。

我的功課跟別人不同，當那麼年輕的我無法獨立解決時，我寫在週記上，滿滿的一頁，那是求救的訊號。當時的導師或許沒有接觸鄉下學生的經驗，或許她的生活世界裡面不存在我面對的問題，因此也不了解我的問題在哪裡。我拿到發回來的週記，失望地看到老師只用紅筆寫下一句「慢慢的你就會適應了！」

得不到導師更多的回應，我了然於心，知道一切只能靠自己了！但仍每打電話回家就想哭。高中的我，就像游牧民族，自己搬了好多地方住，我還記得準備大學聯考最後的四個月住在六人住不到八坪的頂樓加蓋，夏季午後震耳欲聾的暴雷聲，讓我害怕到不能自己，但又必須靠自己抬頭挺胸。那個畫面，歷歷在目。儘管來自於高中名校，以前許多中山的同學其實也失聯了，其實我跟她們的人生也很難有交叉點。班上同學家長許多是管理階層、專業人士，有很好的教養與表現，中上階級生活圈與文化風格與我迥異，因此我在班上往往是不被看見的，也沒有太多朋友，只覺得格格不入。

1991年，我考上私立大學。挾著高分（我還記得那個數字408.37），17歲的我去跟補習班老闆談條件，讓我免費補習，我保證未來讓他們貼

紅榜，於是展開一年沒有身分的補習生涯。每天清晨從土城姑姑家擠車進城到補習班，看著穿制服的學生、穿襯衫的上班族；而我，什麼都不是。那一年，我深刻了解那種沒有身分、找不到位置的處境與感受。

　　1992年進入臺師大社會教育學系就讀，同學們來自全省不同學校，偏鄉孩子比例高，突然間我好像能夠「進去了」，那是不可言說的社會階級文化密碼。在其中，我感受更為自在，也更能展現自我。在歷經一年勞委會實習、一年《自由時報》記者生涯，1998年，因緣際會進了臺大國家發展研究所，註冊那一天的心情我永遠記得：縱然完成報到手續，我一直覺得那不可能是真的，心理上可能覺得我不可能進得了這個「聖地」，不知怎的，我一直感覺自己是個「局外人」（outsider）。「局外人」的感覺，在我進入所謂的世界名校念博士班，感受尤其深刻。雖然我念的是性別教育，然而在英國留學期間，種族歧視、階級符碼卻是以各種方式向我走來（可參閱《再見香格里拉藍：旅行教我的事》一書），日常生活無所不在的被歧視經驗，我深刻理解作為一個社會中少數族群的處境，開始對於臺灣的移民移工更能感同身受。

　　然而，2008年中回到臺灣找工作，又是一連串挫折忍耐力的訓練。我記得丟了幾十封應徵信，九個多月來幾乎沒有任何面試機會，在遍尋不著工作之際，經濟的千斤壓力接踵而來，當時一位性別學者曾告訴我：「某某人跟妳情況一樣，但他是男生，壓力一定比妳大！」當時的我，直覺這樣的講法太單向度，後來往前思索這句話，我才了解，這位性別學者的眼裡看不到性別與階級、族群的交織。

　　在一連串看似城鄉移動、階級流動、邊緣到中心的過程中，即使到現在，就像永遠的異鄉人，雖流動，但好像也從來沒有真的進入任何地方，但我學會的是如何安在每一個新所在，學會如何在外人認為「中心」實則為「中心的邊緣」位置綜觀一切，然後逐漸能夠撐出空間做自己。重新閱讀自己的生命，絕非外人以為的順遂——1997年東南亞金融風暴，我大學畢業進入職場、2003年SARS到英國留學，進入海關前的緊張（害怕被抓去照X光）仍歷歷在目。2008年回國，金融海嘯，遍尋不著教職。2020年2月人生第一次接行政職，又遇到COVID-19，歷經2021年5月中開始爆發大規模社區感染，身處重災區，救護車聲音不絕於耳，7月29日接種疫苗之後的各種身體反應，蛻變成新人類，8月中後旬，生命遭逢如電影般

的恐怖事件。無論如何，許許多多生命中的許多苦難都幻化成養分，讓我能夠更輕盈的面對未知與不確定性，成爲這本書精神的一部分。歷經多年的整理、思索與行動，花費兩、三年的書寫與資料整理，中間因爲接行政職又中斷了八個月，行政與諸多工作常讓此書的書寫斷斷續續，有時接續要書寫時，發覺上一版竟已是好幾個月前，以下的日期紀錄幾個重要修改日期，呈現出過程，而非終點。這本書希望是觸發討論的媒介，而非結論。

研究的轉向：看見「交織」與班級經營的懸缺面向

　　曾經在英國切身感受過非主流族群的處境，2008年回到臺灣後已經開始醞釀著研究的轉向。回到久違的小鄉村，我發覺臺灣在我出國念書幾年間，人口面貌已經悄悄急速變化，特別是我的小鄉村增加許多多元的面孔與口音，爸爸每每吃完喜宴回來，就會說那是「娶越南的」、「娶印尼的」、「娶大陸的」……後來我還曾從媒體得知，我們村的「外配比例」（當時語彙）當時是全臺第二高。對於要飛十多小時、一個太平洋以上距離的美國，我們可以略知一二；對於三小時就能抵達的鄰國，我們所知卻非常有限，因此我也開始思考透過東南亞田野擴充，也更細緻化理解多元文化教育內涵。

　　一路上從性別與教育的風景、慢慢帶我進入多元文化教育；從漂泊旅行回到自身，慢慢看見身邊的東南亞朋友，透過東南亞的田野研理解她們的文化理路與脈絡，再慢慢拉回臺灣的教育現場。民國100年至102年間，我開始進行「位置性與多元文化──從性別／族群／階級的交織性再探性別平等內涵」科技部計畫研究，將研究重心放在越南，深入新移民女性的母國社會文化中，不斷在進出間穿梭於不同的位置。在理解越南社會文化的前提下，再將研究拉回臺灣教學現場，進行「教育場域的多元文化論述形構、傳遞與實踐：性別觀點的檢視」（2014-2015）、「從識讀、素養到實踐：學校的多元文化教育再現與學生回應」（2015-2016），最後將研究拉到教室，從多元文化教育的角度重新檢視班級經營理論與實踐，此科技部計畫名稱爲「社會變遷下的班級經營理念與策略探究：性別與多元文化觀點的增補」（2016-2018）。

　　要處理交織性（intersectionality）議題並不容易，就如同我在2011年書寫的〈其實妳不懂我：性別研究不得不走的苦路─交織性〉一文寫道，在處理性別議題的同時，種族／族群、階級、障礙，甚至國際政治間的階序格局，也要同時被看見，否則無法真正解決問題。「交織性」不僅是一種概念、一種看見，更是一種實踐。「交織性」又如何鑲嵌、實踐於教育學呢？或者更源頭的問題是：在教育場域中，如何能夠看見「交織性」？國內目前有關多元、多樣、多元文化主義等相關的書籍大多處理單一面向，例如僅處理性別、原住民等單一議題，縱然這幾年多元文化教育的重點往新住民位移，然而我們對新住民教育可以如何進行，其想像與做法卻依然非常淺層與臺灣中心。特別是新移民女性相關議題，往往涉及性別、族群與階級等交織因素，「交織性」層次是未來多元文化教育學術發展不得不面對的議題。

　　開始思考「班級經營」，也是人生的偶然。民國100年，命運安排我到政大教育系任教；隔一年，系辦承辦人員希望我可以開「班級經營」課程，縱然自己當時沒做過相關研究，有的只是念臺師大時修過課程以及職校任教時的導師實務經驗，但還是沒有選擇而硬著頭皮接了。在準備過程中，逐漸發覺現有「班級經營」理論與實踐不足之處，因此從社會文化觀點做了相當的補充。然而，期末學生評量時反而質疑我在「班級經營」課程談性別、新住民並不恰當。這些過程讓我思考著學生對「班級經營」的想像是什麼？為什麼有這些想像？帶著這些疑惑跟問題意識，逐漸醞釀出前述科技部研究案「社會變遷下的班級經營理念與策略探究：性別與多元文化觀點的增補」。經過幾年來的沉潛與醞釀，逐漸開展出不同的班級經營取徑。

　　為何要寫一本書？書中每一個單篇，其實就是一篇論文，然而期刊論文既定的格式與標準論文的想像，對於需要很強的脈絡性支持的研究而言並不友善，特別在教育領域，一些新興議題的批判性論文，往往需要奮力掙扎才有機會被看見。我理解在教育研究最安全也最容易被期刊接受的論文寫法，是用一個西方理論去分析本土教育現場，然而如此的研究分析卻很容易陷入西方中心的學術後殖民主義的權力再製。還記得在2019年9月參與的歐洲教育年會「風險時代中的教育──未來教育研究的角色」，幾天教育年會下來，我發覺不管是專題演講或者會場環境設置，都是為了回

應風險時代（era at risk）中，教育研究應該扮演的角色爲何？風險時代特別指涉：第一，在接受這麼多的移民及難民之後，教育應該如何回應？特別是在多語言（multilingual）的教育環境與文化中；第二，有關快速的環境與氣候變化，教育研究如何回應永續教育議題？研討會過程中，我感覺歐洲教育抱持著很正面積極的態度去面對問題、解決問題，而各種因應之道都回歸到一個臺灣教育學術界較少碰觸的教育研究重點——教師教育（Teacher Education）。如何讓教師具備回應這些議題的能力，是一個教育研究重點，更是教育實務上需要誠實面對的議題。我常在思考：我們的教育研究回應了哪些問題？試圖解答什麼問題？或者只是在TSSCI的標準下進行最安全、最不會被挑剔、最容易「上」的研究題目或方法？或者說，我們回應的是在美國標準下的學術要求（SSCI）——可以快速量產、設計完美，以至於論文呈現輕薄短小，卻沒什麼實際上的貢獻？

　　這本書《邁向交織教育學：多元文化班級經營理念與實踐策略圖像》從科技部兩年的多元文化班級經營計畫出發，結合從民國100年來在交織性研究與實踐上的觀察與浸潤，希望能夠在理論與實踐上搭橋，在教育界開始觸發交織性的覺察，並探究如何能將此覺察運用於班級經營。本書因此在第一章先從理論上的層面爬梳多元文化教育與交織性的關聯作爲此書的前言。第二章則進到本書的標的軸線——班級經營，首先以文本論述分析的方式，嘗試進行臺灣班級經營理論與實務論述的歷史考古學，並更進一步思考多元文化教育觀點在未來如何增補「班級經營」理論與實務內涵。接著從第三章開始連結多元文化教育與班級經營，讓兩者彼此對話與增補，並繪製出以平等爲核心、教師多元文化素養爲中介的「大圖像的多元文化班級經營概念圖」。第四章從臺灣教育現場出發，嘗試從多元文化教育的觀點理解教師班級經營實踐策略。最後的第五章作爲結論，則爲呼應第一章「看見交織性的多元文化教育」，先介紹交織教育學的概念、內涵與實踐，接著試圖讓交織教育學與班級經營進行對話，探究交織教育學班級經營的圖像。就如審查人審查意見所言，此書有系統的論述「交織性」事實上之必要性以及重要性，充實了交織教育學的文獻，增加了多元文化教育邁向交織性教育學的可能性，而「班級經營」傳統上多從教育心理學、管理、控制等觀點切入，作者能挑戰現況，質疑其未能從社會文化觀點切入的缺失，可彰顯本書在教育領域的突破性與重要性；也有審查人

認為此書從本身的關照出發，連結理論與實踐，將交織教育學與班級經營跨界對話，是具說服力的多元文化書寫方式。

　　想在邊緣發聲，須有足夠的耐挫力。有一次覺得很無力時，偶然讀到葉啟政老師《論修養》一書讓我得著力量。他認為面對結構困境的時候，行動者不需與之正面對抗，也毋須完全屈服，透過修養回到自身來看待結構，可能開啟一條更寬廣的可能途徑。我許多的文章或者專書能夠出現，也都是東投西投，一直到找到一個懂我的所在，因緣俱足時自然就會出現了，只是大家都只見到最後的順利出版結果而已。在不同學術疆界的縫隙中生存要有耐得住孤單，打斷筋骨反而勇的恆毅力，用比別人更加倍的努力、用自己覺得有意義的方式在學術界繼續存活著，感謝過去的自己從來沒有放棄，感恩自己的生命歷程讓我具備面對主流挑戰的勇氣，也感恩這些經驗讓我具備跟「大眾」溝通的能力。以Kincheloe（2012）的話來說，倘若我們要從事交織性的工作，使用能夠被理解的語言是很重要的，因此本書盡量使用大眾能夠理解的語言，不讓學術語彙高牆減損教育行動的可能性。

　　感謝審查人看見研究者多年來的耕耘，走在沒有人走過的道路上，難免會有許多質疑及批評，碰到知音，真是喜極而泣。如果說研究是一條孤寂的路，做跨領域及批判性的研究，更是孤寂。非常感謝給研究創新一條路的同儕審查學者專業建議，讓我在修修改改、不斷思考審度過程中，讓此書更為完整，也使我能夠帶著勇氣繼續前行。感謝一路同行的助理及學生們——品如、翊廷、緯安、佳琳、致瑋，特別是博士班學生品如在國外班級經營的文獻整理著力甚深，翁嘉瑩一直協助逐字稿的繕打工作。更感謝參與研究的老師們，妳／你們的教學經驗豐富了未來的教育發展，還記得那段全臺跑透透到處訪談的日子，到蘭嶼研究時還差點被機車作用力彈進大海，頭腫個大包、手腕錯位、腿部瘀傷，還好沒有腦震盪，復健了大半年，不過我想老天留我下來一定有特別的用意。時隔一年，當我開始分析、書寫資料時，又承命接下幼教所所長一職，這本書只能在停停寫寫之間緩步進行，雖很慢，但總有走到終點的時候，感謝科技部一直以來研究上的支持。更感謝親愛的家人們，雖然看不懂我在做什麼、寫什麼、堅持什麼，但提供一個我隨時可躲進去、休息再出發的能量場，這對我而言非常重要。我特別想感謝一位已經沒有機會當面跟她表達謝意的老師——大

一社會學啟蒙師羊憶蓉教授，在我進行專書修改時，才得知原來兩年前已經離開我們，儘管在六十人以上的大班，老師應該不認識我，但她在課堂中一直強調思考、批判的有機知識分子風範，深深影響著我，因此謹以此書向羊老師致以最大的敬意與感謝。最後，謹將這本書獻給致力於改變教育風景的行動者，也獻給在不健康高教體制中奮力又優雅生存的自己。

李詠菁

2019/12/31, 2020/8/3, 2020/9/23, 2020/10/7, 2020/11/13, 2020/11/25, 2020/12/27, 2021/2/16, 2021/6/15，2021/6/16, 2021/6/24, 2021/7/31, 2021/8/20，2021/12/31, 2022/1/4, 2022/1/15, 2022/2/8, 2022/2/14, 2022/2/15, 2022/3/15

目錄

第一章

看見交織性的多元文化教育

　　當我們開始看到不同性別、族群、階級或其他身分之中／之內的差異經驗,例如中上階級女性與勞動階級女性生命經驗、不同階級背景的障礙者、不同族群的性別經驗、不同階級或族群的同志或跨性別者等,即為看見交織性的開始。然而,多元文化教育為何需要談交織性(intersectionality)?為何必須「看見」交織性?什麼是交織性?多元文化教育和交織性有何關係?以下筆者將先分別爬梳這些概念的相關性。

　　「當妳必須先說明『妳不是誰』，才能說『妳是誰』時，那是什麼樣的處境？」那是英國約克大學的教授Haleh Afshar在劍橋大學性別研究中心十週年慶研討會（2006年）的開場白。一頭亮麗黑髮，看過去，一個十足自信的英國伊斯蘭女性，她的演講更是鏗鏘有力，卻從解構認同（identity）來說明族群與性別的交織。

　　在九一一之後，英國社會普遍瀰漫著一股「伊斯蘭恐懼症（Islamophobia）」，不但一些國會議員要求學校中的伊斯蘭女性老師拿掉面紗，希望可以看到她們的臉、她們的表情，主流媒體論述也幾乎一面倒。Afshar研究發現，當社會環境中「伊斯蘭恐懼症」愈來愈明顯時，反而更多的年輕英國伊斯蘭女性開始定義自己、認同自己是「伊斯蘭」，藉著擷取這樣的認同讓自己得著生存的力量。

　　這一場座談的與談人是倫敦大學亞非學院（SOAS）的一位女性學者Elaheh Rostami Povey，也有類似的發現。她是一個白人女性，多年來往來於伊朗、阿富汗進行伊斯蘭婦女研究。她說：在當面對攻擊的時候，伊斯蘭婦女會為她們的伊斯蘭認同（Islamic identity）而奮鬥，而非女性認同。為了鞏固伊斯蘭認同，在外頭困難愈大的時候，她們寧願放棄婦女權益的考量，尤其在生死存亡之際，族群認同會進一步被強化鞏固。Elaheh作為一個白人性別學者，她的自省與對白人性別學者的呼籲，讓我印象深刻。她說：西方女性主義是有問題的，她們自己以為西方比較進步、文明、優異，她們以為她們的社會是平等的，而東方女人就是被壓迫、就是父權宰制；事實上，西方的女性主義都只停留在學術理論層次，實際上不見得做多少！媒體上、生活上，西方社會對身材、美貌的強調從來沒有消失。相較之下，東方許多國家不但能夠、也願意自我批判，然後利用西方女性主義的理論「做」出她們自己的東西。最後她反問在場人士一個問題：西方女性主義又如何做呢？

　　當時我在想，沒錯！臺灣就是一個很好的例子，雖然還有長路要走，我們已經在路上了。只是於此，我必須先提醒讀者，「西方」並非同質（homogeneity）的概念，舉例來說，瑞典跟美國社會文化型態差異就很大，用「西方」來統稱，有時候是說明時的必要，就如談男女薪資差異時，不代表將性別進行二分。

　　那麼，「女人」是同質的類屬嗎？就如被解放的美國女性黑奴

Sojourner Truth（1797-1883）在1851年的演講〈我不是女人嗎？〉（"Ain't I a Woman"），她說每天她要做很辛苦的粗活工作，但她也是個女人、母親；然而，優勢族群的女人被建構成虛弱、需要被幫助與保護，因為那才是一個「女人的樣子」。美國黑人女性主義學者bell hooks後來即以《我不是女人嗎？》（'Ain't I a woman'）（1981）作為第一本專書書名，對於白人女性主義者將女性壓迫（women's oppression）的內涵同質化看待的情況提出批判。黑人女性之所以不被看見，在於當主流社會談及女性時，隱含著白人女性的經驗；當談及黑人時，也只有黑人男人被看見。美籍越南裔性別研究學者鄭明河（Trinh T. Minh-ha）認為許多有色人種婦女感覺到被迫在族裔（ethnicity）與婦女（womanhood）之間做出選擇，但她們又如何選擇呢？沒有「彼」也不可能擁有「此」。這兩種虛構的、分離的身分觀念，一種是種族的，一是女性的，其實是參與、同構了歐美二元邏輯的思維體系及其由來已久的分而治之的策略（Chin, 1991）。

　　由上述可知，當我們開始看到不同性別、族群、階級或其他身分之中／之內的差異經驗，例如中上階級女性與勞動階級女性生命經驗、不同階級背景的障礙者、不同族群的性別經驗、不同階級或族群的同志或跨性別者等，即為看見交織性的開始。然而，多元文化教育為何需要談交織性（intersectionality）？為何必須「看見」交織性？什麼是交織性？多元文化教育和交織性有何關係？以下筆者將從交織性的意涵與學術性討論談起，接著闡述多元文化教育與交織性的關係，爬梳上述概念的相關性及教育場域上的實踐方式。

第一節　交織性的意涵

　　筆者曾參加2011年7月在加拿大多倫多舉行的性別研討會。在一場主題為〈交織性方法論〉的論文發表場次中，一位加拿大學者悶著頭、操著她熟悉的英文，非常快速的念稿子，下面的人大多低著頭，可能無法理解她想表達的內容。在她念完稿後，一位看似中南美洲的女性與會代表大聲提出抗議：「對在下面聽講的婦女而言，英文可能是她們第二甚至第三語

言，下次再有機會，能否請妳慢慢的、清楚的表達！」臺下響起熱烈掌聲。

「誰的女性主義？」是研討會中一直被討論的議題。「女性主義」是西方白人女性的概念，在許多場次的討論中，我聽到許多「有色人種」女性的吶喊，例如《加拿大人權法案》（Canadian Human Rights Act）因沒考慮到印第安文化與傳統，反而對性別平等產生限制。發表人要聽眾特別注意法案中第67條規定性別平等的原則（the principle of gender equality），這「原則」（principle）是唯一單數，因此她要大家思索這是誰的性別平等原則？有無思考到原住民的律法傳統？

歐洲伊斯蘭組織（European Muslim Network）女性領導人Malika Hamidi在大會中公開質疑一種普遍性的女性主義（universal feminism）的存在，因此她大聲疾呼「女性主義」本身必須被去殖民化、去中心化，要對世界上其他不同的女性「開放」。同場與談者還有一位身障者Judith Heumann，她是美國國務院國際障礙者權利組織的特別顧問，終其一生為障礙者發聲。她談到作為一個女性障礙者求學與生活的種種困難，甚至常常感覺自己不屬於美國社會，「我對『治療』沒有太大興趣，我有興趣的是如何進到社會裡面。」這句話有很深的意涵，顯露出內／外（in/out）對個人的意義。社會一旦對人群進行分類產生社會排除（social exclusion），再施予社會救助，然而對許多被分類的人群成員而言，她／他要的只是「進到社會裡面」（being included）而已。

一、為何要談交織性

在說明何為「交織性」之前，我們應該先行理解在學術理論中的「人」是什麼樣子。在性別學者眼裡，她／他會先把焦點放在性別這個面向；在階級專家眼裡，階級對人的影響無所遁形；同樣的，族群面向總是很容易透過語言、文化被族群專家指認出來。我們再回到「人」的本身來思考，每個人都擁有多重身分，一個人的身分不完全由其所屬單一族群決定，而是與性別、社會階級等多層身分與角色共同構築，在不同的時空中、不同脈絡下、不同的生命階段裡，某些特定身分會特別明顯，因此身分的組成是多重的、也是流動的。我們與他人、制度互動時，這些身分也

扮演著重要角色，而我們也會依據與別人的互動，不斷地重新詮釋或轉換身分。筆者在英國留學時也有類似的認同經驗。在英國，「我是臺灣人」（相對於來自中國或亞洲的同學）或「東方人」（相對於西方同學）的認同，不自覺的升高，高到一個自己必須要開始反思的地步。我不只一次的告訴自己「我是做性別研究的啊！」因此經常提醒自己不要再去看種族歧視了，然而我就是在這樣的環境裡面，在日常生活的微政治（micro-politics）中流竄著。我逃不掉！在許多衝突與了解過程中，族群「認同化」（identification）一直在進行著，也一次一次顯得更加鮮明。在異地作為少數族群的脈絡下，作為少數族群的身分比起作為一個女性更為突出，也特別有感受。

接著我們再思考一下「社會」的樣子，以及「社會與人」的關係。Allan G. Johnson在 *The Forest and the Trees*《見樹又見林》（成令方、林鶴玲、吳嘉苓譯，2001）一書中，先談人與社會的關係。倘若個人是一棵樹，整個樹林的社會，我們把一棵一棵的樹加起來就等於一片森林？每個「個人」的加總等於「社會」？其實「社會」並非我們想當然耳的那麼簡單，在林子裡，還必須有陽光、水、土壤，還有整個生態系才能支持森林的存在發展；同樣的，樹彼此之間，也以一種特別的關係在組合，並非了解個人的心理，就代表可以了解整個社會，我們必須還能看到樹、森林、其他，及其之間的關係。

單一觀點的切入，例如只從性別、階級或族群等，的確協助我們在混沌中理出切片的圖像，讓我們更清楚自身的處境與所處的世界，單一觀點的分析訓練，有其階段性之重要性；然而，就如Lyotard認為在後現代的情境中，社會是異質且複雜的，性別、種族／族群或階級這些一般性的分類顯得過於化約，「交織性」正可填補單一面向分析的侷限性問題。交織性（intersectionality）的思索可以進一步帶領我們回到現象學大師胡賽爾（E. Husserl）所談的「生活世界」（Lebenswelt）中，看見生活世界的複雜性，而不至於被科學世界中簡化的歸納或因果關係所約制。所謂的「科學」在歸納或因果關係的化約中，傾向導向單向度的思考，若沒思考背後的方法論（methodology），可能以為世界就長成這樣。因此，各種社會文化面向的交織性議題，諸如性／別、族群、階級、障礙，甚至國際政治權力間的階序格局，也要同時被看見，否則無法真正看見問

題、解決問題。Collins（1986）在一篇名為「向裡面的外人學習：黑人女性主義思潮對社會學的重要性」談及在社會學學術領域，站在黑人女性的邊陲性位置，產生一種很獨特的立場（standpoint）及位置，比裡面的人（insider）更容易看見從來被視為理所當然的事物、現象或規定等。當然，這必然對主流學術界帶來緊張關係，但不管是黑人女性或其他較無權力外人（outsider）的獨特經驗，都將是推進學術發展的重要力量。「交織性」不僅是一種概念、一種看見，更是一種實踐。

二、交織性的學術性討論

　　那麼，什麼是「交織性」呢？交織性並非全新議題，早在一九七〇、八〇年代女性主義社群即出現多面向交織的看法，此可回溯到bell hooks（1984）、Mohanty（1988）以及Collins（2000）等黑人女性主義或第三世界女性主義的書寫。不同的學者使用不同的語彙來談，例如Kumkum Bhavnani（2008）用「樣態」（configurations）、Davina Cooper（2004）使用「社會動態」（social dynamics）等。

　　美國黑人女性主義法學者Kimberlé Crenshaw在1989年最先提出「交織性」（intersectionality）這個詞彙，試圖用此概念理論化黑人女性長期處在白人女性主義與反種族歧視論述之間的掙扎（引自Yuval-Davis, 2011），打開性別與族群研究中有關認同與歧視的深層複雜性。在她的書《畫出邊緣：交織性、認同政治與對有色人種女性之暴力》（*Mapping the Margins: Intersectionality, Identity Politics, and Violence against Women of Color*）中，呈現出壓迫的系統如何不同地運作於性別、種族等，交織地由個人與群體所經驗／經歷。Crenshaw也發展出一個三種形式交織性的架構，包括(一)結構上的交織性，例如有色人種婦女遭受性別與種族兩種結構的交織，如何使她們遭受暴力的經驗不同於白人女性；(二)政治的交織性，例如女性主義者及反種族主義政治如何邊陲化有色人種婦女遭受暴力的議題；(三)再現的交織性，例如對有色人種婦女的文化建構等。

　　但在Crenshaw早期作品中，「交織性」一詞也沒有清楚的被定義，因此被廣泛彈性的運用。Denis（2008）追溯交織分析（intersectional analysis）的發展歷程，發現在1980年代早期，女性主義者對主流社會學中性別缺席的批判。接著，部分女性主義者批評女性主義理論白人中心、中上階級及身心健全者中心（able-bodied）思維，在1980年代晚期，美國、英國及加拿大英語區開始出現並逐漸使用交織分析（intersectional analysis），特別是在種族／族群、移民及公民權的研究，只是沒有用「交織性」這個專有詞彙。在1990年代到2000年代之間，有關交織性相關的研究在性別研究學門、社會學、人文等學科被廣泛使用，特別是兩位黑人女性交織性學者，來自墨西哥裔的女同志運動學者Cherrie Moraga以及Gloria Anzaldua（1984, 1987），還有Chandra Mohanty（1984）、Gayatri Spivak（1988）也為交織性的體制化（institutionalization of intersectionality）鋪路（Grzanka, 2014），也有白人同志學者、跨性別運動者、原住民運動學者等，對主流的女性主義理論進行批判，要求對女性認同以及交織性的壓迫經驗之複雜性，能有更涵容式的（inclusive）理解。Acker（2006）在《階級問題，女性主義的回答》（*Class Questions, Feminist Answers*）一書中也談及交織性。她認為「交織性」的確對權力、壓迫、剝削及不平等，開啟新的看見方式。性別、種族與階級三者本質上是相關聯的。然而，她也認為「交織性」對階級的著墨太少，或僅止象徵性的呈現。她認為應該重拾對階級的關注，才能解決女性主義處理「交織性」的焦慮。Acker認為階級關係不僅是生產及有薪勞動而已，應該還要包括分配及無給勞動，因而階級應被視為性別化（gendered）及種族化（racialized）的過程與實踐。具體而言，Acker認為的「交織性」是將階級放在中心，並且嘗試去了解階級如何被性別化（gendered）及種族化（racialized）的過程。

　　在教育上，Kincheloe和Steinberg（1997）也談到只有性別的分析是不夠的，而必須要檢視「性別」跟其他社會類別（social categories）的交織，以能夠有更深更豐富的圖像，儘管對種族跟性別的敵意（racial and gender hostilities）會顛覆階級的團結一致（class solidarity），階級的團結一致（class solidarity）也會有損於性別基礎的網絡，例如勞動階級女性很少會覺得她們跟中上階級女性主義運動有姊妹之感（Amott, 1993: 28; Zinn, 1994: 309，引自Kincheloe and Steinberg, 1997）。他們認為縱使我們理解種族、性別、階級的連結的確存在，但我們從不知道如

何去預測這些交織之後的後果，而社會中的交織進到學校，也不僅是複製貼上而已，學生需要更奮力地去理解並處理三倍或更多的社會框架。至於如何理解交織性的方式，他們認為「種族、性別、階級只能在彼此的關聯性中被理解」（Race, class and gender can be understood only in relation to one another）（Kincheloe and Steinberg, 1997: 32）。有教育學者呼籲從交織性的理解，對高等教育進行改革（Berger & Guidroz, 2009）（引自Case, 2017: 6）。儘管如此，交織性在教育領域依然很少被談。

　　不同的學者，對交織性有不同的看法、理論觀點及分析方式，Collins（2000）對交織性的看法應該是共同被接受的說法。Collins認為的交織性為「反對將性別、性、種族、階級及國族當成單獨的壓迫系統，而是這些系統彼此形構，交織性即是關於這些系統如何彼此形構的方式」（p. 4）。Collins（ibid.）認為黑人女性主義的觀點在分析多重不平等上相當重要，尤其非裔美國婦女不同於白人中產階級的受暴經驗，打破了女性同質性的神話。

　　「同質性的神話」正是交織性概念對我們的提醒，就如游美惠（2014）在《性別教育小辭庫》一書所言「即便在臺灣，性別經驗也從來都不是同質的。不同地域、階級、族群、性取向、公民身分而有差異性的構成，我們應該謹慎使用全稱式的『女人』、『男人』範疇」（頁88）；同時，在多重交織的社會力作用下，個人的身分認同也會是多重的，甚至是動態呈現、非定於一尊的。

　　目前所見的交織性相關文獻可分成兩種類型，一是概念上及理論上的闡述，傾向社會科學哲學範疇，例如McCall（2005）、Walby（2011）等；另一則是有清楚的研究對象與提問，使用交織性作為分析概念或理論架構，看其中多重不平等的交織狀況。例如Crenshaw（1991）研究非白人女性遭受暴力的因素，使用「交織性」作為一個概念，來說明種族主義與父權制度交織後的結果，並對非白人女性殊異的經驗提出解釋。陳美華（2011）亦是以交織性為理論框架，試圖了解兩岸性交易網路中的交織政治。交織性作為理論架構，其內涵為何，又如何用於資料分析內，這部分依然付之闕如。

　　國內學術界對於「交織性」的討論也是從性別研究領域開始的，特別是有關移民的社會學研究，例如陳美華（2001）、曾嬿芬（2004）、藍

佩嘉（2005）、陳美華（2010）、唐文慧、王宏仁（2011）等。藍佩嘉（2005）以種族化的階級主義來分析東南亞低階外勞和外傭在臺灣的他者位置。主流族群的家庭意識符碼可能在社會工作者文化敏感度不足的情況下，作出不當的處遇，導致長期的傷害（林津如、黃薇靜，2010）。在學校教育中，漢人教師詮釋的原住民族的性／別關係，影響原住民族學生在學校如何被看待與對待的方式（李淑菁，2009）。具體來說，當性別作為一個壓迫系統、種族作為一個壓迫系統，這兩種壓迫系統同時作用於非裔美國婦女，將彼此交織形構出不同的壓迫樣態。游美惠（2014）在《性別教育小辭庫》一書從性別觀點出發，對於交織性有更清楚的解釋：

> 交織性或交錯性（intersectionality）是當今性別研究的重要概念，強調性別和階級、種族、族群、城鄉、年齡等其他權力關係的交錯締連會造就出不同的現象與經驗。Intersectionality的字根是Intersection，其原意指的是交會點或十字路口，女性主義者常以此詞來說明多重壓迫的概念。（頁87）

從英文'intersectionality'這個字源來看，'inter-'是「……之間」（between）的概念；望文生義，不同面向的權力關係、系統性壓迫之間的關聯性，必須同時被看見、被考慮進來，例如性別歧視（sexism）、種族主義（racism）、能力主義（ableism）、階級主義（classism）、恐同（homophobia）、仇外心理（xenophobia）等。「交織性」是了解多重壓迫的主要分析工具。那麼，應如何處理複雜的交織性（intersectionality）呢？這些不同系統性壓迫的交織又是什麼樣態呢？就如Yuval-Davis（2005）所言，交織性不是加法，而是多重作用力同時作用。

要含括社會生活的各種複雜性，當然深具挑戰性。McCall（2005）在一篇「交織性的複雜性」中談到目前處理「複雜性」（complexity）的三種取徑。這三種分法是依據它們對類目（category）採取的立場，亦即他們如何了解並使用分析類目的方式來探索社會生活交織的複雜性。第一種為「反類目」分析取徑（anticategorical complexity），顧

名思義，由於對劃定界線與定義界線的過程充滿詰問，因此反對用既有的類目作為分析的工具。第三種則是另一端點，McCall稱為「類目間」（intercategorical）分析取徑，策略性的運用這些類目做分析。採用現有的分析類目闡釋現有社會群體間不平等的關係，在多重與競逐的諸多面向中，去看見不平等改變的樣態。該取徑採用多群體、多類目的比較分析，以量化研究為主，重點在於了解社會群體之間關係的本質如何改變，而非定義或群體自身如何再現的問題。介於兩者之間的第二種分析取徑，McCall稱為「類目內」（intracategorical complexity），如同「反類目」，「類目內」質疑界線劃定及定義本身的過程，但卻也認可社會範疇於某一時點再現出來的穩定持續關係。一開始用單一社會群體作為分析焦點，通常使用質性研究的方式，讓跨越類目之間多重層面與複雜性能夠呈現出來。Denis（2008）認為這類研究是交織性研究的開端，也是許多交織性研究使用的方式。

　　當然，McCall也聲明：並非所有研究都落在這三個分析取徑其中之一。她在結論中指出，現在的理論無法處理現今社會呈現的不平等的複雜性，強調未來應致力於學科訓練方法論疆界的打破，以發展未來交織性研究取徑。林津如（2011）也談到國內大多數族群關係的概念都停留在類別化的認知，例如外省人或本省人、閩南人、客家人、原住民等，她稱為「方格式」的分類，好像外省人就等同外省男人、本省人就等同臺灣男人，而要談族群就是關於男性，談性別就是關於女性似的，林津如所提也是一種「加法」的理解方式，而交織性才有辦法同時探討族群及性別。Walby（2007）發表在《社會科學哲學》期刊一篇名為「複雜理論、系統理論及多重交織的社會不平等」文章中，嘗試用「複雜性理論」（complexity theory）修正社會理論中的系統概念，開啟社會理論交織性之理論化的可能，只是依然沒有談及方法論上的運用。Denis（2008）也認為交織性研究的理論化正在逐漸發展之中，然而如何結合理論化，發展有效的方法論工具，以處理複雜的實證資料，卻還有很長的路要走。

　　學術與想當然耳的落差也呈現在法律概念、制度及政策等。一般認為法律、制度及政策是中立的，違法就要判刑。在操作上的確如此，然而在學理的討論，我們不得不承認所有的法律、制度或政策皆是價值承載（value-laden），它為何這樣訂、而不那樣訂？誰來決定這樣訂？為

什麼是這些人決定？舉例來說，筆者碩士論文（2000）研究勞工退休制度對老年婦女經濟安全的影響，發現當時勞工退休制度是男性中心的設計方式，例如連續就業的相關規定等，使得許多婦女因為生育、家庭照顧責任必須中斷就業，以致在退休時不是根本拿不到退休金，或是只能領到很低的退休金，造成老年女性貧窮化現象，這就是所謂的「制度性的歧視」（institutional discrimination）。當制度與政策看不見「那一群人」，她／他們很容易成為制度或政策的受害者。結構上的權力關係也會影響法律概念或問題的界定，若再從交織性來看，可以發現一些需要更細緻修正的概念。Kimberlé Crenshaw（2011）就認為「強暴」基本上是一種白人中心的說法，是白人男性對於白人女性的一種性控制；從歷史來看，對於黑人女性的性慾或貞操而言，並無相關制度性的規範。

　　在不同情境脈絡下，有些面向顯得更為重要或是被突顯出來。舉例來說，戰爭中常以強暴作為一種武器，這時候的強暴不純然是性／別議題，更是交雜著更強烈的種族／族群因素。楊佳羚在〈巷子口社會學〉發表一篇題為〈性／別化的種族歧視：後殖民女性主義的觀點〉文章，使用Philomena Essed及Avtar Brah提出的「性別化的種族歧視」（gendered racism）的概念，說明種族歧視與性別歧視的交織性呈現。文章中談到Essed以「交織性」檢視美國日常生活中的種族歧視，研究發現黑人女性所經歷的種族歧視與性別歧視往往密不可分。舉例來說，黑人女性遭性騷擾時，主流社會以責備受害者的方式，認為黑人女性被騷擾「還好」，因為她們已被賦予「性慾高張」（hypersexual）的連結想像。楊佳羚也引Brah所言，被壓迫族群的男性會以「具有女性化的特質」的方式被種族化，例如「東亞病夫」一詞；而被壓迫族群之女性則被再現為具有男性的特質，例如黑人女性「太過強勢」、「不像女人」等，都是交織性的展現。再舉例來說，在臺灣，有關男子氣概（masculinity）的討論雖多，依然以漢人文化為主，不同原住民族的「男子氣概」內涵為何各有千秋，也值得進一步探究。

第二節　多元文化教育與交織性

一、有教無類、因材施教就是多元文化教育？

有人認為「孔子講有教無類、因材施教，以前就有這些概念了，為什麼還需要講多元文化教育呢？」的確，孔子之言與美國發展出來的多元文化教育兩者有其共通性、相近性，也是分別因應解決當時的問題而生。事實上，兩千多年前孔子的「有教無類」、「因材施教」與近二十多年來發展出來的「多元文化教育」各有其脈絡，在年代遞嬗、迥異的政治社會體制與環境下有著不同的努力重點。

孔子出生於卑微貧困家庭，「吾少也賤，故多能鄙事」這樣的背景讓他長出許多能力。孔子十五歲「志於學」、「三人行，必有我師焉」，沒有固定的老師、只要見賢即思齊，在不同的人身上學到豐厚的經驗與智慧，也是「雜學」的概念。這些背景讓他能夠打破當時的階級，讓平民百姓也能像貴族一樣接受教育；同時，在他所處的紛雜年代中，提倡並致力以儒家思想建立起政治與社會的秩序。

從以上的脈絡來看，「有教無類」為不應該因學生背景不同（貴賤、貧富等）就給予差別待遇或拒絕教育，以現代的學術語彙而言是指不同階級教育機會的平等。「因材施教」是指面對不一樣特質的學生，也必須順應學生的特性給予適性的教材與引導，是「差異化教學」的概念。這些概念在兩千多年前顯得相當先驅，是當時政治與社會脈絡下很振奮人心的主張與實踐，但當時體制權力集中的關係，強調君王治理術之儒家思想使得「因材施教」、「有教無類」呈現出雖然允許差異，但追求共同性和統一，促成單一文化（主流文化）發展，而使得劣勢文化無法現身（culturally invisible）。當然，在孔子的時代，關注的重點是治理之術、是文化禮法階序格局的維持，而專制權力是不容挑戰的存在。

時序進到20世紀，權力型態的改變是個很重要的進展，這也是孔子的「因材施教」、「有教無類」沒能處理到的面向——權力結構（power structure）。美國多元文化教育主要得力於1960年代民權運動（Civil Rights Movement），該運動主要目的在消除公用住宅、房屋政策、就業與教育上的各種歧視措施。同時，美國女權運動、其他邊緣團體，包括障

礙者（people with disabilities）對人權追求也進展快速，開始從政治上尋求自己應有的權利。「多元文化」一詞在臺灣的生成及其推展與政治、經濟、社會變遷息息相關。二次大戰以後，臺灣歷經1950、1960與1970年代的政治動盪與經濟成長，1980年代蓄積了驚人的社會能量，臺灣在1980年代的政治與社會運動也成為點燃1990年代教育改革運動，也涵育著「多元文化教育」在臺灣的發展。在經過20世紀末21世紀初的全球化浪潮，臺灣「多元文化教育」內涵也開始擴充延展。

　　「多元文化主義」也是西方國家沒辦法之後的宣稱（被迫要面對這樣的文化矛盾），是對多元文化社會（multicultural societies）的回應（Kincheloe and Steinberg, 1997）。隨著1970年代的美國社會運動風起雲湧，挑戰資源分配的公平性，單一群體的研究（single-group studies）也開始興起，包括婦女研究、同志研究、原住民研究等。美國在1970年代末期，多元文化教育（multicultural education）興起，屏除「文化不利」的說法，強調對各種文化差異的尊重，並期待課程內容必須考量學生的文化差異經驗。1980年代初期，多元文化教育已經跨越了「教育」一支的範疇，與社會、政治產生密切連結，並要求「教育」的本身就應該是多元文化且具社會重建的行動實踐（education that is multicultural and social reconstructionist）。換言之，這是從「多元文化」的教育，到「多元文化」與「教育」的過程，前者的「多元文化」是形容詞，「教育」本身內部的權力脈絡關係往往被視為不需討論的存在；後者對「教育」不容置喙的本質進行批判性思考，探究「多元文化」與「教育」的關係及可能之行動，兩者同為名詞的對等存在。

二、交織性缺席的多元文化教育

　　儘管如此，「多元文化教育」這個詞彙本身也是自由漂浮的概念符號（a free floating signifier）（Sleeter & McLaren, 1995），「多元文化主義」一詞常被使用，也常被誤用（Kincheloe and Steinberg, 1997），因此Kincheloe和Steinberg（1997）才在《改變中的多元文化主義》（Changing Multiculturalism）專書中區辨出不同多元文化主義的概念與內涵。當大家在談「多元文化主義」一詞時，可能是不同的概念指涉。

Kincheloe和Steinberg（ibid.）因此也在書中論述為何要遠離保守與自由的假設（conservative and liberal assumptions），因這假設預設社會中種族／族群、性別群體已經活在相對平等的狀態，而社會系統已經開放給每一個想要移動的任何人，但真實情況並非如此，因而在書中逐漸帶出「批判的多元文化主義」之重要性。

有名的哲學及政治學家Nancy Fraser（1996）針對美國社會中對「差異」的討論，從多元文化主義與性別平等進行辯證。同樣的，她也談到「多元文化主義」一詞在美國社會概念非常紛雜的情況，不同的人談「多元文化主義」（multiculturalism）有不同的指涉，必須要思考到差異與平等（difference and equity）的關係，特別是關於性別、性、國籍、族群、種族等。Fraser分析美國對「多元文化主義」採取的方式，一是無差別的「多元文化主義」，即歡慶所有各種的認同與差異，二是無差別的反本質主義（anti-essentialism），將所有的認同與差異都看成是不存在的。事實上，這兩種看法都有一個共同的根源：沒有能夠將認同與差異的文化政治（cultural politics）連結到正義與平等的社會政治（social politics）。同時，她也批判女性主義者不能只聚焦於性別差異（gender difference），需要看其與階級、性、、國籍、族群、種族等差異的交織，特別當我們想要解決不正義的多重形式。因此，她提出三點呼籲：第一，要看見多重交織的差異性（multiple intersecting differences），將文化政治（cultural politics）與社會政治（social politics）重新連結起來；第二，反本質主義認同與差異觀點雖有可議之處，不代表要回去過去本質主義的理解方式，而是要發展出能讓我們將肯認（recognition）的文化政治連結到再分配（redistribution）的社會政治的新版本。第三，文化形式的多重性（multiplicity）不意味「多元文化主義」的多元論（pluralist version of multiculturalism），而是要發展出能讓我們藉著詰問其與不平等之間的關係，能將不同差異價值進行規範式判斷（normative judgement）。也就是說，要找到一個連結反本質主義與致力於民主與社會公平的方式，Fraser名之為「不談再分配，就沒有肯認可言！」（No recognition without redistribution）（頁72）。

社會資源的「再分配」與權力有關。對於種族、社經階級、性別、語言與文化、性傾向、障礙等相關的多樣性，回應的方式很多，而不管

是個人、組織或群體會如何去回應，權力關係（power relations）在其中扮演很重要的角色，「批判的多元文化主義」特別關注歷史上以及現今權力運作的方式，透過此權力的運作來合法化社會類別與區隔，亦即關注產生種族、性別、階級不平等被權力脈絡化（contextualization）的過程。此外，「批判的多元文化主義」也強調權力如何去形塑意識（consciousness）的方式，包含意識型態的銘刻於主體（subjectivity）的過程、慾望如何被權力鼓動來產生支配的結果、論述的力量（discursive powers）如何透過不同字眼與概念的出現與不出現，去形塑思考與行為的方式，以及關於這些權力，個人如何主張他們的能動性（agency）以及方向（Kincheloe and Steinberg, 1997）。

　　Kincheloe和Steinberg特別說明「批判的多元文化主義」背後的哲思與理論基礎——後現代主義批判（postmodernist critique）。「後現代主義批判」企圖要「去自然化」（denaturalize）現代主義的普遍化（universalism）原則、打破因果的線性假設，因此產生一種對於種族／族群、階級與性別論述的新分析形式。「後現代主義批判」對於階層化的知識結構跟權力提出挑戰，可以協助我們理解世界觀（world views）以及自我概念（self-concept）如何被建構的過程。「批判的多元文化主義」運用後現代主義對歐洲中心現代主義的批判來解脈絡（decontextualize），並解組（fragment）這看不見某些形式人類經驗的世界。特別是現代主義的教育學者一直以來將教育獨立於社會之外可能產生的問題。此外，後現代主義的批判（postmodernist critique）也可以增能那些被邊緣化群體拿回她／他們的歷史、認識論以及理解世界的方式。

　　回到多元文化教育的進展，Sleeter（1997）審視美國多元文化教育教科書，發現許多書雖名為「多元文化教育」，但僅將「多元」的眾多面向分別處理，散於各個章節，每個章節只處理單一面向，例如只談性別、族群、階級及其他，Sleeter因此呼籲需將性別與種族／族群、階級等一起來看，才能彰顯多元文化教育的意義。Banks（2001）雖有提到多重因素的交互作用，但也只是概念性的陳述，並繪出一簡表說明性別、種族／族群、社會階級、宗教、例外性（exceptionality）、其他變項（other variables）「單一且交互作用地」（both singly and interactively）（ibid.: 15）影響著「學生行為」，如圖1-1所示。Enns和Forrest

（2005）在《邁向定義與統整多元文化及女性主義教育學》（*Toward defining and integrating multicultural and feminist pedagogies*）一書談到過去三十年來，多元文化跟性別研究對於多樣（diversity）的概念各自發展，然而彼此之間的溝通卻相當有限，這章節則試圖找出女性主義與多元文化主義教育學在定義及策略上的共通之處，只是此書尚未使用交織性或交織教育學相關的詞彙。

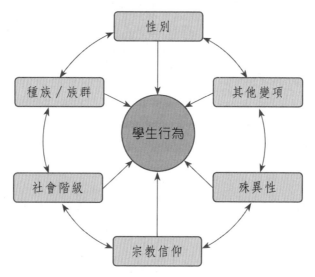

○ 圖1-1　影響學生行為的各種交織因素，取自Banks（2001: 16），陳緯安電腦製圖

　　國內多元文化教育的概念源自美國，多元文化教育的談法也與美國類似，往往只從單一面向進行討論，沒能從「社會正義的多維盤結」著力（張建成，2007）。Enna和Forrest（2005）引用Sonia Nieto（1999b）及Goli Rezai-Rashti（1995）認為「多元文化教育學」整合了多元文化主義、社會正義與批判教育學，Nieto則特別以反種族主義（antiracism）作為多元文化教育的核心，並融入到所有的教育層面。同樣的，在臺灣多元文化教育發展的在地脈絡中，也於在地化與全球化的拉扯之中呈現出在地性的擴充與發展（李淑菁，2017），體現「多元文化教育」本身自由漂浮型態。但也因這樣的自由漂浮與虛線涵容，讓「多元文化教育」產生更

多的發展性與可能性，「交織性」就是其中創生的重要發展。

　　然而，進行交織性的研究並非易事，以下筆者嘗試整理教育上不同面向的交織性，讓讀者能夠拼湊出教育上交織性的其他可能圖像。Wright,Weekes及McGlaughlin（2000）研究非裔英國人在學校處境，發現來自勞工階級男孩的非洲裔學生在學校中最為弱勢。非裔女學生學業成績表現平均比非裔男學生好，男學生學業上的失敗使老師認為他們只是麻煩製造者；因此，非裔男學生的男子氣概（masculinity）被看成是非裔英人在校園中搗亂的原因，因此不若主流盎格魯撒克遜人被鼓勵，而是一種負面意涵。Arnot跟Reay（2008）對英國學生表達能力與學習關聯性之研究，或可從社會層面解釋非裔英國男孩教育上的弱勢。由於白人中產階級的女孩擁有最好的溝通技巧與表達能力，能夠說出學校期待的「語言」，學業成績表現較好；反之，非白人、勞工階級、男孩的溝通口語能力、人際社交技巧相較之下較差，影響學生學習活動。Sleeter（1997；引自Jones,1994）在美國的研究也有類似發現，非裔美國人女學生學業表現平均比男學生好，進入大學的人數也更多，受監禁或殺害的情況也遠少於男學生。

　　McLaren（2003，蕭昭君、陳巨擘譯）在美國校園的研究發現，學校教育非但不是價值中立，更是傳遞並強化一種男性支配、階層化、中產階級社會結構的既存價值與倫理。hooks（2009，劉美慧主譯）在《教學越界：教育即自由的實踐》一書中，從作為美國社會一名黑人女性的自身生命在教育場域中的衝撞，指出了教育中暗藏的種族／族群、階級與性別議題，發現儘管大家意識到階級差異的存在，卻避而不談且默默接受階級差異導致的不同對待。批判教育學者M. Apple（2004）在《意識型態與課程》（*Ideology and curriculum*）一書中強調應當重視文化社會層面的影響，包含種族與社會階級的交織及性別／性傾向、身體政治、能力、與環境等多重的動態交織（multiple dynamic intersection）與課程的關係。2014年，Apple在其《知識、權力與教育》（*Knowledge, power, and education*）一書中更明確的點出應由多種視角探究教育系統，將視角從原先課程意識型態的討論拉至知識、權力及教育中的交織觀點論述。其中包含各種衝突（例如知識與權力的衝突、文化與政治的衝突）與經濟活動間的交互作用、階級、性別與種族間的複雜及矛盾的交互作用

（intersection）如何對於教師教育產生影響等，他也在書中引用美國黑人女性主義學者Kimberlé Crenshaw提到的交織（intersectionality）一詞來為其過往所提及的動態、多重的交織做進一步的界定，然而，其論述也僅止於概念性理論陳述，並無進一步的發展與應用。

在臺灣的社會脈絡下，性別、階級與族群等因素又是如何交織共構？章勝傑（2002）「原漢國中一年級學生中輟傾向之比較研究：以臺東市兩所國中為例」發現原漢學生中輟傾向的差異，在控制學業成績及家庭社經背景之後，即不再顯著。這說明了不能只看族群，而是要將許多社會因素都考慮進來。社會階級在多元文化教育中經常被忽略（Troyna and Carrington, 1990），卻是影響學生學業成績很重要的面向。教育整個場域配置，有形或無形、有意識或無意識的利於中上階級學生的學習（Bernstein, 2004）。學校階級關係包藏在階層化的行政體系、性別化與族群化的階級分工、原／漢之間主控文化與師生權力關係之內。

李淑菁（2009）嘗試交錯性／別與族群兩元素，從「想像」著手，藉著理解在漢人為優勢族群的臺灣社會中，教師作為政策傳遞中介，漢人教師如何詮釋原住民族的性／別關係，詮釋型態呈現的社會文化意涵、權力關係、及性別及族群政治等。研究結果發現，族群化、性別化的學校文化以學業表現為平臺，在新管理主義（new managerialism）強調效率與競爭的教育趨勢下，彼此加強、相互增益。多元或多樣在高度「族群性別化」情況下顯得過於昂貴，因此在學校我們看到許多族群或性別的表演或展演，被用來宣稱「多元文化教育」，事實上卻包裹著高度階層化的學校文化。作者從檢視漢人教師對原住民性／別詮釋，發現在漢人傳統性別關係強大影響下，較多「性關係很亂」的指控其實是針對女學生。這種難以察覺的對原住民女孩／女性的雙重歧視效果，可溯及漢人對原住民族性／別及族群的刻板印象。

交織性的探究如此複雜，要理解教育上的交織性更非易事。對於未來即將成為教師的學生或實務現場老師而言，能夠「看見」交織性已經是很艱難也是很重要的訓練了，因此筆者以「看見」交織性的多元文化教育作為此章的標題與主軸。

第三節　「看見」交織性的多元文化教育

多元文化教育的發展是從單一群體研究到看見交織性的「多元文化」與「教育」的過程。當多元文化教育進到社會行動層次，交織性本身連結的政治社會層面就是教育不得不處理、面對的議題了。然而，「交織性」本身就是一個很複雜的議題，女性主義法學家Catharine A. MacKinnon（2013）認為「交織性」很難作為一種理論，因此主張以多元交織性作為「方法」（method），她認為特別是來自底層的生活生存經驗，反而更能批判上層的社會政治秩序。換言之，能夠看見交織性所處的社會政治脈絡是相當重要的。若從多元文化教育的面向來看，能夠看見交織性的多元文化教育首先必須讓觀看視角位移，當「差異」（difference）的看見與肯認不足以處理多元文化的全貌時，「交織性」則提供更全面性的視野，透過如此更細緻完整的看見，了解現象的全貌。再者，還必須能夠看見「交織性」所處的社會政治脈絡，而非僅以「愛與關懷」當成教育的全部，否則這種去政治化（de-politicize）的觀看方式，恐怕又成為再製權力關係樣態的推力。以下分兩個層次來細談：一、從「差異」（difference）到交織性；二、「看見」教育所處的政治經濟社會文化脈絡。

一、從「差異」（difference）到交織性

在多元文化教育中，「差異」（difference）是首先要被釐清的概念。《改變中的多元文化主義》（*Changing Multiculturalism*）一書作者Joe L. Kincheloe及Shirley R. Steinberg根據Peter McLaren（1994）的看法將多元文化主義分成五種類型加以說明，這五種類型事實上隱含了對「差異」不同的看法、預設、態度與行動。從「差異」的角度檢視五種多元文化主義內涵，我將其類型化成五種理解層次：一，從負面觀點看待差異；二，對差異視而不見，也沒興趣了解；三，看見差異，歡慶差異；四，看見差異，但本質化差異；五，「無分別心」、「無等差心」的看見差異，並試圖改變不公平的結構。這五種理解的層次絕非知識的階層性，以上分類只是便於理解與分析人們看待「差異」及其對待方式。以下我依

序說明之。

(一) 從負面觀點看待差異

　　保守的多元文化主義／單一文化主義（conservative multiculturalism／monoculturalism）以主流形象或價值為標準或標竿，對於「差異」抱持負面看法，用「不足」、「低下」或「缺憾」的觀點看待非主流群體的差異性。保守的多元文化主義認為若能拋棄差異性的非主流文化，擁抱主流文明價值，自然就可以往上爬，他們因此認為美國黑人的處境來自於黑人文化「家庭價值」等「問題」。此外，非主流性別關係（例如LGBTI或單身、離婚、無性戀等）、勞動階級文化（例如語言使用、教養方式等）與弱勢族群語言文化（例如東南亞語言）等，在社會中也經常受到汙名與歧視對待。

(二) 對差異視而不見，也沒興趣了解

　　自由的多元文化主義（Liberal multiculturalism）使用「相同」（sameness）的原則看待這個世界，認為不管是來自什麼種族、階級或性別群體，都享有自然的平等（natural equality），因此是忽略差異的。然而，對差異視而不見，真的就是平等嗎？當不同背景的人必須要「公平」地競爭資源，哪些背景的群體容易勝出？自由主義真的自由嗎？還是符合現代化的原則的「自由」宣稱，最容易包裝單一文化主義的優勢者思維？

　　優勢群體對自身的優越感使得對劣勢群體自覺或不自覺地漠不關心，對她／他們的文化也毫無興趣。Kincheloe及Steinberg（1997）認為自由的多元文化主義思考脈絡可連結到啟蒙時代、理性主義等現代主義的發展，強調一種理性的教育，於是與任何時間、空間或個人經驗呈現一種「去脈絡化」（decontextualization）的斷裂狀態。在這種情境之下，個人或團體帶到學校或社區的文化與價值被忽視，於是看不見「非白人」不同且豐富的生活方式、看不見窮人及女人在現代西方文化受宰制的狀況。換言之，自由的多元文化主義「去政治化」（depoliticize）的做法對於「差異」傾向視而不見，也沒有興趣去了解，將壓迫與不平等隱形於「自由」的宣稱之中，繼續輕鬆地鞏固既有的權力結構。

個人縱然不見得有意鞏固既有的權力結構，但他／她的做法可能已經參與其中。前述的老師認為「不要去指認哪些是原住民學生」表面上與做法上「尊重」多元文化，事實上是落入自由主義多元文化主義或單一文化主義的思維。註明原住民身分就是歧視？「標示」身分就是「標籤化」？或許我們可以思考一下，性別主流化（gender mainstreaming）國家政策要求各單位提供性別統計的原因為何？女性主義者想要藉此「標籤化」女性？Newbigging（2002）認為從性別統計資料，才能確保所有法令、政策或計畫都能關照到所有性別經驗，以終止不平等的結構。從數據，我們可以初步了解女性擔任領導人的比例、女學生念理工科目的比例、原住民族擔任教師的比例、職場進用障礙者的情況等，依這些資料進一步了解深層社會文化的原因，才有改變結構的可能。否則表象上的緘默與一視同仁，不去標示就不歧視的說法，只是一種息事寧人的平等偽裝？

(三) 看見差異，歡慶差異

多元的多元文化主義（pluralist multiculturalism）能夠「看見」差異，並歡慶差異，但沒能去挑戰不公平的社會文化結構。什麼都有的「多樣性」（diversity）被等同於多元文化，於是原住民族歌舞表演、東南亞飲食節成為許多人對「多元文化」的想像。臺灣社會當前「尊重」多元文化的具體表現，通常透過「美食」與「服裝」等文化展演，但豐年祭、巴東牛肉、春捲與國服等所承載的文化深層意涵，卻很少被真正了解。

上述活動當然有其存在的意義。透過文化展演，少數族群心理上獲得某程度的肯認與驕傲，主流族群也有機會了解生存在同一空間不同的文化。然而心理肯認與權力上的賦權（empowerment）是兩回事，若用「心理化」來「去政治化」（Kincheloe & Steinberg, 1997），沒能去挑戰主流族群、性別、階級等社會文化結構、課程意識型態、學校文化權力結構、媒體的文化再現（representation）問題等，歡慶差異的結果可能反而強化偏見與刻板印象，鞏固「她／他們」與「我們」不同的差異感，繼續成為歧視的來源。

對國家（state）而言，採取多元的多元文化主義是安全牌，也是批判的多元文化主義要識破的多元表象。藉由已經關注到多元面向的做法，宣

稱對多元文化的重視，一方面可安撫少數族群，一方面可維持既有結構的穩定性。舉例來說，在一個以白人菁英為主的學校內，校長可能有意地安排黑人女性在某個領導位置，作為一種平等僱用的表徵，即象徵主義（tokenism）。必須要能先看透歡慶差異安排伎倆背後之意圖，才能更進一步達到公平正義的理想。

(四) 看見差異，但本質化差異

　　左派本質多元文化主義（left-essentialist multiculturalism）也是從正向觀點看見差異，但對「差異」賦予本質性的意義，相信有一個文化真實性（cultural authenticity）的存在，例如女性就是比較體貼善解人意、原住民每天在山裡跑運動細胞因此就比較好等。因此，只有女人才能了解女人、只有同志了解同志、只有新移民姊妹才能代表新移民。Kincheloe及Steinberg（1997）認為左派本質多元文化主義對差異本質主義的看待方式，沒有考慮到歷史情境性，甚至我們的認同（identity）本身都是一種社會建構，其過程與論述及意識型態有關，不應該本質化視之，況且本質化「差異」的結果只會讓其他友善該群體的人不知從何而入，無形中排除友善的他群，對整體發展不利。

　　從臺灣的脈絡來看，王甫昌（2003）在《當代臺灣社會的族群想像》一書中指出有意義的人群分類，通常是在衝突與競爭的社會脈絡下，不同群體的成員之間集體進行「差異」的「社會建構」的結果。以清朝漳泉械鬥的例子而言，由於雙方的緊張關係，漳泉之間原本很小的差異反而被刻意強調，形成文化差異。再者，文化之間涵化作用（acculturation）造成文化內涵的改變，例如阿美族母系社會在漢人強勢父系文化與全球資本主義影響下，已逐漸鬆動，在族群因互動或通婚下，使得「族群身分」不再壁壘分明，族群作為社會類屬，有其社會建構性（王甫昌，2003；張茂桂，1996）。我們若把文化放在時空歷史脈絡來看，「本質」可能需要重新被思考。

(五) 「無分別心」、「無等差心」的看見差異

　　Kincheloe及Steinberg（1997）指稱之批判的多元文化主義（critical

multiculturalism）類型源自1920年代德國的法蘭克福學派（Frankfurt School），關注工業現代社會中的宰制如何發生、人類關係被學校、職場與日常生活形塑的方式，其間權力的運作與樣態。批判理論學者認為人的意識（consciousness），不管是對於性別角色、種族印象、社經地位等，是由主宰觀點（dominant perspectives）所形塑，而主宰觀點與權力（power）有關，因此必須透過自我反思才能產生觀點的改變。有關權力如何形塑意識的過程，Kincheloe及Steinberg（1997: 25）說明如下：

> 這樣的過程包含意識型態如何銘刻到主體性（subjectivity）的方式、慾望如何被權力力量動員往霸權方向走的方式、論述權力如何透過在場與不在場之不同的文字與概念，形塑思考與行為的方式，以及個人行使其能動性（agency）及自我引導的方向與權力運作關聯的方式。

　　換言之，批判的多元文化主義所尋求的多樣（diversity）是在理解權力關係之下的差異，特別是種族、階級與性別在各社會層面再現（represented）的方式。除了看見差異、肯認差異、賦予差異正面的價值，並反思西方社會從科學革命、啟蒙時代以降，現代主義認識論（epistemology）以唯一標準答案看待世界產生的問題，尤其在全球化浪潮下社會的樣態不斷在改變的後現代情境中。啟蒙知識觀之普遍性的知識（universal knowledge）開始受到質疑，人類生存的複雜世界不再能被化約為「大寫」且「單數」，「小寫」且「複數」的呈現開始被看見，界線之間也開始被跨越而趨於模糊。陳素秋著〈以女性主義觀點反思公民參與：普遍性與特殊性之辯〉一文，即檢視女性主義對於公民參與理論之批判與修正，重新注入公民素養的新內涵。傳統的公民參與理論高舉普遍性公民參與的大旗，事實上沒有考慮社會賦予女性家庭責任的現況可能阻礙了她們的公民參與，即使哈伯瑪斯（Habermas）的溝通行動理論也預設著一種理想言說的情境，這對於處於權力關係中的弱勢族群而言，這樣的「溝通」只是空談。因此，當我們開始重視脈絡與連結、開始聽見不同的敘說方式，並肯認其價值，開始擴大公共參與的意義，不再侷限於政治參與層面，多元文化可透過翻轉的公民參與過程產生行動性的力量。

　　「無分別心」、「無等差心」是佛學的概念，因為「色」（表象）是由心所造成的形相（樣態），因此不管對人、事、物都不要有好／壞、美／醜、優／劣等區別。透過「無分別心」、「無等差心」的看見差異，可以讓被邊陲化的種族／族群、性別、階級有機會被看見，使社會制度建立在一種以「差異」為基礎的平等之上；並且讓主流群體能夠更謙卑地從差異中學習（learning from difference），依此試圖扭轉社會結構以達到公平正義的理想。

　　上述五種多元文化主義對「差異」不同的看法或看見，便於我們去分析或理解為何當許多人口口聲聲說「尊重多元文化」時，他／她們的「多元文化」內容指涉可能天南地北。然而，能否看見「差異」是一回事，看到什麼差異、如何理解差異，都會影響到後來的實踐與行動。就如林津如（2011）討論到Yuval-Davis「女性主義縱橫政治」對於差異的看待方式，認為縱橫政治看待差異有雙重性存在，一方面是差異之間沒有優位性，也就是沒有階序，例如不應有某種壓迫重於另一種壓迫的假設。另一方面，承認兩者之間仍有權力差距，因此必須覺知而後加以平衡。

　　然而，上述五種多元文化主義型態似乎沒有特別談到「交織性」層次。倘若只看到「差異」（difference），沒看到交織性的問題，可能會排除（exclude）一些人的權益（Burman, 2003）。Burman在〈從差異到交織性：挑戰與資源〉一文中，援引女性主義思辯，認為要轉化社會不公平的結構有其侷限性，她認為應從「差異」過渡到「交織性」的概念，特別是種族／族群與性別的交織，才會是批判性思考與實踐更有發展性的起始點，以這種特定及有效的方式回應與介入能「站在一個更好的位置去讓差異產生能力（enable difference）、使差異讓我們更有能力（to be enabled by difference），以及差異性的更有能力（to be differently enabled）」（頁304）。著名女性主義理論家Catharine A. MacKinnon（2013）在〈交織性作為一種方法〉（Intersectionality as Method: A Note）一文即對後啟蒙（post-Enlightenment）將普遍性（universality）與殊異性（particularity）對立來看的情況提出批判，認為這樣的區分犯了過度簡化的錯誤，MacKinnon認為應是要再創造出一種「普遍可運用的改變」（universally applicable change），透過包含／涵容殊異性的方式

來進行，而非透過模糊或拒絕。

　　儘管如此，「交織性」則不若有些「差異」（difference）的顯而易見，例如黑人、女性、勞動階級、跨性別等，因此我們是否姑且將「看不見差異」、「看見差異」到「看見交織性」的差距視為光譜，筆者把光譜從左到右分成幾個層次：第一，看不見差異，遑論能夠看見「交織性」；第二，能夠看見／解構單一群體受壓迫處境，但還沒能夠見到／理解交織帶來的複雜性；第三，能夠看見單一群體內的壓迫差異性，即逐漸能夠「看見」交織性；第四，在能夠逐漸理解交織性圖像後，將之運用於不同領域或場域。在此，筆者要特別強調的是，交織性圖像並非固定的，在不同的情境脈絡會有不同的動態呈現，因此解決方式也不同，不存在所謂的「萬靈丹」。

二、「看見」教育所處的政治經濟社會文化脈絡

　　夏曉鵑（2003）強調政治經濟分析在指認異文化間不平等位階與對待的形成過程之重要性，特別是國際資本發展脈絡中的性別／階級／族群交織共構後的平等議題；藍佩嘉（2007）也有相同的看法，認為當我們研究移民女性時，除了性別，我們同時也要看到階級位置、族群、國籍與性傾向等。研究者要能夠覺知「位置」的差異，試圖透過位置性的轉換，盡可能讓自己低下身（仰角），或用平角重新檢視我們可能一直視以為理所當然的一些概念架構，例如性別、階級與族群等社會經濟與文化面向，從她們的多重位置重新思考。

　　學校並非自外於社會，而是受到社會經濟文化脈絡的影響，某程度反映、甚至加劇社會關係或社會事實（Bernstein, 2000; Arnot and Reay, 2008），這也是Grace（1995）所稱的「大圖像」（bigger picture）觀念，我們必須要去看性別、族群、階級與區域交織的方式與樣態，探究不同變項交錯之後的效果，才能看到較完整的圖像。因此在研究任何教育議題時，不能自外於社會情境。美國學者McLaren（2003）在《校園生活：批判教育學導論》（蕭昭君、陳巨擘合譯）一書中討論「種族、階級和性別：學生為什麼失敗？」（頁329-346）的問題。McLaren也談及學校本身的政治性，並以「文化政治學」稱之。由A. H. Halsey, Hugh Lauder, P. Brown及A. S. Wells四人合編的《教育：文化‧經濟‧社會》（1997）

（*Education: Culture, Economy, Society*）一書是教育學界的重要著作。副標為「文化・經濟・社會」特別值得我們思索：教育與文化、教育與經濟、教育與社會的關聯性。換言之，教育研究不能只研究學校本身，而要以「大圖像」的觀念，重新檢視社會權力關係對教育的影響。教育上交織性的議題非常廣泛，並與社會政治脈絡息息相關，社會政治議題有多複雜，教育上交織性議題就會有多複雜，甚至更複雜。舉例來說，障礙者的族群、性／別與階級議題如何交織？原住民族性別少數（gender minorities）的處境很少被了解；在臺灣，男子氣概（masculinity）的內涵討論雖多，依然以漢人文化為主，「男子氣概」（masculinities）在不同的階級、族群、性傾向或障礙者之間的特徵有何不同？又如何呈現（或「再現」）於教育現場或課程當中？

在教育上，「交織性」取徑提供一個批判性的架構去理解所謂的「受抑知識」（subjugated knowledge）、潛藏的權力與特權，協助審視認同（identity）的複雜性，並能發展出增能的行動策略（Collins, 1990; Dill & Zambrana, 2009; Case, 2017）。「看見」教育所處的政治社會文化脈絡即為能夠看見交織性的基礎；換句話說，要先能「看見」教育所處的社會政治脈絡，之後才有機會進到看見教育場域中的交織性呈現。美國多元文化教育學者Sonia Nieto及Patty Bode在《肯定多樣性：社會政治脈絡下的多元文化教育》（*Affirming Diversity: The Sociopolitical Context of Multicultural Education*）（第六版）一書強調教育不但從來無法免於政治，而是與社會、政治、經濟結構緊密連結。她／他們認為學校映照出我們所生存的不公平之社會政治脈絡權力關係，因此他們也談到教師在其中的角色「老師與教育人員不應只是順應現實，而是要積極地去打破不公平與壓迫的循環」（pp. 28-29）他們在書中談到的社會政治脈絡包含法律、規範、政策、實踐，以及形塑社會中一般普遍被接受的想法與價值背後未被審視的意識型態與迷思。

他／她們也認為要了解多元文化教育所在的社會政治脈絡需要以下三個層面的理解：(一)了解社會與社會中的教育之政治、經濟、社會、意識型態的基礎結構；(二)理解多元文化教育目標；(三)對於國內人口結構的知識性了解。以原住民族教育而言，必須先了解臺灣原住民族處境的基礎結構，在這前提下所談的多元文化教育才能因看見而產生改變的力量。再

以臺灣的新住民為例，21世紀全球化（globalization）在臺灣社會引起討論風潮之時，正是新移民人數急遽增加之際。當時臺灣跨國婚姻現象的形成，與經濟全球化下位處邊緣的農、漁村子弟，在本地的戀愛與婚姻市場上缺乏競爭力有關，於是外籍婚姻媒合成為一個機會，不僅解決其婚姻困境，也為農村家庭提供無酬勞動力。當時臺灣農漁村男性與中國、東南亞國家的跨國婚姻不僅讓移民女性扮演家庭照顧者角色，同時也要求傳宗接代的責任。

　　由上述簡單的說明，我們可以了解多元文化教育的本質是對權力（power）的解構（de-structure）以及解殖（de-colonize），其中更細膩的包含師生關係、校園文化、教科書、班級經營、學生輔導的方式、教學歷程、校規，甚至服儀規定等。如果沒有多元文化的視野，雖然有教無類、因材施教，但是實際上受的教育、教材內容、以及教育目標可能都還是基築於主流文化（例如當權者所編纂的經文書籍），意即教師可能還是抱持著主流文化是一種救贖或以同化的觀點去實施教育，可能會是一種保守的多元文化主義。多元文化主義的主流形式對於使用「壓迫」（oppression）這詞彙感到不舒服（Kincheloe and Steinberg, 1997: 25），在強調愛與關懷的臺灣教育體系，對於「壓迫」（oppression）一詞往往覺得強烈、沉重，因此對於權力關係（power relations）及其問題往往較少研究或處理，然而這卻是多元文化教育必須先看見的，看見之後才有機會產生行動與改變。在多元文化教育中，能夠「看見」是很關鍵的歷程與訓練。要能「看見」，必須先能洞悉不同群體身分的交織在教育中所處的社會政治脈絡與結構，並能從社會正義的觀點給予正面詮釋與對待，在這過程中，同時產生自我覺察，發揮大的實踐力量。

　　相較於有教無類和因材施教，多元文化教育更有動態的流動呈現。「看見」差異是重要的第一步，「看見」交織性則是多元文化教育中未來必須發展的能力，特別是當多元文化教育進到社會行動層次，交織性本身連結的政治社會層面就是教育不得不處理、面對的議題了。就如Sonia Nieto及Patty Bode在新版本添加的第一章前面就引用美國教育非營利組織 *Rethinking Schools* 在2000年秋天號雜誌中的一段話：

> 多元文化主義是一個持續性不斷詰問、修正及奮力掙扎的過
> 程，以在學校生活的每一個角落營造出更多的公平環境……這
> 是經濟與社會正義的搏鬥……這樣的觀點並非為了解社會而
> 已，更需要的是去改變它。（p. 1）

　　國內教育研究把「教育」（education）聚焦於「學校教育」（schooling）或者「教與學」，較少將政治、社會與社區談進來，或把教育放在政治、社會與社區脈絡來看，於是很難看到問題的根源，更遑論解決問題。多元文化教育當然不是萬靈丹，不可能完全消解不公平與壓迫，但可以讓社會往公平正義的方向走去。要能「看見」教育所處的政治社會文化脈絡，與批判教育學（critical pedagogy）能否發展有關；無疑的，也需要跨領域的能力，這也是目前臺灣師資培育所欠缺的。因此，多元文化教育的發展必須首先打破「學校教育」獨大於「教育」領域的思維，並透過批判教育學（critical pedagogy）包括對性／別、階級、種族／族群、能力等面向的反思批判能力培養，除了教導學生去看見、擁抱多元文化，更強調教師本身的自我覺察，打破上對下的概念、主流／非主流的權力關係，注重於社會正義的實踐，批判教育學提供「看見」歧視的理論基礎。

▌結語

　　本書第一章就如期刊論文中的「前言」，是個開展，從「為何要談交織性」談起，進到交織性的學術性討論，接著在第二節進到多元文化教育與交織性的對話，最後在第三節呈現「看見」交織性的多元文化教育的樣態。多元文化教育是本書的出發觀點，但「多元文化教育」作為一個學門，本身的內涵也是變動的，更是辯證的、需要被討論的，因此當「交織性」遇上「多元文化教育」，可以激起哪些有意義的對話，正是此書的起手式，透過理論層面爬梳多元文化教育與交織性的關聯，並提綱挈領的把本書核心關懷帶出來。

　　美國黑人女性主義法學者Kimberlé Crenshaw在1989年首先提出「交織性」（intersectionality）詞彙，理論化黑人女性長期處在白人女性主義與反種族歧視論述之間的掙扎，打開性別與族群研究中有關認同與歧視的深層複雜性。交織性的思索可以進一步帶領我們看見生活世界的複雜性。國內學術界對於「交織性」的討論也是從性別研究領域開始的，特別是有關移民的社會學研究。「多元文化教育」學門長久以來著重單一面向分析，多元文化教育的理論發展趨勢需要開始運用交織性概念，以便能夠更細膩的看見多元文化背景學生的教育處境。

　　在能夠「看見」交織性的多元文化教育中，強調兩個「看見」：一是從「差異」到交織性的「看見」，我將多元文化主義內涵類型化成五種對「差異」的理解，接著說明從「差異」邁向「交織性」概念的重要性，並梳理成四個層次：第一，看不見差異，遑論能夠看見「交織性」；第二，能夠看見／解構單一群體受壓迫處境，但還沒能夠見到／理解交織性帶來的複雜性；第三，能夠看見單一群體內的壓迫差異性，即逐漸能夠「看見」交織性；第四，在能夠逐漸理解交織性圖像後，將之運用於不同領域或場域。「看見」差異是重要的第一步，「看見」交織性則是多元文化教育中未來必須發展的能力，特別是當多元文化教育進到社會行動層次，交織性本身連結的政治社會層面就是教育不得不處理、面對的議題了，此為第二個「看見」。

　　換言之，運用「交織性」可把多元文化教育往前推進一步，至於如何能夠「看見」交織性？在教學現場如何能夠「實踐」交織性？兩者的關係為何？「班級經營」有何交織性議題？教師在進行班級經營時，「交織性」的多元文化教育理念如何進來？因此，在第二章，筆者從多元文化教育觀點出發，先帶領讀者進入「班級經營」領域，從「班級經營」內涵的發展與轉變，思考「班級經營」學術與實踐層次懸缺的面向；順著這樣的思考邏輯，接著在第三章論述「多元文化教育」與「班級經營」如何能夠共舞？其旋律與內涵為何？在這樣的分析基礎上，繪製出一個大圖像的多元文化班級經營概念圖。第四章聚焦本土教育脈絡，呈現教師班級經營實踐圖像分析，在最後的第五章再度回到「交織性」，讓來自本土的資料與Case（2016）提出的「交織教育學」進行對話，進一步針對理論與實踐進行整體闡述作為結論。

第二章

「班級經營」知識與應用的考古學

　　許多教師抱怨學生愈來愈難帶，往日的威權式、父權式的高度控制管理方式，在班級經營上似乎著力有限。本章嘗試理解國外有關「班級經營」觀點內涵的發展轉變，接著探究臺灣學術界在「班級經營」領域的思想體系，綜合分析整理與對話兩者之間的關聯，進行國內「班級經營」知識社會學的考察。

　　在上述章節對交織性與多元文化教育關聯性的整理與爬梳後，第二章開始進入「班級經營」的範疇。「班級經營」不但是教育學的次學門，也是師資培育過程重要的一門課，更是教師集各種能力的展現場域，不同的教師，會經營出不同的班級風格，這也跟教師的教育理念息息相關。「班級」是學生在校園中接受教育所組成的基本組織單位。學生對於自身所屬班級的團體認同與向心力影響其對學習的積極性與投入度，在這之中扮演關鍵推手的便是班級老師，透過對師生關係的經營、班級氣氛的導引、班級規則的建立及親師的互動，都可以幫助學生在班級中擁有正向的學習態度與人際支持，因此教師是否擁有良好的班級經營能力便顯得格外重要。然而，「班級經營」作為一個教育學的次領域，或者作為師資培育課程，其內涵重點是否隨著時代脈絡而有不一樣的呈現樣態？

　　全球化浪潮，伴隨著傳播科技的日新月異、全球資金、人員、原物料快速流動，使得社會的樣態不斷在改變，移民現象帶來的多元文化議題即為一例。近二十多年來，臺灣人口面貌及組成也有很明顯的變化，直接影響教育人口組成的樣態。就教育層面來看，依《2019年教育統計》指出，108學年度，在國中小就讀的新移民子女學生總數，計15.3萬人，占8.6%，新住民子女之父或母原生國籍，主要來自中國地區、越南及印尼等3國，合占88.5%。新住民子女就讀國中小學生數占全體學生比率於105學年達到高峰10.6%，之後逐年下降。國中小至大專校院原住民學生總數有13.8萬人，占全國學生總數比重3.23%，其中原住民幼生因享有學費補助及可優先就讀公幼，致幼生數年增1,549人或增7.4%。值得注意的是，高中及高教階段之原民生以選讀技職教育者較多，108學年近2.2萬高中原民生即有占43.5%就讀專業群科，高於普通科32.2%及綜高9.5%，反映在大專校院原民生之分布，就讀技職體系者占57.5%，顯著高於一般體系之42.5%。另大專校院原民生就讀學科主要集中於「餐旅及民生服務」（占19.8%）、「醫藥衛生」（占17.2%）及「商業及管理」（占12.8%）等三大學門。而在全國偏遠地區教育情況統計中可以發現，108學年高級中等以下偏遠地區學校學生人數11.2萬人中，原住民學生就有2萬人，占偏遠地區學校學生總數之17.9%。另外值得注意的是來自新南向國家學生數再創新高，108年來自新南向國家境外生計6.0萬人，占境外生總數之45.8%，年增12.5%，呈逐年走高趨勢，前三大來源國為越南、馬來西

亞及印尼合計4.7萬人，占新南向國家境外生總數之7成9，其中越南年增
30.7%、印尼年增17.5%。社會與人口變遷在教育場域上的影響，最直接
感受到的變化是教室內人口面貌的改變。現場教師及教育行政人員若不能
了解社會變遷對教育的影響，而能跟著調整規定、制度、政策或做法，在
教育實踐之路上，可能事倍功半；對學生而言，可能讓她／他們從學習中
逃走。

　　「班級經營」一般被認為教師應全力監控管理教室中的活動，包含學
習、學生互動與行為等（Burden, 2005; Good & Brophy, 2006），透過避
免問題的發生，或回應已然發生的問題（Savage and Savage, 2009），並
營造出有效教學與學習的環境（Brophy, 1986）。換言之，如何避免問題
的發生，被老師們認為是很重要的技能（Landau, 2001）。早期在威權、
農工業時代，教師班級經營的方式相對單純，就如筆者大學修習教育相關
課程時，常聽到「要先把學生壓下去」的班級經營說法；隨著社會變遷、
教育相關規定的鬆綁（例如禁止體罰的規定）、學校的民主化進展，或
許要思考的是班級經營的方式是否隨著社會變遷，在學術論述以及實際
運用上有何改變？可以如何改變？儘管目前國內沒有針對班級經營與社
會變遷直接相關之研究，但班級經營作為教師領導的其中一環，蔡進雄
（2011）於「教師領導的理論、實踐與省思」提到社會變遷對教師領導
的影響。蔡進雄指出，在去中心化的後現代社會網絡下，教師領導領域開
始強調平權、分享、參與和夥伴關係等價值。蔡進雄（ibid.）也談到早期
國內探討多侷限在班級經營，比較少著重在教室外影響力和班級教學與學
生輔導範圍的探討。但隨著社會變遷和校園的民主化，使校園生態有所改
變，教師領導的範圍從教室內擴展至教室外，不只侷限在「教室王國」，
亦即教師應該將影響力的範疇擴大到教室外，對行政、同儕、家長及社會
做出更多的貢獻。

　　現在教育現場許多教師抱怨學生愈來愈難帶，往日的威權式、父權式
的高度控制管理方式，在班級經營上似乎著力有限。在「後現代情境」之
下，多元文化的發展對於班級經營的理論與實務產生哪些挑戰？可以有哪
些反思？有哪些解構或增補？本章節先嘗試理解臺灣教育界班級經營理念
與策略之改變與社會變遷的關聯性為何，並探究「班級經營」內容與架構
如何隨之轉化。教育學界對於全球化與社會變遷的相關研究較少，對於總

體鉅觀的理論研究也偏少，因此總體鉅觀的理論檢視與班級經營的歷史考古學有其創新性的意義。以下我先談進行「班級經營」知識體系的系統性分析方式。

第一節「班級經營」知識體系的系統性分析方法

本章節創新性的結合傅柯式的「考古學」（archaeology）研究的文本論述分析以及近年來在國際上的醫護研究經常使用的系統性文獻分析法（systematic review），先嘗試理解國外有關「班級經營」觀點內涵的發展轉變，接著探究臺灣學術界在「班級經營」領域的思想體系，接著綜合分析整理與對話兩者之間的關聯，進行國內「班級經營」知識社會學的考察。

「考古學」是米修・傅柯（Michel Foucault, 1926-1984）早期的方法學。在1966年出版（1970年出英文版）之書《事物的秩序：人類科學的考古學》（*The Order of Things: An Archaeology of the Human Sciences*），傅柯提出一個重要的方法學概念——「考古學」。

> 考古學是一種針對思想或論述體系從事歷史分析的途徑，更正確一點的說，考古學要做的是描述「檔案」。傅柯用檔案這個字是指，存在某一特定社會某一特定時期的「普遍性陳述建構和轉換體系」。（B. Smart著，蔡采秀譯，1998：95）

不同於一般思想史或觀念史著重思想體系的連續性，傅柯的「考古學」則強調不同世代有不同的思想體系，相互之間不見得有承接或演進的關係，例如在《事物的秩序》一書，傅柯探討近代歐洲文藝復興時代、古典時代、現代呈現的不同知識體系，他認為即使同一個知識領域，在不同時代，呈現出獨特的知識內涵與結構。此外，一般思想史或觀念史從時間順序分析事件，探究外在因素如何影響思想體系，「考古學」著重處理的是時序性，或者論述實踐和關係的貫時性過程，探詢思想體系內部之間的關係；前者注重思想體系各種論述的統一性，「考古學」則著眼於論述之

間的矛盾與張力，找尋思想擴散的痕跡（B. Smart著，蔡采秀譯，1998；梁其姿，1986；黃道琳，1986）。傅柯後來因為逐漸關注論述與非論述之間的關係，即知識與權力的關聯，將重心從「考古學」移轉到「系譜學」（genealogy），但其間有許多銜接與連續，維持著一種互補的關聯性（B. Smart著，蔡采秀譯，1998）。「系譜學」以權力觀點作為分析工具，探究權力關係在社會微觀層面上的巨大宰制效果，並解釋主體是如何在權力關係中被建構，也就是「主體客體化」（the objectification of the subjects）的過程。

　　由於本章節著重班級經營的歷史考古學面向，尚未能夠針對非論述因素如何影響系譜進行全面性檢視，因此著重「考古學」作為知識的考察層次。針對班級經營的歷史考古學屬於總體性鉅觀的方法論、社會學與文化研究交織的議題，如何將總體性鉅觀的視野帶入微觀的「班級」研究中，並與微觀的「班級」研究對話，涉及許多不同向度與層次的交叉檢視，包括全球化與社會變遷、班級社會學、文化政治學的相關研究等，且需要進一步考察有關「班級經營」在教育上的相關論述，並進行文獻分析（documentary analysis）與內容文本的論述分析（discourse analysis）。以學科領域而言，屬於跨領域的研究，深具挑戰性，但具意義與價值。

　　進行上述研究的過程包含許多系統化的步驟，因此同時結合系統性文獻分析法（systematic review），讓班級經營整體知識圖像更清晰浮現。在傳統的研究架構下，文獻回顧往往僅被認為是研究過程的一個部分，而非獨立的一個研究。近年來，系統性文獻回顧（systematic reviews）作為一份獨立的研究，時常在公共領域或專業領域實務決策前，透過對於特定主題的現有知識的綜觀探討，以減少在決策時因個人所產生的偏誤。根據Gough, Silver和Thomas（2017）所定義，「系統性文獻回顧是利用系統化、明確且可解釋的方法對於研究文獻的回顧」，並且包含「認定並描述相關研究」、「用系統化的方式批判評價研究報告」以及「綜合多個研究發現以成為連貫論點」三個部分。另Dickson, Gemma Cherry和Boland（2014）也做了相似的定義，認為系統性文獻回顧是「一種設計來定位、評價並綜合對特定研究問題相關且最佳可取得之相關證據，以針對問題提供資訊豐富且實證的答案。」因此綜合兩者對於系統性文獻回顧的理解，除了利用明確可描述出的步驟，系統化地針對特定研究問題的文獻進

行搜尋、篩選與理解外，更包含對其的批判與評價，以在這些證據的基礎上做出與其連貫的推論，並進一步藉此回應研究待答問題。

　　本章節從社會變遷的政治經濟脈絡，嘗試去理解班級經營理念與策略之改變與社會變遷的關聯性，並針對「班級經營」進行傅柯式的「考古學」（archaeology）研究，先由國外（特別是美國）有關「班級經營」的觀點發展為出發點，接著探究臺灣學術界在「班級經營」領域的思想體系。透過國內外「班級經營」分別的「考古學」，嘗試理解兩者的關聯。

第二節　「班級經營」內涵的發展與轉變

一、美國「班級經營」論述發展

　　早期我國教育相關研究與應用深受美國學術界的影響，本章節先由國外有關「班級經營」的觀點發展為出發點，有其知識系統探究與反思的意義。分析過往班級經營的國外相關文獻，可以發現「班級經營」在不同階段有著不同的關注焦點，而這些差異也都映照出不同階段社會變遷的內涵。美國「班級經營」從1980年前以「規訓」（discipline）為目的，1980年代逐漸發展生態取向的班級經營模式，1980-2000年代初期出現Classroom Management與Discipline的混用，而2000年後，文化回應課室管理隨著多元文化教育的發展逐漸被討論。於此特別說明的是，由於「班級經營」一詞在臺灣文化轉譯過程中也呈現內涵上的改變或轉化，在以下的外文文獻中選擇以'Classroom Management'的原文呈現相關研究領域上的發展脈絡和轉變，茲說明如下。

(一) 1980年前：以規訓（discipline）為標的

　　依據系統性文獻分析，以Classroom Management為研究標題的文獻可能最早出現於1974年發表於《應用行為分析期刊》（*Journal of Applied Behavior Analysis*）中的一篇論文Group Contingencies for Group Consequences in Classroom Management: A Further Analysis，該研究由美國奧勒岡大學（University of Oregon）的研究團隊Greenwood, Hopes, Delquadri和Guild等人在三個小學教室進行研究，呈現規則（rules）、回

饋（feedback）和小組（groups）三者間兩兩交互作用如何影響所謂個體適當行為（appropriate behavior）的出現。結果發現，單就規則（rules）本身對於學生在教室中的行為無法引起什麼改變，而必須輔以回饋（feedback）和小組（groups）機制。

　　誠如上述研究，在心理學與教育心理學領域學者的影響下，如何用規則／規範約束學生不適當的行為，如何能讓學生在課室裡保持適當的行為也正是這時期大部分文獻所關注的重點。更多關於探討管理學生行為的方法和策略也在此時期同時出現，多數文章多以Discipline、Classroom Discipline、School Discipline或Class Control為題，研究的主題大都以討論Discipline與學生問題行為的關聯，包括規範所衍生的問題和規範的效率等（Duke, 1978; Snider & Cooper, 1978; Kohut, 1978; Kelly, 1978; McLemore, 1978; Timmreck, 1978; Morris, 1978）。舉例來說，有的探討對於中學生來說，比較好的規範紀律為何（Johnson, 1979），或者「教學與規訓」（Teaching and Discipline）研究中作者針對高中老師提供了幾個特別的引導準則，用以建立具生產力的課室環境（Teeter, 1979）。

(二) 1980年代逐漸發展生態取向的班級經營模式

　　逐漸擺脫規訓（discipline）的目標，源於1980年以前Kounin和Gump所提出的漣漪效應，在1980年代逐漸發展使用不同觀看視框（framework）的生態取向班級經營模式（Ecological Approaches to Classroom Management）。生態取向的班級經營模式根基於Roger Barker（1968）提出的生態心理學（ecological psychology）。在Evertson和Weinstein（2006）的書《班級經營手冊：研究、實踐和現代議題》（*Handbook of classroom management: Research, practice, and contemporary issues*）中整理了2000年以前過往班級經營的六大取向，包含行為的外在控制（external control of behavior）、內在控制（internal control）、課室生態（classroom ecology）、論述（on discourse）、在課程上（on curriculum）和人際關係上（on interpersonal relationships）。生態取向的班級經營模式則落在課室生態這個類別之中，Doyle（2006）在生態取向的班級經營這一章中指出，最早運用生

態學觀點來理解課室的時間出現在1960年代晚期，為提出著名的漣漪效應（ripple effect）的兩位學者Paul Gump（1967）和Jacob Kounin（1970）。兩位過往在1950年代就是韋恩州立大學的同事，原先共同研究漣漪效應在班級紀律（discipline）中的重要性，在受到Jacob的教授Roger Barker影響之下，兩人加入了Roger在美國堪薩斯州的中西心理學田野研究站（Midwest Psychological Field Station），其為當時成立的第一個專門研究現實環境如何影響人類行為的研究機構，而在Roger生態心理學的背景影響之下，除了在國內班級經營書籍中為人熟知的康尼（Kounin）漣漪效應外，其也是最早運用生態心理學的取向觀點來看班級經營。「漣漪效應」的具象是一個物體掉到水面上，泛起的水波紋會逐漸波及到很遠的地方，用此來描述教師獎勵學生良好行為或處罰指責學生偏差的行為時，常會影響鄰近其他學生的行為，例如一群人看到有人破壞規則，但未見對這種不良行為的及時處理，可能就會模仿破壞的行為。

生態心理學的核心概念是「棲地」（habitat），是一個具有特定目的、規模、特徵和過程的自然環境，而棲地本身的特徵、環境和條件都會對駐在者的行為造成影響。「棲地」的概念被運用於教室，則被視為行為所發生的整套設置環境（setting），認為人們日常生活中的行為受到特定時刻所處的特定環境所約束（Willems, 1990）。Gump遂把這樣的觀點移到學校及班級課室觀察中研究學生的行為，提出了一個以班級環境為棲地的生態取向班級經營模式。

Doyle生態取向的班級經營其實最早來自於他1977年的文章〈學習班級環境：以生態觀點分析〉（Learning the classroom environment: An ecological analysis），文中指出課室的三個生態特徵，包含多維性（multidimensionality）、同時性（simultaneity）以及不可預測性（unpredictability）。後來在2006年將此模式更加完備，提出Classroom Management的生態模式（Ecological Approaches）。生態系統模式將課室視為一個生態系統，棲地的特徵、環境和條件都會對居住者的行為造成影響。作者從生態學的觀點提出了課室內的六大特徵，包括：(一)多維性（multidimensionality），意指在課室內會有許多的任務和事情發生；(二)同時性（simultaneity），意指這些多重的事情會同時在發生；(三)立即性（immediacy），通常課室內的事情都是即時性的；(四)不可預測

性（unpredictability），課室內發生的事情都是不可預測的；(五)公開性（publicness），課室內所發生的事情幾乎都是公開的，尤其是牽涉到老師的事情；(六)歷史性（history），課室是有一個歷史堆疊的過程，今天所發生的事情可能會影響未來的事件。

　　從生態取向的觀點來看，由於課室的環境的本質已經存在上述六個特性，班級經營就是在於秩序（order）如何在這樣的課室環境中建立和維持。然而，在不同情境之下的秩序也有所不同，像是點心時間（snack time）或寧靜的閱讀時間（silent reading），其制定秩序的概念就會因為情境而有很大的差異，同樣地也與老師的個別性有關。此外，課室內的實體物品如桌椅的安排和講桌的擺放等，也會影響著秩序的建立和管理，從生態模式的角度來說，這些壓力和要求是教室管理的起源，即在充滿可用時間的教育活動中建立和維持秩序或與學生之間的合作是相當重要的。

　　從根本而言，生態模式認為班級經營是解決教室秩序問題的過程，而不是處理干擾行為或是處理學生行為不正當的問題。在建立秩序的過程可以不是被動性（passively）的，而應該是在課堂活動中由老師與學生共同制定而成的，並有其強度和持久性。因此，對於一個成功的管理者教師來說，其必須對於課室環境和事件的發生具備一定的敏銳覺察力以及能隨時監控（monitor）和指導（guide）讓秩序能順利運作（Doyle, 2006）。因此對於生態模式學者來說，有效率的管理並不是只有約束行為本身，還必須掌握課室內隨時發生的情境，因著不同的狀況有其行動和秩序規範。

　　從文獻中出現的敘事推斷，根據Dolye（2006）的說法生態取向的班級經營應該是源於1980年以前Kounin和Gump所提出的漣漪效應，並在Doyle（1986）的書中正式整理並提出生態取向的班級經營，確立這個觀點主要是在1986年代左右形成。在Dolye（2006）的文章中提到Dolye認為生態取向的班級經營觀點不再像傳統上將學生的干擾行為放入重視行為矯正、心理健康的臨床諮商領域中，生態取向將整個課室（Classroom）帶入Classroom management的研究核心，不再僅聚焦在學生個體的行為偏差和discipline上，而是將整個班級當成一個單位，建立秩序和時間表來掌握整個班級的生態。而同時其以生態觀來看班級經營的學者還有Weinstein（1991），其在〈課室是學習的社會環境〉（The Classroom as a Social Context for Learning）一文中，也以課室生態的觀點來研究課堂

活動的片段和觀察課室內的社會互動。而在2004年Weinstein也與他的同事發展出文化回應的班級經營模式，一改在過往被詬病看不見種族和文化以中產階級白人為主的美國堪薩斯州的中西心理學田野研究站（Midwest Psychological Field Station）。

　　因此從上述可以明顯看見，生態取向班級經營模式隨著課程、教育研究的氛圍跟著轉向，進入2000年之後不同的學者也開始產生了不同的變化。換言之，生態取向班級經營是伴隨著班級經營模式發展而存在的，不是一個派別，而是一個取向觀點，因此才能在不同的發展階段有更廣泛的延伸。

(三) 1980-2000年初期：Classroom Management與Discipline的混用

　　1980年開始至2000年左右，多數的研究仍以教育心理學領域為主，雖因著以Classroom Management為題的研究出現，但主要的研究內容仍與1980年前探討的內容大同小異，Discipline與Classroom Management混用的情形增加，而主要研究仍聚焦在如何管理學生的問題行為上（Evertson, 1980; Anderson, 1980; Snyder, 1998; Shore, Gunter & Jack, 1993），其他像是課堂上常出現的干擾行為（Nelson, 1996）或是分心行為（Rosenberg, 1986）也都包含在其中。此外，學生對於課室管理的態度和其學習表現上也是另外一個關注的焦點（Reynolds & Simpson, 1980）。此時期關於Classroom Management的文獻大量出現了與行為（Behavior）、行為問題（Behavior Problems）和行為調整（Behavior Modification）相關的研究主軸，有些文獻甚至會直接以Classroom Behavior Management或Behavior Management為題（Kampwirth, 1988; Babyak, Luze & Kamps, 2000; Carpenter & McKee-Higgins, 1996; Atherley, 1990; Bain, Houghton & Williams, 1991; McQuillian, Dupaul, Shapiro & Cole, 1996; Watt & Higgins, 1999; Leyser & Heinze, 1980）。

　　大量的行為研究出現，可能與當時行為主義盛行有關，在Postholm（2013）的研究「班級經營：研究告訴我們什麼？」（Classroom Management: What does research tells us?）中針對過往跟班級經營相關的文獻探討中提到，過往關於Classroom Management的研究大致可分成

兩個理論觀點，一個是受到行為主義學派影響的行為觀點（Behavioral Perspectives），另一為建構論觀點（Constructive Perspectives）。行為主義學派影響的Classroom Management多偏向學生行為約束或者行為上的調整（Behavior Modification）。早期關於班級經營的研究中多傾向於這類的觀點，因此多將研究重點擺在學生的行為和規範（discipline）上，並認為有效的班級經營便是找到適合管理學生在課室內不適當行為的方法。而他的說法也間接證明了此時期行為研究成為Classroom Management研究重點的原因。

除了行為主義的盛行使得學生問題行為成為研究的主軸，那種想要降低學生行為問題的背後都顯現出一種管理、控制和組織的氛圍，紀律和規範仍然為此時期Classroom Management的重點，這樣對於行為的控制主要還可能受到科學管理興起的因素影響，就如Davis（2017）在一篇文章〈從規範到動態教育學：班級經營再概念化〉（From Discipline to Dynamic Pedagogy: A Re-conceptualization of Classroom Management），藉由重新概念化Classroom Management來了解其從紀律／規範（discipline）到動態教學發展的歷程。他指出在20世紀，Classroom Management的概念受到科學管理與行為主義的雙重影響，使得傳統的教育工作者認為Classroom Management是植基於組織、控制和服從（McLaughlin & Bryan, 2003; Rist, 1972），大量的研究也趨向學生行為問題的控制、課室組織（Classroom organization）和班級管理的效率（efficiency）等。正如Bear（2015）在其研究中提到「它始於20世紀初機器式（machine-like）和軍事組織式（military organization）的風格，在20世紀上半葉轉變為透過品格教育（Character Education）來發展學生自律（self-discipline）的能力，然後到了20世紀下半葉的重點關注在建立秩序（order）以管理學生的行為。」

同樣的，Classroom Management與新自由主義的影響也有著密切的關係。Casey, Lozenki和McManimom（2013）在其〈從新自由主義政策到新自由主義教育學：種族化及歷史化班級經營〉（From neoliberal policy to neoliberal pedagogy: Racializing and historicizing classroom management）的研究中，將Classroom Management放入新自由主義環境影響下的歷史背景發展脈絡來探討。研究的一開始追溯了「管理」

（manage）一字在美國的歷史發展，從植物園（planation）到工廠（factory）再到公司（corporation）的使用，用以了解現今將這個字放在今日教育現場中的意涵為何，並且從「學生為何需要管理？」這個問題來談起。從植物園階段的奴隸管理充滿著種族主義的意識型態，隱含著因為種族因素而形成的階層（hierarchy），若管理者沒有種族知識（racial knowledge）了解其族群特性，則非裔勞動者則不會完全的順從管理者。工廠繼承了植物園的管理模式，且受到現代科學管理（Science Management）的影響，期望以較低的成本增加產量，同時提高訂單的效率，進行標準化管理和社會控制。因此科學管理圍繞著集中化（centralization）、命令（command）、控制（control）、紀律／規範（discipline）、服從（obedience）、順序（order）、規則（rules）和時間（time）的這些特性，也影響了日後學校的管理制度。尤其是在美國的義務教育中，學校像工廠一樣的管理制度建立，包括目標導向模式的課程，和以年級科目為分組類別的管理方式等（p. 39）。而這個科學管理的模式深深地影響到了Classroom Management的方式，一種標準化的預設，透過組織、規則來約束學生達到某種特定的課堂行為。

　　在此時期以行為和規範為研究的主軸，通常將學習者視為被動管控的個體，而差不多與此同時期的建構論學者並不這麼認為。在上述Postholm（2013）的研究中提到影響Classroom Management的兩個觀點除了行為主義的觀點之外，另外一個觀點則植基於行為主義後起的建構論觀點（Constructive Perspectives）。建構論雖然興起的時間比行為主義稍晚，但是同樣在1990年代就已經出現蹤跡，與行為觀點最大的不同之處在於，建構論者相信個體有學習的主動性，學習發生於個體參與不同活動時的情境底下，是一個人與其生活、社會和文化互動的過程，而不是被動的被管理或強迫學習，因此他們主張個人的經驗和學習的氣氛就變成班級經營所重視的方向。其中，在Dollard, Christensen Colucci和Epanchin（1996）提出的「建構論式班級經營」（Constructive Classroom Management）就提到學習環境（learning environment）的重要性，因為學生是透過自身生活經驗去建構和學習知識，因此學生所處的環境場域就會變成相當問題的核心。「建構論式班級經營」一文也強調，建構主義與行為主義最大的不同在於建設性的方法是以兒童為中心的，教

學策略是由孩子的需求所決定，而不是單由老師的信念和偏好決定，教師與學生共享控制權，而學生也被期待能夠學習自我控制的能力，包括自我管理（self-management）、自我評量（self-assessment）、自我監控（self-monitoring）都成為了這些研究的重要指標。因此，作者們認為尊重和關心學生，而不武斷的評論學生的行為，是建構主義主要的行為技術（technique），而其核心就在於一種以對孩子的理解和同情為中心、非判斷性的思維方式。

(四) 2000年後的轉向：文化回應課室管理的出現

　　透過西文文獻的檢視，我們可以描繪出「班級經營」的內涵從1980年前以「規訓」（discipline）為主軸，即使生態取向的班級經營模式將生態學的視野套用到課室觀察，著重規訓（discipline）和行為（behavior）所處的生態系，其重點仍在解決教室秩序問題，生態取向不代表看見差異與多元。儘管1980-2000年代初期，開始出現Classroom Management與Discipline的混用，受行為主義學派影響的Classroom Management仍多偏向學生行為約束或調整，學生仍視為被動管控的個體，而稍晚的建構論者開始看見學習者的主體性。到了21世紀，Classroom Management不再著眼於如何管理，而是反問「為什麼需要管理？」就如Kumashiro（2009）就針對這個問題提出詮釋，他認為教師管理學生的特定的行為，可能是主流社會的規範，也可能是來自教師本身的自我價值，如此一來學校還能稱是教學（teaching）的場所嗎？還是只是形塑主流價值的工廠呢？因此，許多教育學者開始透過強調關係（relationships）、人（people）、教學引導（instruction）、權力的動態性（dynamics power）和文化差異（cultural differences）等來重新定義Classroom Management，這樣的重新詮釋已經不同於過往在課室管理中以紀律（discipline）為基礎的實施方式（Beaty-O'Ferrall, Green, & Hanna, 2010; LePage, Darling-Hammond, Adar, Guttierez, Jenkins-Gunn, & Rosenbrock, 2005; Whitney, Leonard, Leonard, & Camelio, 2005）。

　　當中最明顯的轉向應當為在2003年Weinstein等人提出的文化回應課室管理（Culturally Responsive Classroom Management，簡稱CRCM）。

他們在其發表的「文化回應課室管理：從覺察到行動」（Culturally Responsive Classroom Management: Awareness into Action）一文首次將文化回應教學（Gay, 2000）與Classroom Management兩者結合，延伸過往對於文化回應教學的討論，並將重點關注在課室管理和組織時的任務和挑戰上。作者們認為老師會很習慣的以主流社會的價值來詮釋和理解學生的行為，即使教師事前準備的再完備，也仍容易陷入歧視（discrimination）中，舉例來說，看不到文化的教師針對不符主流的「問題行為」進行懲罰，然而這些行為可能與文化差異有關，受到其母文化的影響。因此，文化回應課室管理取向學者認為課室的管理應該聚焦在教師是否擁有足夠的文化能力來管理多樣多元化的班級。換言之，文化回應課室管理的重點內容強調的就是教師的覺察力（awareness），身為教師應該要能覺察自我與他者（others），並且能理解自己身處於在這個社會結構中所擁有的特權，以及不管是主流或者是邊緣都只是文化的產物，創造一個關懷（caring）和具包容性（inclusive）的課室，讓非主流的學生也願意表達以及展現自己的文化和行為。這篇文章的發表為班級經營領域開展了一個新的方向，之後相關於文化回應課室管理的文章隨之大量產出。

同樣的在2003年，Brown以「城市教師的文化回應管理策略使用方式」（Urban Teachers' Use of Culturally Responsive Management Strategies）為題，在文章開宗明義寫著：「要在都市的教室中與學生建立一個互相合作的環境，教師必須要滿足學生的文化、種族以及他們對社會、情緒和認知的需求。」因此，如何為多樣化的學生建立具生產性（productive）的學習環境，是教師進行文化回應班經策略的準備。Weinstein等人（2014）更進一步具體提出文化回應課室管理的五個必要元素，包含：(一)承認／認知到自己的民族中心主義；(二)了解學生的文化背景；(三)了解更廣泛的社會、經濟和政治背景脈絡；(四)有能力且願意使用適合的文化管理策略；(五)致力於建立一個充滿關懷的教室。以上五個元素讓文化回應課室管理（CRCM）有更加明確的方向可循。

約莫2005年前後，許多教育學者開始重新定義classroom management，不再只是單純如同過往的獎懲好壞行為，更多的是建立正向的學習環境和展現教師關懷（caring），還有CRP（Culturally

Responsive Pedagogy）的提出等。雖然超越了原本對於行為管束的classroom management概念，但每個新興的取向仍單獨存在狀態，對於不同環境或是學生、學校文化如何調整（adapting）和彈性融合這些新取向的模式，仍不清楚；因此，Davis（2017）提出動態課室管理模式（Dynamic Classroom Management Approach，簡稱DCMA），希望能讓教師能精通多向度的課程模式，幫助教師融合各取向的長處，以方便在課室內因人因地制宜變通和運用。Davis將這個時期內發展出來的模式統稱為動態課室管理，其中包含著四個重要的領域面向（domain）：(一)管理風格的靈活性和適合性；(二)學生背景多元性的脈絡，包括文化、社會經濟地位、性別／性、語言和能力；(三)基於課程、單元、課程設計、課程實施和行為管理，創建有效的教學法；(四)在穩固堅實的關係、高期待和安全／涵育的環境中，建立正向的課堂文化氛圍及社群。在上述中可以發現，DCMA模式幾乎涵蓋了過往所有的課室管理模式的特徵，期待用更全面性的方向來發展一套新的課室管理。

倘若進一步探究近幾年來多元文化相關的班級經營文獻，大致上分成兩類，一是以教育心理學領域以及量化研究為主，另一則以質性民族誌或者是深入訪談為研究方法。舉例來說，以Classroom Management和Gender當關鍵字，搜尋2015年後英文文獻，搜尋出來的文獻總共有23篇（2015年後），都是屬於教育心理學領域以及量化研究中性別差異（Gender Difference）的部分，其內容多數著重在問題行為、自我效能、課室管理策略、學業成就、教師信念等，將學生視為多數群體，僅在性別（兩性）之中進行差異性的比較。另外一類是以文化回應課室管理為主，此類總共有64篇（2015年後），多數以教師意識覺醒、文化回應、文化覺醒、少數為關鍵字，大多以質性的民族誌或者是深入訪談為研究方法。

總的來說，由上述文獻分析可以大概看出Classroom Management的發展脈絡及內涵與焦點轉變的趨勢，但即便至2020年的今日以Classroom Management當關鍵字進行查詢，仍然有以行為導向為模式的Behavior Management相關研究（Paramita, Sharma & Anderson, 2020; Simpson, Hopkins, Eakle & Rose, 2020; Yassine, Tipton-Fisler & Katic, 2020），呼應了過往學者對於社會科學典範中多元典範並存的現象（潘慧玲，2003）。

二、臺灣：教室管理、班級經營以及生態系統觀點

　　爬梳臺灣從1980年代至今有關「班級經營」的論述，似乎某程度可看出美國教育學界對於臺灣的影響。美國在1980年前以「規訓」（discipline）為目的，臺灣也在1980年末出現以規範管理為核心的「教室管理」詞彙；美國在1980年代逐漸發展生態取向的班級經營模式，臺灣則在1990年代開始出現生態系統觀點的班級經營，然而概念、理論源頭不同；而美國在2000年後逐漸發展的文化回應課室管理目前在臺灣尚無相關系統性的引進或討論。儘管美國教育學界影響的痕跡隱隱出現在相關文獻，臺灣在地轉譯與轉化的過程與內涵，在學術系譜發展的考古學有其重要意義。

(一) 1980年末到1990年代：從「教室管理」到「班級經營」

　　溯源梳理國內有關班級經營發展與內涵變化，在1990年代之前與美國有類似的發展方向與內涵遞嬗，只是臺美之間學術發展存在著時間差。追溯到1980年以前，國內關於「教室管理」或「班級經營」的文章相當少，目前能找到的多數以「教室管理」為題，但主要從教育輔導觀點切入（鄒季婉，1951；姜增發，1955；瞿立鶴，1956；林礽麒，1958；楊治宋，1958，林後淑，1967；方炳林，1967；邱連煌，1975）。以班級「經營」為題者，僅有兩篇小文章，一為李錫津（1969）以〈班級經營之研究〉為題，內容指出班級經營的意義有別於教室管理或課室管理，認為理想的班級經營宜教養多於管理；另一為陳騰祥（1970）亦多聚焦於輔導策略，著重如何運用班級經營來輔導「學業不振」的學生。顯見在1980年以前「班級經營」內涵著重教室管理、管理技術和防止不良行為的管理層次，但因著教育本身的脈絡而以輔導為主要的方式。

　　最早以「班級經營」為名的專書大抵能追溯至李園會（1989）《班級經營》（五南出版）及朱文雄（1989）《班級經營》（復文圖書）。前者多為參考國內外班級經營（尤其日本）編纂而成；後者則為朱文雄教授根據國內教育研究脈絡撰寫的專書，該書不僅為國內以班級經營為名之專書之始，其在導論也提及關於國內「班級經營」課程發展的脈絡以及撰寫此書的動機。

過去，國內師範院校課程裡，未設有「班級經營」專業課程，而只在「教學法」或「課程教材教法」中，輕掠一過，還占不到一節內容，三言兩語，語焉不詳，叫人無法登堂入室，一窺堂奧。直至78學年度師院進修部開設「班級經營」課程，這個領域才讓大家投以關注的眼光，可是卻沒教材可用，只好自己動手動腦了。（頁4-5）

單文經在1998年書寫的〈坊間出版的「班級經營」專書概覽〉一文曾蒐集當時「班級經營」相關專書，並簡單摘要說明各書的特色。他談及「班級經營」在教育學位置上的關鍵性的轉變——從最初是普通教學法或是教學原理為名專書中的一章，到「教室管理」專書的出現，後來才見到現今的「班級經營」一詞。摘錄部分內容如下：

過去一些以普通教學法或是教學原理為名專書，大多列有教室管理一章，就教室秩序的維持、教室氣氛的建立、教室物理環境的安排等項目，做精簡的介紹。後來，也陸續有一些以教室管理為名的專書出現，如許慧玲譯的〈教室管理〉（民77），金樹人續譯的《教室裡的春天——談教室管理的科學與藝術》（民79舊版，民間新版）。

其後，或許是因為一般人對於「管理」一詞，就會聯想到軍事管理、嚴格管制、行為控制等較為負面的意義，於是，班級經營一語，就逐漸取代了教室管理，而成為大家普遍接受的名詞。一般師範校院開課、各單位辦理研習活動，固然紛紛以班級經營為題，當然，也有例外。例如，葉興擊（民84）即主張，管理學作為一門學問，早已具民主化與人性化的面貌，不應再以消極負面的態度來看管理，因而堅持以班級管理名其書。

站在巨人的肩膀上，筆者將當時「班級經營」相關專書進行論述分析，也更細緻的去理解「班級經營」的概念以及主體性的轉換歷程，發覺「班級經營」概念不僅從隱含控制與規訓的「管理」一詞轉換成較具正面

積極的「經營」，更由教師中心的班級經營模式逐漸走向學生中心的思維。不過在過渡轉換期間，這兩個詞彙往往有並用的情況。

　　李園會在1989年出版的《班級經營》一書，認為班級是學校組織中最重要的基本單位，並從狹義的觀點將「班級經營」定義為：「為使兒童能在學校與班級中，愉快的學習各種課程並擁有快樂的團體生活，而將人、事、物等各項要件加以整頓，藉以協助教師推展各種活動的一種經營方法。」以教師為中心的班級經營模式，透過條列式說明班級教育目標的制定、方案訂定等重要事項說明與問題及對策，提供班級經營參考準則。「班級的教育稱之為教學，能讓教學順利進行的各種工作，才稱之為班級經營。」（頁7），書中以班級為單位，透過各種策略，去達成目標，而對於學生之個別理解較少著墨，將「了解學生」比喻為醫生診斷患者需透過觀察病情再予以治療，若能正確的了解學生，看他們什麼地方有問題、要如何解決，並培養師生間關係，亦能形成理想的班級型態。

　　李輝華在1986年暑假訪談了美國堪薩斯州十二位最傑出小學老師，並介紹了創造良好教室秩序的十一個教學原則、激發學生興趣的十個原則，以供臺灣教育人員參考，並在1994年出版《教室管理》一書。即使該書在1994年出版，仍以「教室管理」為名。該書強調良好教室秩序和教學成功之間密不可分的關係，相信能有效管教學生和激發學生的學習興趣，都是有效教學的必要條件，也是教育工作者所不容忽視的重要事實。李輝華寫著：

> 由於學生的自律能力與他們的學業成績之間，存在著很密切的正面關係，作者建議，每位老師都能以「培養學生自律的能力」，作為自己所追求的主要教育目標之一。（頁1-2）

　　由上述可知，如何「有效管教學生」被認為是教師的重要能力，也是「教室管理」的重點。教室中的學習仍較重視學業成績，若教師能有效管理教室中的秩序、培養學生自律能力並激發學習興趣，則教與學雙方都能由此受益。學生在此書呈現是客體位置，教師為教室的主體。

　　類似的觀點，邱連煌所著《班級經營：學生管教模式、策略、與方法》（1997），在自序第一頁就揭示「教室管理（班級經營）的主要目

的，是建立井然的教室秩序，以維持良好的教學環境。老師的教學效率和學生的學習效果如何，端視老師是否能把此項工作做得妥善」，該書透過依教師管教程度由重而輕的順序編排，分章介紹以權力管制為主的「斷然管教法」和「行為分析管教法」，提倡中庸立場的「邏輯後果管教法」和「現實治療管教法」，強調學生自行改變行為的「高敦溝通管教法」和「價值澄清與學生管教」，以及防止行為問題發生的「教室管理－庫寧預防技術」。透過各章節之理論基礎、實施步驟、優缺點等提供相關策略，以其增加教師對於學生行為的處理及預防之能力，達到教室中的「管」與「教」之班級經營目的。雖然「教室管理」與「班級經營」兩個詞彙並存，但還是以「管教」為主軸的管理方式，且以教師為中心，尚未考慮到學生本身文化差異性。

　　單文經在其主譯《班級經營的理論與實務》（2004）一書先說明〈班級經營〉課程在臺灣的發展，提供我們思考社會變遷下的〈班級經營〉樣態。他敘述在1980年代末期，臺灣教育界開始開設以班級經營的實務為名的科目，供大學生修習。單文經分析主要原因之一為當時臺灣政治步上開放解嚴的道路，社會上逐漸匯聚了勢不可當的民主化與現代化思潮，「影響所及，民眾對於學校經營民主化的方式帶班，其壓力也沛然莫之能禦」（p. vi）於是我們逐漸看到臺灣民主化過程對於「班級經營」產生的典範轉移（paradigm shift）效果。茲摘錄單文經的說明如下：

> 以往重視服從、講求紀律的教室管理，或是以學生偏差行為的矯正、學生不當行為的處理為核心的班級管教（class discipline），乃逐漸轉向而成為學生心理需求滿足、班級學習環境布置、教室學習資源發展為核心理念的班級經營，乃日受重視。（p. vi）

　　從「教室管理」到「班級經營」，具備社會變遷與民主化的意涵，也是面對環境變遷挑戰的因應。單文經接著介紹坊間出版的「班級經營」群書的特色，從這篇短文內容分析來看，當時班級經營是以常規訓練、管教、輔導為主軸。在1990年代之前，具生態系統觀點的班級經營尚非屬重要面向，也少被討論。

　　吳清山等人所合著之《班級經營》（1990）一書則開始出現學生主體的身影，此書由五位專家各依專長分寫八個章節，除了以班級為主體介紹「班級經營的基本概念」、「班級行政經營」、「班級教學經營」、「班級常規輔導」、「教學情境布置」、「班級氣氛與學習」；值得注意的是，該書開始出現「導師的任務與素養」章節，也創新地出現以學生為主體的「學生自治活動」討論。儘管如此，雖提到導師應有之教育理念、個人素養等，此書許多說明仍是期望教師能對班級及教師角色的任務有更多的認識，透過有效策略來經營班級。而看似以學生為主體陳述之章節，旨在歸類學生團體的類型，探討如何規劃班級自治活動，期望能夠讓學生透過活動發揮潛能，培育其成為社會上有能力的人。教師當「因」何種「材」，如何去「施教」？學生因族群、性別、家庭經濟情形等呈現之多元樣態，教師能夠如何培養相關知能，尚未有較深入之探討。

(二) 1990年代同時也開始出現生態系統觀點的班級經營

　　1990年代正是臺灣解嚴後社會運動如火如荼的黃金時期，民間力量對教育上的「鬆綁」之聲醞釀著1994-1996年教育改革運動。威權體制的鬆動，正是前述在1990年代的臺灣班級經營往往出現「教室管理」與「班級經營」兩詞彙交錯使用的脈絡，儘管還是以教師為中心的「管教」主軸。在同時，西方文獻的生態系統觀點也逐漸影響臺灣班級經營論述，只是概念、理論源頭與前揭生態取向的班級經營模式（Ecological Approaches Classroom Management）不同。1990年代開始出現生態系統觀點的班級經營對臺灣班級經營學術與實務影響至今，因此本節特別探究其源頭、概念內涵與運用，同時也釐清西方學界與臺灣某程度既連續又斷裂的發展歷程。

　　在過往國內關於班級經營的研究上，有許多關於生態取向的班級經營模式論述，然而在名稱的雷同度和翻譯相似度高的情形下，生態取向的班級經營模式（Ecological Approaches Classroom Management）常常與運用生態系統理論（Ecological Systems Theory）在班級經營議題上的概念混用，雖然這兩種模式都是以「生態」（Ecology）為概念進行相關延伸，但其出現的年代、提出者、核心的概念內容、在心理學上的派別及其

運用到班級經營之後的方式都有所不同也有極大差異。

　　不同於上述生態取向的班級經營模式，Bronfenbrenner（1979）提出的生態系統理論經常被運用於國內教育研究與實務。受到發展心理學家Vygotsky的社會文化認知發展論（1967）的影響，Bronfenbrenner的生態系統理論從社會學與發展心理學的角度出發，將社會環境看成一個同心圓柱組織，重疊排列在研究焦點個體之上，其中最核心一層為微系統（micro-system），是與個體最具有直接關係的環境與人、事、物，例如家庭環境、學校環境對個體的影響。第二層是中間系統（meso-system），指的是與個體有著密切關係的微系統間所形成的系統，如家庭和學校間、或是同儕間與師生間的關係。第三層是外部系統（exo-system），是指能影響個體穩定性，但個體卻未密切接觸的環境，例如社區支援及設施等。第四層是巨觀系統（macro-system），是指文化傳統、信仰與價值觀對個體的影響。第五層是時間緯度（chorono-system）或稱歷時系統，把時間作為研究個體成長過程心理變化的參照體系，強調將時間和環境相結合來探究個體發展的動態過程（黃迺毓，2006）。其生態系統理論雜揉了社會環境和發展心理學的概念，後期延伸的第五個時間系統更補足了第三個向度，這套理論對於教育現場尤其是在輔導諮商實務上影響甚大。

　　換言之，生態系統觀點認為學生的心理議題或問題行為，往往不只是由學生個人造成，可能發展自家庭、社區、學校環境，乃至於整個社會等，故需透過相關對應資源的連結與合作以促進各系統的問題解決，方能促進學生議題解決。面對學生日益嚴重的複雜心理問題，多數學者皆提倡學校輔導系統需抱持生態系統觀點介入（田秀蘭、盧鴻文，2018；杜淑芬、王麗斐，2016；趙曉美、王麗斐、楊國如，2006；趙文滔、陳德茂，2017），後來在學校輔導上常使用的三級輔導方案（初級輔導、二級輔導和三級輔導）中也發展出了具有生態系統的WISER模式（王麗斐、杜淑芬、羅明華、楊國如、卓瑛、謝曜任，2013），此模式主要奠基於生態系統觀點進行跨專業合作整合。

　　以上Bronfenbrenner生態系統理論在臺灣教育上的影響也延伸到班級經營。陳錫欽（2012）的文章〈教師班級經營的生態學觀點〉中便藉由生態系統理論來談增進教師班級經營中的各個系統合作，包括職前教師訓

練、班級氣氛、親師關係、學校行政系統支援、教師次級文化以及社會價值觀等均會影響教師班級經營的方式。可見雖以班級經營為主題，但是其內容並非針對狹義的課室內發生的管理和經營，而擴大到了班級之外的學校系統。

　　由上述可知，雖然生態取向的班級經營模式與生態系統理論模式都是強調個體與環境互動的重要性，但是前者受到生態心理學的影響，著重於課室內學生的行為研究，其認為班級經營便是建立秩序來管理在班級內所發生的立即性事件和所處情境；而後者則植基於發展心理學，其著重於個體本身所處場域所遇到各個不同系統對個體的影響，運用到教育、輔導領域實務上則著重於各系統之間的互相合作，在班級經營方面也不像前者僅圍繞在班級內的學生行為為研究對象，而是拓展至更廣闊的層級，如親師互動、學校氣氛等。回歸到班級經營的研究發展脈絡上，生態取向的班級經營模式乃從心理學針對學生行為的約束而來，發展的年代較早；而生態系統理論模式多運用在輔導領域上，近年來雖漸有運用到班級經營上，仍屬於待開發的議題研究。筆者認為兩者雖有類似相近的觀念，實則出發觀點卻不盡相同，如何融合運用於教育研究或是實務當中，尚需先能理解兩者之間的差別。

　　在1990年代臺灣教育界普遍使用的班級經營翻譯書籍《教室裡的春天——教室管理的科學與藝術》（1994，金樹人譯著自C. M. Charles著作《*Building Classroom Discipline*》）具備生態取向的班級經營模式的觀看理路雛形。此書以八種建立秩序和紀律之相關理論觀點出發，加上我國教師經驗分享讀後心得與意見供參考，說明如何用不同方式處理「不動如山、喋喋不休、愛耍老大、目中無人」之學生行為問題，如其原文書名為了「建立教室的紀律」；雖在此書中有少少幾頁的篇幅提及以美國為背景的文化差異，提醒教師需了解社會文化因素如何影響學習與教學，並建議捨棄刻板化印象、要有行為管理的文化觀等，看似是以了解學生從何而來，其目的其實是以增進教學的效率為中心，且在當時書中臺灣的實務工作者的分享中，也尚未覺察到文化差異對班級影響。除此之外，臺灣在地班級經營書籍則普遍呈現出生態系統理論模式的在地特色，參照系統理論觀點，也創新性的從科際整合的跨生態系統觀點，討論班級經營的各個面向，或者展現部分生態系統觀點的班級經營。

　　熊智銳《開放型的班級經營》（1994）如其書名，則是始談「開放型班級經營」，以系統之宏觀視野來看班級，將班級置於學校內與學校外社區之交互影響。作者認為「教室管理」一詞偏重管理教室秩序且較消極，因此採取「班級經營」一詞來討論班級教學相關的問題。此書參照系統理論觀點，指出班級不是孤立的，而是一個開放系統、班級結構是多元的，班級元素是互動的，因此將學校視為一個系統本體，學校外境（社區）與學校間有政治、經濟和文化的交互關係，並說明教師若要有效進行班級經營，需認識學校外境（社區）之結構、特性及自然和人文，突顯周圍的環境對於班級的影響。具生態系統觀點的開放型班級經營，與多元文化教育範疇概念一致。

　　顏火龍、李新民、蔡民富（1998）《班級經營──科際整合取向》更創新性的從科際整合的跨生態系統觀點，討論班級經營的各個面向。然而，可能是時空脈絡學科發展的侷限，雖名為科際整合，卻是在不同章節將〈班級經營與哲學〉、〈班級經營與社會學〉、〈班級經營與行政學〉、〈班級經營與心理學〉、〈班級經營與人類學〉並列分陳，沒能討論不同學門之間的關係，以及如何統整運用於班級經營；即使在同一學門內不同的取徑之間的討論與競逐關係，例如社會學功能論與衝突論不同的觀看方式，又如何呈現於班級經營，也較欠缺具體說明。

　　張秀敏於《國小班級經營》（1998）展現了部分生態系統觀點的班級經營，也從「教師中心」逐漸位移至「教師與學生雙中心」，但還是比較靠近「教師中心」這一端的班級經營模式，例如作者整理相關文獻，給班級經營的定義為：「班級經營是教師有計畫、有組織、有效率、有創意的經營一個班級的過程。在這個班級中，學生能很快樂的、有效的學習，並有好的行為表現，學生的潛能得到充分的發展，教師也能發揮專業理想並得到工作上的滿足，教室是個師生都喜愛的地方」（頁7）。此書作者開始關注到多元文化教育面向，例如其中第三章「教室問題產生的原因」，從學生、老師、學校、社會四個因素分別說明，在學生因素中除了年齡、能力、心理因素之外，在35至37頁與42頁中也提及「性別因素」及「社經地位因素」及「文化因素」，摘錄如下：

參、性別因素

一般而言，女孩子違規比男孩子少。這可能的原因有二：

一、成人對男、女孩子的行為要求不一樣

二、老師對男、女學生獎勵的取向有所不同（頁35-36）

肆、社經地位因素

一、學校所教的價值觀和行為模式較符合高社經地位的孩子

二、高社經家庭的孩子，先天條件和後天的環境較有利於學校
　　的學習，所以表現較好。

三、高社經地位的孩子較能接受延宕滿足

四、低社經地位的孩子較缺乏自信（頁36-37）

陸、文化因素

……。老師應對少數種族的文化、行為方式、道德規範、價值
觀有所了解，才能尊重與欣賞他們。

此外，來自不同種族的人，可能言語上的隔閡而產生教室常規
問題，老師應予注意。（頁42）

　　儘管此章節仍是以「教室問題產生的原因」為目的去探究各個因
素，但已經具備多元文化班級經營的思考範疇雛形，只是從多元文化教育
觀點來看，仍有需要考量的部分，例如男／女的差異本身已然的「性別
化」議題，或者教師如何更積極的讓班級文化能夠更具多元文化的平等精
神等。

　　值得注意的是，儘管生態系統觀點的班級經營開始從大圖像的觀
點，觀看師生與環境交互作用的系統，但仍強調教師的「管理」，只是這
樣的輔導與管理策略根植於對生態系統的了解與積極性的預防。就如吳明
隆（2017）《班級經營：理論與實務（4版）》簡單說明「班級生態的屬
性」（pp. 145-148）之後，對生態觀點班級經營的闡述如下：

　　從交互作用觀點而言，人類行為是個體思想、行為和環境因
　　素之間持續交互作用的結果。班級組織生態中，學生知能增

進、行爲改變是多種因素引起的，身爲教師首應了解班級組織
生態，掌握生態情境，才能研擬有效輔導與班級管理策略。
（p. 148）

儘管吳明隆（2017）在這本書自序說明該書「呼應新世代資訊科技
變遷情境、教育革新的趨勢發展、知識經濟時代的變革，詳細而完整的闡
述新時代教室班級經營所需的知能和實務做法」，然而在呼應變遷的內容
方面，卻也僅只點綴式陳列出目前教育的轉變，例如在第二章「班級經營
的特徵與生態轉變」中的第四節「新時代學習生態的轉變」羅列出新時代
學習生態的十二項轉變，例如班級定位由知識殿堂轉變爲學習組織、教學
主題從老師中心轉變爲學生中心、學習型態從個體學習轉變爲合作學習、
教學方式由教師傳遞轉變爲師徒相授、學習過程由動態接受轉變爲動態探
索等（pp. 67-71），然而上述羅列的「新時代學習生態的轉變」如何呈
現在班級經營理論與實務上則沒有呈現。此外，整本書論述呈現許多不一
致之處。舉例來說，該書第一章「班級經營的內涵與策略理論」，作者整
理Hoy和Miskel（1991）、Egeberg等人（2016）、Evertson和Weinstein
（2006）等人文獻，並作成「班級經營」的定義如下：

班級經營，乃是教師或師生在教室社會體系中，遵循一定的準
則規範，在師生互動情境下，適當而有效的處理班級中的人、
事、時、地、物等各項業務，以建構良善的班級氣氛、發揮有
效教學的效果，達成全人教育目標的歷程。（p. 10）

由此「定義」來看，作者是抱持生態系統觀點的班級經營，且以達
到組織效能與效率爲目標的經營管理方式。雖文後談及新時代學習生態的
轉變、學習者爲中心的學習等，卻也沒能與班級經營連結，卻是在第五章
大篇幅談「全面品質管理」。而在第六章「班級經營的困境與因應策略」
中，將單親家庭、多元家庭、異國婚姻、青少年次文化等，視爲班級經營
的「困境」。這樣論述彼此矛盾的情況，可能與同時並存、眾聲喧譁的各
種教育論述有關。

(三) 開始轉向的臺灣班級經營內涵？

　　如前所述，臺灣有關班級經營的學術與策略論述，由1980年代末以管教為主軸的「教室管理」到1990年代「班級經營」，同時也開始出現生態系統觀點的班級經營，以更寬廣的視框看待所謂的「學生問題」，然而生態系統觀點仍以教師為中心，學生在此「生態」中仍被視為需要被「規範」的客體，尚未觸及以學生自身文化為思考主體的多元文化面向。有趣的是，1990年代亦為臺灣「多元文化」論述發展的黃金時期（劉美慧，2011），臺灣社會對多元文化議題的關注也逐漸影響教育場域，因此1990年代同時也是性別教育及多元文化教育發展的重要階段，這樣的教育發展脈絡是否也影響多元文化教育觀點班級經營內涵的產生？

　　帶著這樣的問題意識，筆者開始檢視臺灣多元文化教育發展過程中有無任何「班級經營」的相關論述。臺灣多元文化教育的發展可追溯到1993年中國教育學會出版《多元文化教育》一書作為年刊、1995年花蓮師範學院奉准籌設多元文化教育研究所、1996年行政院教育改革審議委員會擬定的《教育改革總諮議報告書》提出「推展多元文化」的教育政策改革方向等，且特別提出現代多元文化教育的兩個重要主題，一為原住民教育，二為兩性平等教育。特別在上述1993年中國教育學會出版《多元文化教育》年刊中，由單文經寫的〈在班級中營造多元文化教育環境的策略〉一文即強調隨著社會日趨多元化，班級經營策略也應隨之調整，且期許教師應該「採取社會文化和生態系統的觀點，把班級看成一個由學生、教師、學習材料、教學，以及目標等因素相互影響，緊密連結而成的系統」（頁427）。此外，單文經也從五個面向說明班級環境中的多元文化現象，包括種族、語言、性別、社經地位及特殊學生。這樣的提綱挈領在多元文化班級經營上有很重要的承先啟後作用，儘管可能限於篇幅限制，每個面向都僅簡單帶過，儘管裡面舉的例子也都是西方國家的脈絡，書寫的背景也是1990年代的臺灣脈絡環境。此文將「生態系統」與「多元文化教育環境」連結並用，可窺見當時論述發展彼此交錯混用的狀況。

　　近二十年來儘管多元文化教育近年來得到較多的關注，然而這些關注似乎尚未延伸到「班級經營」課程與領域。筆者針對國內期刊及國內圖書兩部分來探究國內近年來在班級經營議題的主要論述方向，可以發現班級

經營主要論述關懷仍以教育心理學領域為大宗，其中多以班級經營成效、班級經營效能、班級經營策略研究方向為主，在教育行政類的班級經營研究，多與關鍵字「領導」有關，偶有出現輔導相關的班級經營研究，則通常以「特教」為焦點的相關研究。茲說明如下：

筆者自國家圖書館期刊網以「班級經營」為關鍵字，整理2010年以來至今以班級經營為題之相關發表期刊，欲以此來了解臺灣班級經營的主要論述方向。其中，在這十年共108筆的文獻當中，以2010年的篇數19篇為最多；2014、2016年的16篇次之；2018年的2篇為最少。另外，若以內容領域來區分，筆者將之粗略分成教育心理學領域、教育行政類領域、輔導或特教領域及其他。以下就各領域情形分述之。

在教育心理學領域中，多以「班級經營成效」（曾素秋，2010；謝文峰，2011；吳玟靜、鍾智超、蔡至誠、羅希哲，2017）、「班級經營效能」（王金樑，2011；曾榮祥，2011；羅寶鳳、張德勝，2012；黃建皓，2012；曾榮祥，2012；林雪惠、潘靖瑛，2012；何文慶，2012；黃品瓅，2013；施怡僑、賴志峰，2013；曾榮祥、張家瑜，2013；梁滄郎、張慶豐，2014；彭翊榛、張美雲，2015；蔡麗君、林錦煌，2015；王錫堆、林耀榮、林國楨，2016；林俊達、范佩誼，2017；林易萱、龔心怡，2017；趙品灃、莊梅裙，2019；賴協志，2020；陳桂凰、蘇育令，2020）及「班級經營策略」（張民杰，2010；郭明德，2010；林信志、劉藍芳，2011；王郁青、康龍魁，2011；王金樑，2011；臧瑩卓，2011；徐俊龍，2012；蔡宜潔、陳思帆，2013；曾榮祥、張家瑜，2013；張奕華、許正妹、張奕財，2014；梁滄郎、張慶豐，2014；張民杰，2014；施宜煌、趙孟婕，2015；陳棟樑、譚得祥、趙明芳，2017；陳敏華、顏德琮，2020）三個大變項為主要關鍵，並多與班級氣氛、教師信念、自我效能等相關變項進行統計上的驗證。

在教育行政類領域方面，多與關鍵字「領導」有關。其中包含僕人式領導（張仕政、陳世佳，2010；陳錦惠、陳世佳；2010）、轉化領導（曾榮祥，2011；曾榮祥、張家瑜，2013）、轉型領導（黃彥超，2015）、績效責任領導（張文權、范熾文，2019）、校長領導（賴協志，2020）等，另外，除了領導等相關研究之外，還有賴光真（2010）運用評鑑理論建立班級經營方案的研究，也屬於教育行政類領域。

　　在輔導與特殊教育領域中，以「特教」研究相關的內容，多與親身經驗及實務研究為主要方向（莊海玲，2012；鄭惠方，2015；楊蓓瑛，2019；楊智如，2020）。此外，亦有以「資優」為題之相關研究（吳淑敏，2010；陳敏華、顏德琮，2020）；在輔導的研究中，除吳淑芳（2012）的班級經營與輔導一文談論學生輔導的內容，與蔡宜潔、陳思帆（2013）一文從諮商輔導角度探討受虐兒適應輔導與班級經營外，其他輔導類相關研究都與特教研究內容重疊（楊蓓瑛，2019；林思賢，2020；陳敏華、顏德琮，2020），顯見輔導項目在特殊教育領域的班級經營中占了極大重要的角色。

　　除了上述的三大領域外，值得注意的是因著2012年以來翻轉教育在臺灣的熱潮，在2012年的研究中也出現了類似的現象。有王金國、楊雅惠（2012）以合作學習活化班級經營、高翠鴻（2012）以學習共同體探討班級經營的應用及徐俊龍（2012）以班級經營策略的新思路為題思考協同學習如何成為新的班級經營策略。此外，在以為數眾多的量化班級經營研究中，也有幾篇是以非主流的方式來進行。例如黃美齡、張景媛、吳道愉（2010）以紐西蘭與臺灣的班級經營做了跨文化的研究，將臺灣與紐西蘭教師在進行班級經營時的策略做了跨文化的比較；駱怡君、許健將（2010）以反省性來思考教師班級經營的運用，強調教師在班級經營過程中，反省性的重要性；張民杰（2010）則從臺灣諺語來省思臺灣班級經營，試圖理解臺灣諺語背後所代表的文化意涵，並藉此省思教師的班級經營。王振輝、王玉珍（2011）則針對班級經營中的潛在課程進行探討。

　　在書籍方面，筆者以博客來、五南書局、誠品書局等網路書局的網站為搜尋2010年至2020年間以「班級經營」為名的書，總共有30本，其中，專門幼兒或學齡前教育的班級經營共有4本（谷瑞敏，2014；張翠娥，2015；周新富，2019；廖信達，2019）。從其脈絡的主題發展來看，在2010-2015年間以班級經營為書名的書籍並不多，每年僅約1至2本，並以學術性質的書籍為主。且在2010-2011年左右與班級經營相關的書籍都是翻譯國外班級經營相關的書（池熙璿譯，2010a；池熙璿譯，2010b；蘇秀枝、翟敏如、黃秋鑾、林國楨、張炳煌、游進年、劉秀嫚譯，2011；張倉凱譯，2011），並沒有國內關於班級經營相關的學術論

述，一直要到2013年心理出版社出版的《班級經營：核心實務與議題》（林政逸，2013）、《十二年國教下的班級經營：十八項理論解說與事例印證》（陳威任、陳膺宇，2013），才有相關學術性的書籍出現。在2016年之後，相關教育領域的學者班級經營學術書籍也陸續更新或是再版，以進一步更新更符合現階段教育現場的班級經營相關理論，但筆者發現其發展脈絡除增添了許多的實例分享以及實務面的處理方式外，其理論發展的軸線與過往相去不遠，大多以教育心理學背景為發展脈絡（周新富，2016；謝金青，2016；張民杰，2017；林進材，2017；吳明隆，2017；周新富，2019；廖信達，2019；孟瑛如，2019；張民杰，2020；賴光真，2021）。

筆者也觀察到近幾年（約莫從2013-2014年開始）在翻轉教師社群中有關教學法的創新，也逐漸延伸到班級經營，在社群網站有許多討論。就如何耿旭在〈學思達教學社群〉的一則發文：

【班級經營】2018.04.14～15師生對話工作坊活動紀錄
●文／何耿旭（高雄市教育產業工會教學部主任）

會有這一場工作坊的籌劃，必須要感謝中山女高張輝誠老師，在2017年3月邀請輝誠老師帶領二日的學思達實作工作坊，結束後，輝誠老師跟我說班級經營太重要了，推薦李崇建老師多談談薩提爾的對話……

常常，陌生人與我的交談中發現我是國中老師時，幾乎會冒出「現在的國中生很難教喔？」。對話姿態不佳確實會讓雙方走入困境，大人想教導，小孩不想被教導，二人就在問題與情緒間拉扯……

這一場工作坊很典型就是如此，讓師生關係鬆綁，與自己和解也與孩子和解，在一致性的應對姿態中重新連結自己與孩子，協助孩子感受自己的感受、探求自己的渴望，不在問題上打轉，而是透過問題探索孩子的內心，專注在人的關懷。……

（摘自〈學思達教學社群〉臉書 https://www.facebook.com/groups/780188175346334/permalink/1905618129469994/）

　　近年來，以薩提爾（Virginia Satir, 1916-1988）的對話練習為基礎的班級經營隨著翻轉教育的發展，在教育現場引起相當的關注。2018年張輝誠老師出版《學思達增能》一書，彙整學思達教師需具備的五項專業能力——講義製作力、問題設計力、主持引導力、對話統整力、班級經營力，試圖建構更完備的教師專業地圖，「班級經營力」為其中之一。學思達教學法主張透過薩提爾冰山探索與對話練習，讓師生互動與班級經營慢慢地產生變化，引導孩子在課堂中思考探索並且勇敢的表達自我。

　　這些科普性質的班級經營書籍方面，大部分都來自於現場教師的現身經驗，以2012年溫美玉老師的《溫美玉老師的祕密武器：班級經營與寫作》為最早以班級經營為書名的書籍，而此類書籍則是從2019年開始量增，包括余懷瑾（2019）《仙女老師的有溫度課堂：讓學生不想下課的教學和班級經營心法》、宋慧慈（2019）《當怪獸家長遇見機車老師：親征教改30年，宋慧慈老師最POWER的「班級經營」現場紀實》、林怡辰（2020）《小學生年度學習行事曆》、賴秋江、曾冠蓉、許碧月（2020）《教室high課：班級經營100招（三版）》、林晉如（2021）《給力：我想教會孩子的事　林晉如的創意班級經營術》等，跳脫出理論學術的形式，以輕鬆活潑吸引人的方式，來增加一線教師和家長的共鳴，讓國內班級經營的書籍更加生動及貼近實務。

　　由以上爬梳國內文獻的分析可發現，教育社會學或多元文化教育領域觀點的班級經營研究與實務非臺灣班級經營研究主流，也少被思考或討論。多元文化融入班級經營文獻探討之期刊很少，僅有陳良弼、金立誠、吳思達（2004）於〈融合多元文化教育之班級經營策略〉一篇短的敘述性小文章，全文八頁中有一半整理多元文化教育的概念，後面四頁以「教師信念」、「教室氛圍」和「教學實施」三個層面說明多元文化教育融入班級經營的策略如下：

(1)教師信念層面

　　教師須對於學生的性別、族群與文化、社經地位有足夠的敏感度，針對不同屬性的學生。

(2)教室氛圍層面

　　可透過教室內的布置、課程情境規劃、學校活動的媒材、活動設計、圖書館與班級圖書的選擇上，反映學生個別的文化差異和整體的多元文化，納入多元文化的觀點、幫助多元文化上的認知。

(3)教學實施層面

　　在課程設計上，以文化多元觀的教育哲學為核心，納入不同族群的文化與觀點。此外，也可運用多媒體之科技教材、協助發展學生的理性批判意識以及妥善使用評量的工具。引導學生思考文化差異之內涵，從中培養接納其他族群文化的寬廣胸襟，避免形成學生對族群文化的刻板印象和偏見，建立平等、尊重的族群態度。

　　有關「女性主義班級經營」或「女性主義教室」相關的討論則更為少見。1990年代以來，性別教育的批判重點在於課程內容，包括課程內的性別角色刻板化、教科書性別意識型態、教科書的檢核方式等，有關如何運用女性主義教育學於班級經營上著墨尚少。目前性別教育相關書籍中，只有謝臥龍（2002）主編《性別平等教育 —— 探究與實踐》一書中有三篇文章與女性主義教室關聯度最高。書中由楊幸真書寫的〈女性主義教室 —— 女性主義教師在成人教育環境之教育實踐〉以筆者在文山社大「女性心理學」課程實施女性主義教育學過程的反思，重新思考女性主義教育學的實踐議題，但這篇文章的背景是成人教育的場域。第二篇是洪久賢所寫〈落實性別平等教育之教學策略研究〉，但該書的重點放在教學方法與策略，尤其如何對性別概念再省思，以提供教室中兩種生理性別彼此互動與平等的學習機會。第三篇由蔡惠娟寫的〈性別平權教育的實踐 —— 小學教師的性別角色觀及其班級實務〉雖然標題有「班級實務」一詞，該文其實聚焦於檢視小學教師是如何在班級實務中維繫既有父權體系，在洞悉之外，至於如何進一步建立女性主義教室則不是該文處理的重點了。

在期刊論文方面，國內以性別議題融入班級經營相關的期刊論文研究數量極少，相同主題之研究僅期刊論文一篇；相近主題之研究則有碩士論文2篇、期刊論文2篇，論文主題以班級經營策略、教師的性別刻板印象及多元文化素養、班級幹部性別配置為主。值得一提的是，王儷靜（2013）「重探性別融入教學之『融入』意涵」的研究雖在探究「融入」在性別教學的意涵和運作方式，該文重點不在班級經營，但強調覺察教學環境中以性別為基礎的不平等、在教學中展現性別敏感度、實施具性別敏感度的班級經營是進行性別融入教學時的核心。因此，王儷靜進一步提出性別融入教學的下一步，是讓性別「融入」教學不僅僅在課程設計方面，還可將轉化式課程的融入進一步擴展成「具性別意識的教學」和「將性別觀點帶入教育」，將性別意識擴展到學校生活的各面向。

從〈在班級中營造多元文化教育環境的策略〉到〈融合多元文化教育之班級經營策略〉、〈重探性別融入教學之『融入』意涵〉等，儘管只是零星出現多元文化班級經營相關論述，卻有一個劃時代論述方向的改變──班級中學生角色由需要被「規範」的客體轉成為需要被理解的對象，而教師則需要裝備自己能夠理解學生文化的專業。此時，教師多元文化素養的培養成為師資培育的重要議題。

儘管多元文化融入班級經營之直接相關研究很少，偶爾散見在一些聚焦教師多元文化素養研究中，將班級經營列為多元文化素養的指標之一。舉例而言，楊傳蓮（2000）在「國小教師的多元文化教育素養指標初步建構之研究」研究中以文獻分析探討後所建立的多元文化教育指標的八大類別：人格特質、教學策略、人際知覺、多元文化知識、評量能力、班級經營、校務、社區參與及服務績效、課程設計中，班級經營即為其中一指標。湯心怡（2010）於碩士論文「公民與社會科教師多元文化素養與教學信念」中探討公民與社會科教師多元文化素養的現況，針對教師不同個人背景（性別、族群、畢業系所、教學區域、教學年資）差異做探討，其中也談及多元文化融入班級經營，並認為教師進行多元文化的班級經營應強調以下三點：

(1)開放、平等、信任的教學氣氛

要營造出開放、平等、信任的教學氣氛。適當的教學起

伏、平等的發言環境，能使學生對於教師和同儕建立信任感，
而很快的投入教學情境中。但也有老師認為教學時間不足的狀
況下，教學氣氛的營造對於老師來說很有壓力。

(2)以學生為主角，關注不同學生的個別情況

　　教學若以學生所經歷的生活事物為中心，學生則不會將
學習置身事外。而對於特殊狀況的學生，要關注的是其因「特
別」引起的敏感心態，而非將狀況本身視為特別去處理。

(3)適當的處理衝突情形

　　在課堂上若有語言或觀念的衝突，教師除了讓學生冷靜、
平復穩定的情緒外，也要讓學生有機會學習聆聽他人的話語，
了解每個人都可能有不同的觀念，並學習接納不同的意見，並
找出最終雙贏的解決模式，從事件的衝突中看見不同的面向。

　　洪巧珣、林宏熾（2010）則針對國小階段身心障礙資源班教師多元
文化素養進行研究，此研究將國小教師多元文化素養經營因素分析分成六
個向度，分別為：「知識建構」、「文化覺察」、「課程準備與執行」、
「評量實測」、「班級經營」與「校務推廣」。此研究發現「班級經營」
與「文化覺察」為六個向度中總平均數最高者，這意味著國小資源班教師
的多元文化素養的發展更著重在良好的師生互動與營造友善的學習情境。

　　此外，也有一些研究探討實施班級經營的教師生理性別與多元文化
素養的關聯。洪巧珣、林宏熾（2010）發現生理女性資源班教師在多元
文化教育素養的實踐程度較高，這項發現與「國小教師班級經營對學生公
民行為影響之研究——以教師性別為干擾變數」的研究結果相同。劉富如
（2011）的碩士論文也提出生理女性教師班級經營對學生組織公民行為
的影響程度大於男性教師。在父權社會的背景之下，生理女性通常多處於
權力邊陲的位置，但在多元文化素養的實踐上卻遠高於較靠近權力核心的
生理男性。也有針對教師本身背景與在班級經營上性別刻板印象與班級經
營中生理男女分工之研究，例如標美蘭（2008）發現不同年齡、年資、
教育程度、婚姻狀況與研習進修狀況之教師，對於班級經營的刻板印象會
有所不同。胡美鸞（2009）探究國中班級幹部的性別分工現況和特性，
發現國中班級幹部呈現性別刻板化的分工模式、性別平權的班級經營仍有

進步空間，但若國中班級導師的性別平權意識高於學生，則可透過班級經營，提升班級師生在幹部選舉上的性別平權意識。

　　審視國內有關班級經營教科書、學術專書或者班級經營翻譯書的部分，目前與多元文化教育的連結性仍不高，或者翻譯書的部分有欠缺本土社會文化脈絡的問題，且大部分是以小學教學現場為主。舉例來說，吳宗立主編（2002）《班級經營：班級社會學》（高雄復文）一書，雖名為班級社會學，卻沒能將教育社會學中的性別與多元文化的關照，放入對班級的檢視之中，也沒能發展出在地脈絡的班級社會學。林政逸（2013）的《班級經營：核心實務與議題》（心理出版）一書以「議題」為討論核心，針對小學教學現場班級經營的六項核心實務：班級常規、獎懲制度、親師溝通與家長參與學校教育、學生不當行為的處理、學習環境營造與教室布置、營造良好的班級氣氛，闡述相關實務問題。在第四章親師溝通的部分特別納入「與新移民子女家長的溝通」之小段落，然而內容只有一頁，行文內容可見性別與多元文化敏感度也稍嫌不足，對於「班級經營」課程本身的知識架構的源頭較少著墨。

　　班級經營有其在地脈絡性，一些翻譯的書需有適用上的考量，例如由M. Lee Manning和Katherine T. Bucher著，單文經主譯《班級經營的理論與實務》，作者們把各種不同的班級經營理論納入，以便協助職前或在職教師全面性理解這些理論，以及理論所衍生而來的班級經營模式，並且據以形成一套自己的班級經營理念和策略。作者們也注意到學生的多元歧異——學生們在性別、文化，和社會經濟等各方面的差異，並納入所建立的班級經營理念和策略之中。該書雖有其理論與應用上的參考價值，然背景脈絡不同，班級的組成、班級經營時所遭遇的困難也不一樣，這是現場教師必須先了解的前提，在運用時必須先有專業能力作出判斷。

　　各專書當然有其不同的切入點與重要性，由上述班級經營的專書來看，可以發現大部分內容都有談到建立正向師生關係、家長關係及同儕關係的重要，對於學生的偏差行為教師也應施以正向管教，部分作者建議教師在經營班級時應注意到學生、家長之多元文化背景，並依據不同的背景建立多元的溝通方式，可見教室組成的多元性已開始逐漸受到重視，教師應具備對不同的文化脈絡去理解、尊重的能力，而非使用單一的標準進行同一的管理。縱使多元文化的觀點在班級經營中已開始被看見，然而目前

尚停留在對「族群差異」的探討，對性別與多元文化結構性的關注仍然是非常少被討論的，故班級經營中的性別主流化與多元文化議題還有很長的一段路程需要努力，但這個議題在未來勢必是需要被看見且慎重討論的。

　　總的來說，臺灣社會1990年代以來的民主化風潮，迎來了多元文化教育的發展，然而目前尚未延伸到「班級經營」課程與領域相關研究，沒有出現美國在2000年後班級經營的轉向有關文化回應課室的情況，仍以教育心理學領域為主要論述觀點，同時出現少數教育行政領導、輔導、或者以多元文化或性別相關的班級經營研究。目前多元文化班級經營文章散見在一些現場教師紀錄「隨筆」或是整理性的經驗談短文；在學術文獻的部分，雖有翻譯的書籍，但欠缺本土脈絡的陳述與討論，也欠缺社會文化總體層次的連結，少見有關性別與多元文化議題在班級經營上系統性的學術理論爬梳以及其相對應的實踐討論與說明。在空間向度上僅限於「教室」，然而「教室」內許多的偏差行為與廣大的社會文化因素息息相關，卻少被提及與思索。性別教育或多元文化教育領域也偶爾提及「女性主義教室」或「多元文化教室」等班級經營相關的議題，大多是隻字片語，也尚未形成論述，欠缺統整性、系統性的學術性研究，也未針對班級經營理論與論述方式進行檢視與反思，更遑論如何從性別與多元文化的視角，解構（甚至重構）既有知識體系，而非僅只添加（add-on）而已。再者，性別主流化（gender mainstreaming）如何進到主流班級經營理論、概念與實踐之中，也是目前少被探索的領域。此外，班級經營實務上的書以小學居多，但小學與中學班級遇到的困境與解決方式差異大，都需要進一步從中學教學現場的田野研究著手，讓本土脈絡性資料與理論對話。

結語

　　隨著全球化社會與人口快速變遷，臺灣教育發展脈絡下的班級經營策略呈現什麼樣的改變樣態？這樣的轉變內涵又如何呼應／回應改變中的社會文化結構？要回答上述問題，必須先行梳理臺灣班級經營相關文獻；而臺灣早期教育研究受到美國影響，因此必須更往前一步了解學術挪用

與影響的因素。因此，本章創新性的結合社會學中傅柯式的「考古學」（archaeology）研究的文本論述分析以及系統性文獻分析法（systematic review），嘗試理解國外（特別是早期影響臺灣學術界甚深的美國）有關「班級經營」觀點內涵的發展轉變，接著探究臺灣學術界在「班級經營」領域的思想體系及論述上的轉變，綜合整理並進行關聯性的分析。

　　爬梳臺灣從1980年代至今有關「班級經營」的論述，某程度可看出美國教育學界在臺灣教育上隱隱約約的痕跡。美國在1980年前的班級經營是以規訓或管教為目的，臺灣也在1980年代末出現以規範管理為核心的「教室管理」詞彙；美國在1980年代逐漸發展生態取向的班級經營模式，臺灣則在1990年代開始出現生態系統觀點的班級經營，然而使用的概念、理論源頭皆不相同；而美國在2000年後逐漸發展的文化回應課室管理目前在臺灣尚無相關系統性的引進或討論，只零星散見在多元文化教育相關文章。

　　儘管美國教育學界影響的痕跡隱隱出現在相關文獻，臺灣在地轉譯與轉化的過程與內涵，在學術系譜發展的考古學有其重要意義。梳理臺灣班級經營相關文獻，可以發現「班級經營」在不同階段有著不同的關注焦點，而這些差異也都映照出不同階段社會變遷的內涵。研究發現，臺灣在1980-1990年代劇烈的政治民主化過程與社會變遷，使得「班級經營」的概念與內涵從威權的紀律「管理」或「管教」逐漸轉型到「經營」與具生態系統觀點的開放性理解，特別在充滿民間活力的1990年代，不但醞釀臺灣班級經營逐漸由「教室管理」進入「班級經營」的關鍵脈絡，同時也開始出現生態系統觀點的班級經營。生態系統觀點以更寬廣的視框看待所謂的「學生問題」，儘管學生在此「生態」中仍被視為需要被「規範」的客體。同樣在1990年代，臺灣「多元文化」論述發展進入黃金時期，多元文化教育隨之發展，因此在學術上開始散見多元文化教育在班級經營上的零星概念；儘管如此，近二十年對多元文化教育較多的關注卻仍尚未延伸到「班級經營」領域，目前班級經營主要論述觀點仍以班級經營成效、效能、策略，並以教育心理學領域為大宗，部分出現「領導」相關的教育行政類的班級經營研究，偶有出現以「特教」為焦點，輔導相關的班級經營研究。

　　總的來說，臺灣「班級經營」的一開始借鏡美國教育學界，後來的發展也與美國教育學界發展有連動關係，但揉合本土政治社會文化脈絡的發展開展出不同的面貌，內涵也逐漸跨越「控制」、「管理」、「威權」的層次。由上述分析可知，早期的班級經營理念與策略奠基於管理學，以「教室管理」的控制姿態出現。教育心理學理論至今也在班級經營課程或領域間占有重要關鍵角色，例如行為主義模式（behaviorism）、發展與社會心理學或精神分析理論等（Burden, 2013），較少關照社會變遷的議題。教育心理學取徑的班級經營固然重要，但若缺乏社會文化觀點，沒能針對「班級」及班級內認定的「問題」進行結構性的理解，會不會產生「見樹不見林」的遺憾？1990年代多元文化論述的發展也開始零星影響教育界開始從多元文化教育的觀點思考班級經營內涵可能的改變，但尚未被廣泛系統性的討論，開始關注班級所在的社會文化廣大議題，也還沒有能夠將「班級」以及「班級中的個人」置於學校與社區的交互關係中，並由教師權力中心逐漸發散，往學生端位移。

第三章

多元文化班級經營：
大圖像、詮釋與實踐

　　當我們對於「班級」的理解，不再是一個個的「人」而已，而是班級作為一座森林，這座森林生態系如何能夠支持森林中每一棵樹的生長。森林中的每棵樹或每位學生，也分別乘載著不同的性別、階級、族群等文化背景，而這些也都引導著同儕間、師生之間的關係與互動，甚至影響學生的「表現」。能將班級看成一個整體（class as a whole）的班級經營，能夠呈現出什麼樣的風景？

　　班級經營在師資培育的教育學程中，有些將班級經營列為兩學分的必修課程，有些則將之置於選修課程中。班級經營的課程內容主要以幫助師培生與教育學系學生了解班級經營的理論與技巧，並結合對教學現場教師的實務觀察與訪談，透過教育現場教師的指導與楷模學習，使師培生與教育學系學生對於班級經營擁有合宜的態度，並在教育知能與經營技巧上奠定扎實的根基，進一步為邁向教師與教育專業相關人員所需的能力作充分的預備及學習。然而，師資培育學生接收到的班級經營理論在實務面向上是否足以裝備未來教師面對未來班級學生的能力呢？具多元文化素養的班級經營者可以如何進行其班級經營？

　　於此，我想先停下來講一個小故事。碩士班剛畢業半年後，2001年，我到商職夜間部任教，同時也成為實用技能班導師。由於實用技能班學生並非一般升學管道上來，我發覺學生本身對自己也相當沒自信，可能因為別人的眼光，也可能因為自己學業上的表現。為了拉近彼此的距離，在第一次的班會時間，我坐到桌子上跟班上僅有的十六位同學聊生活難題，聊大家如何能夠共同面對、解決。剛好，主任巡堂而過，不久我就被叫進主任辦公室面談。他說：「妳很年輕，我知道妳用American Style，但我們當老師的，坐要有坐樣，站要有站樣！」

　　這是第一次被糾正。其實學校內不少老師對於我接實用技能班導師抱以無限之「同情」，但我可以理解，因為她／他們認為這些學生功課不好、問題又多。然而，許多老師們不知道的故事是：技能班學生往往家境不好，或者家長有些狀況，於是這些孩子從小就必須出去工作養活家人，因此常常因工作而遲到，事實上她／他們是很負責任、也很有能力的，能夠當他們的導師是我的幸運。

　　深深了解這班級學生組成的特殊性，我常用結構的觀點、用「過程」來理解每一次「表現」或每一個事件；然而，許多老師依然用最後的表現來評估她／他們，以至於也經常要承受被責難、不被信任、被貶低、來自主流的眼光。例如「比賽」對我這導師而言，不是要得名，讓自己走路有風，而是讓學生享受過程，讓大家經歷共同完成一件事的歷程，特別是我們班上才16人，一般班級學生卻有40-50人，用一樣的標準來評估成果不盡公平。舉例來說，有一次英文合唱比賽讓我印象深刻，比賽那天我在後面看著學生的「創意演出」，雖然稀稀落落，卻也不以為意，我覺得

學生努力了，也很能享受這過程，那就好。沒想到當天的英語課，整班學生被英文老師罵「我真是為你們導師覺得丟臉！」因學生的轉述，我知道這事，但重點是我作為導師，並不覺得「丟臉」！而導師的存在也不是要讓學生表現來榮耀自己！

　　換言之，我們觀看班級的方式，影響著我們如何評價班級的表現，而我們評價的準則要件（criteria）也會反饋／影響到學生的表現以及評價自己的方式，特別在108新課綱實施後的新一波教育改革之後，教師如何審視班級「表現」，成為班級氛圍與文化形塑的關鍵要素。臺灣由1980年代以來的社會變遷，牽動著教育政策與文化的鬆動，人類的理性與真理不再是「大寫」且「單數」，界線之間開始被跨越而趨於模糊。這樣的後現代情境下的性別與多元文化對於班級經營的理論與實務產生哪些挑戰？可以有哪些反思？可以有哪些解構或增補？

　　當我們對於「班級」的理解，不再是一個個的「人」而已；當一個班級或一群學生在我們面前，我們的觀看視角就如《見樹又見林》（Allan G. Johnson著，成令方、林鶴玲、吳嘉苓譯，2001），教室內不僅止一棵一棵的樹（每一位學生），而是在班級作為一座森林，這座森林生態系如何能夠支持森林中每一棵樹的生長；同時，也要了解並「看透」樹與樹之間特別的組合關係，以及這些關係與班級森林生態系，甚至外於該座班級森林的大結構之間的關聯。即使森林中的每棵樹或每位學生，也分別承載著不同的性別、階級、族群等文化背景，而這些也都引導著同儕間、師生之間的關係與互動，甚至影響學生的「表現」。

　　這樣的班級經營能夠呈現出什麼樣的風景？在臺灣多元文化教育研究上，尚未完整論述出具多元文化的教師該如何進行班級經營，其背後的理論概念何在？需先裝備什麼樣的能力？本章節以「班級經營」為主軸，嘗試帶入多元文化的觀點，填補「班級經營」課程或領域目前欠缺的一角，亦是對於主流「班級經營」論述的挑戰與反思，並能與108新課綱教育改革的內涵互有輝映。職此之故，筆者整理並概念化過去科技部兩年的多元文化班級經營計畫（MOST105-2410-H-004-158-MY2）中的資料，更細緻的在多元文化教育脈絡下重新書寫並釐清。本章的第一節首先闡釋臺灣多元文化教育的發展過程及其內涵，而當多元文化教育與班級經營共舞，兩者可能激起什麼樣的火花？從而進一步思索多元文化班級經營應考慮的

面向；在第二節，筆者以Banks五面向思索多元文化班級經營內涵為何？然後嘗試描繪多元文化班級經營的實踐圖像。

第一節　當多元文化教育與班級經營共舞

　　當教室成員背景愈來愈多元，特別是近年來傳統教學方式與課程內容逐漸因性別研究、文化研究與多元文化主義而豐富班級經營內涵，教師在其中的角色至為關鍵（Tetreault, 2009）。就如Tetreault（ibid.）所言：「對教室中的教師現今最大的挑戰不僅僅是如何將多重的觀點融匯到課程內，還包括如何帶入學生的聲音作為學習的來源之一，而不是管理或控制她們」（p. 152）。近二十多年在臺灣興起的「多元文化教育」可以如何跟「班級經營」對話？對主流「班級經營」產生什麼樣的挑戰？能夠如何互相補其不足之處？以下作者先簡述臺灣多元文化教育的發展過程，因為這歷程也跟著社會變遷而來，與社會運動息息相關，更影響其範疇；接著說明多元文化教育的觀點內涵為何？多元文化教育與班級經營兩者可以如何對話、互相補充增益？最後，思考多元文化班級經營應考慮的面向為何？

一、臺灣多元文化教育的發展及其內涵

　　臺灣多元文化教育的發展與範疇內涵與美國有很密切的關聯，因此以下先簡述美國多元文化教育的背景脈絡，期對臺灣多元文化教育有更全面性的了解。

　　隨著1970年代的美國社會運動風起雲湧，挑戰資源分配的公平性，單一群體的研究（single-group studies）也開始受到重視，包括婦女研究、同志研究、原住民研究等。到了1970年代末期，多元文化教育（multicultural education）的出現，屏除「文化不利」的說法，解構主流觀點，強調各種文化同等重要，各種差異（difference）皆應被看見、尊重並珍視，並期待課程內容必須考量學生的文化差異經驗。特別到1980年代初期，多元文化教育已經跨越「教育」的單一思考範疇，開始從社會與政治面向思考教育本身的問題，並與社會、政治產生密切連結及行

動，認為「教育」的本身就應該是多元文化且具社會重建的行動實踐（education that is multicultural and social reconstructionist）。換言之，美國多元文化教育是從「多元文化」的教育，到「多元文化」與「教育」的轉換歷程，也是從單一群體研究到看見交織性的「多元文化」與「教育」的過程。特別是當多元文化教育進到社會行動層次，交織性本身連結的政治社會層面就是教育不得不處理、面對的面向。

　　臺灣社會運動蓬勃發展的時期，大約比美國晚十來年，多元文化教育相關論述亦是。1980到1990年代的臺灣，社會運動蓬勃發展，舉凡原住民族運動、婦女運動、教育改革運動等也各自發展。就教育領域而言，當時國內教育學者開始引介美國「多元文化教育」概念，特別是運用於原住民族教育的相關論述，特別在進入21世紀後，現代化、國際化、民主化與全球化的想像成為臺灣多元文化教育發展過程中另一股很重要的推進力量，在地人口面貌的改變與性別教育的進展，也成為臺灣多元文化教育本土脈絡下擴充與發展的基礎，臺灣「多元文化教育」內涵也開始擴充延展，由原住民、兩性、鄉土或母語等面向擴充至新住民、多元性別及東南亞語文（李淑菁，2017）。

　　近十多年來，臺灣多元文化教育中特別是新住民與性別議題得到更多關注與發展，前者與臺灣教育現場移民孩子比例快速增加有關，後者與性別運動快速推展到教育場域有關。為了因應「全球化與國際化所帶來的轉變」（包括族群互動日益多元、民主參與更趨蓬勃、社會正義的意識覺醒等），教育部在103年11月公布《十二年國民基本教育課程綱要》，以「成就每一個孩子─適性揚才、終身學習」為願景，「兼顧個別特殊需求、尊重多元文化與族群差異、關懷弱勢群體」。十二年國民基本教育之核心素養九大項目就包含了「多元文化與國際理解」，內容為「具備自我文化認同的信念，並尊重與欣賞多元文化，積極關心全球議題及國際情勢，且能順應時代脈動與社會需要，發展國際理解、多元文化價值觀與世界和平的胸懷。」尤其2016年民進黨政府上臺推行的新南向政策，也使得新住民與東南亞語文得到更多的關注，使得新住民文化在臺灣社會可以得到更多的肯認。

　　性別議題在1970年代成為美國多元文化教育的一環，之後也影響著臺灣教育學術界在1990年代如何去界定或討論「多元文化教育」的範

疇。這樣的學術發展連結，再加上當時正熱烈發展的臺灣婦女運動試圖在教育場域推動性別教育（謝小芩、李淑菁，2008），這樣的時空脈絡氛圍或許影響了「多元文化教育」被挪用移植過來臺灣時，仍保留「兩性」或「性別」於政策或學術研究中。全球化與國際化的想像在臺灣「多元文化教育」發展過程中成為一股很重要的推進力量，也成為性別教育在臺灣多元文化教育發展過程中被架搭上去的原因之一。由上述可知，多元文化教育有其社會運動的屬性，且不可避免的必須將教育與政治、經濟、社會文化等各個層面共同交織來看，或者將教育置放於政治、經濟、社會文化的大圖像之中，方能見其全貌，進到社會行動與改變的層次。

　　有關多元文化教育的觀點與內涵，在本書的第一章〈看見交織性的多元文化教育〉已有詳談，其實女性主義教育學（feminist pedagogy）的概念與多元文化教育互相呼應。女性主義教育學主張要從知識／權力的角度來重新檢視教育結構的權力關係、解放教師權威，並強調意識覺醒的喚起、發聲、批判、行動、實踐，教師和學生的關係是非階層化的平等狀態。由上述女性主義教育學的關鍵字對照一般國內最常被引用的James A. Banks（2001）所談多元文化教育的本質，可提供思索臺灣多元文化教育班級經營的方向。Banks認為：

> 多元文化教育至少包括三部分：一種想法或概念，一種教育改革運動，以及一個過程。多元文化教育包含一個概念，就是所有的學生，不管他／她們的性別、社會階級、種族／族群或各種文化背景，在學校應該有公平的學習機會。（頁3）

　　上一段話有幾個重點：第一，多元文化教育是個持續性的教育改革運動，因此不是只有課程上的添加或轉化而已，從大至政策、制度以及整個學校文化的改變，小至關起門來的班級經營。教育者必須更積極去了解整體環境與學生變遷的樣態，「有效教學」方為可能，「友善校園」的理想才有機會實踐。第二，多元文化教育及其班級經營必須同時關照性別、種族／族群及階級或各種文化面向。美國的研究發現多元文化教育往往被過度簡化成「尊重文化差異」，尤其是不同種族／族群間的「差異」，臺灣也有此傾向，使得性別、階級或各種文化群體在多元文化教育中不被看

見。第三，多元文化的班級經營必須強調平等的重要性。我們需要進一步思考的是，當「尊重」成為家常便飯的慣用語，我們是否應深究其所謂「尊重」的內涵為何？平等是否在「尊重差異」的萬靈丹中被稀釋掉？

若要實踐多元文化教育，Banks指出要從五個面向進行學校革新。這五個面向也提供我們思索班級經營時，必須思考的層次。前四項為針對任課老師的提醒，第五項則針對學校行政人員學校治理的考量。茲說明如下：

(1) **內容統合**：例如教師有能力用不同文化背景的例子或群體來解釋一些概念。

(2) **知識的建構過程**：因為知識的建構過程與教師如何協助學生理解知識有關，例如傅麗玉所寫的「誰的生活經驗？九年一貫課程『自然與生活科技』領域原住民族生活經驗教材探討」就指出課程發展應以原住民學生的生活經驗為中心。因此，教師必須具備解構主流知識的能力。

(3) **減少偏見**：教師應能在學習課程與活動中協助學生發展出對不同種族／族群、性別或文化群體的正向態度。

(4) **平等教學方式**：教師應能自我省思教學歷程與方式是否讓不同族群、社會階級、性別與文化等多元背景的學生充分發揮各種能力。

(5) **增能的學校文化及社會結構**：學校文化及組織的審視與變革必須由所有成員共同參與，從各種學校活動、課程到師生互動等，必須讓不同背景的學生從中得到發展的能量。

國內多元文化教育主要將重點放在課程的添加或轉化，較少處理學校文化與班級經營的微觀政治問題。倘若由上述五個面向的學校革新（包括課程與教學、學校文化和社會結構等），延伸並聚焦到學校中的每個班級，那麼多元文化班級經營會呈現什麼樣的樣態？班級作為一個小社會，教師作為一個班級的領導者，如何去理解自己班級文化、如何去理解所謂的偏差行為，如何有效解決衝突，進而增進團體及個人動能？如何將性別與多元文化的觀點運用於班級經營課程或領域？教師理解上述面向的方

式、以什麼觀點來了解班級這個小社會的型態、組成與內涵，即班級的微觀政治（micro-politics）也影響著學生對學習的看法與態度、同儕關係與互動等。教師若將班級視為一個社會體系，這樣的大圖像（big picture）觀點，對於「班級經營」課程及領域將產生什麼新的看見呢？本章創新性地把班級經營置於全球化社會變遷的脈絡下，分析多元社會的興起與教育趨勢上可能的轉變、主流班級經營理念與策略可能面對的挑戰、性別與多元文化教育對於班級經營的反思，希冀從本土的國中年段田野資料中，與轉化後的班級經營課程或領域進行對話，思考與社會變遷高度連結的多元文化教育，如何能夠增補既有「班級經營」理論與實務上沒能處理到的層次，然後發展出性別與多元文化的觀點的班級經營內涵與具體操作策略，供教育工作者參考。

二、「多元文化教育」與「班級經營」對話與互補

　　臺灣多元文化教育的發展開始對「教育」的內涵產生解構與重構的效果，也啟動教育改變的開端。雖然多元文化教育的重要性逐漸被看見，然而國內「多元文化教育」引介自美國，主要理論概念關注在於課程、教學與學校文化與政策，對於更小單位的「班級」少被系統性的討論進來，這也是目前「多元文化教育」懸缺的重要一角。如前所述，臺灣有關班級經營的學術與策略論述，由1980年代末的「教室管理」到1990年代「班級經營」；隨著社會變遷，1990年代開始出現生態系統觀點的班級經營，內涵也逐漸跨越「控制」、「管理」、「威權」的層次，朝向多元、開放與民主，並開始關注班級所在的社會文化廣大議題。多元文化的班級經營是一個亟待發展的新領域，多元文化教育觀點如何能夠在概念上對「班級經營」產生挑戰或可能的增補為這一節的重點。

　　挪用多元文化課程發展模式來看，如何讓班級經營課程跨越優勢族群中心、男性中心與中上階級中心，從以往的貢獻取向（the contribution approach）、附加取向（the additive approach），進入轉化取向（the transformation approach）與社會行動取向（the social action approach），建構出兼具友善性別與多元文化面向的班級經營課程理論與內涵，是由舊典範走向新典範歷程中，必須要發展的課題。

　　當多元文化教育概念延伸到班級經營，對於導師和任課老師而言，雖有不同的工作重點，但共同的核心——減少偏見、平等與增能的氛圍，則是一致的努力方向。以下筆者提出多元文化教育在班級經營方面可能的反思與增補面向，包含班級的文化政治學、性別主流化並看見各種交織型態的班級經營、同時也須關注學校文化與社區文化的班級經營等，這些面向是在未來思考多元文化的班級經營時應該琢磨的。

(一) 班級的文化政治學

　　在1990年代到21世紀初葉，當臺灣社會東南亞移民激增之時，國人因為不了解其文化，在班級經營相關論述經常不經意流露出臺灣中心的思維，例如網路上很輕易就能夠查到的文章〈生命共同體——新臺灣之子之教學策略探討〉（張櫻仔，2007）就將不同文化背景「問題化」了。以下為該文內容：

> 因為這些外籍新住民家庭，主要教養者本身就有文化差異的調適或語言、生活適應等等問題，在語言、文化上較無法給予孩子最及時的家庭教育，加上社經地位的弱勢，接受外界良性刺激的機會也較少，使得這些「新臺灣之子」，進入幼稚園過團體生活時，常常出現了適應不良的問題，也直接間接影響了老師整體的班級經營。（網路資料來源：http://www.nhu.edu.tw/~society/e-j/62/index.htm）

　　「直接間接影響老師的班級經營」這句話背後有什麼預設？或者教師對班級經營有何想像？為何有此預設及想像？以上都是我們在思考班級的文化政治學時需要進一步思考的議題。

　　英國學者Ball（1987）認為，教育研究常把重心放在教與學，忽略學生、教師、課程、規定等本身都是價值承載，帶著不同性別、族群、階級文化等，進到這個教室或學校。美國學者McLaren（2003）在《校園生活：批判教育學導論》（蕭昭君、陳巨擘合譯）一書中討論「種族、階級和性別：學生為什麼失敗？」（頁329-346）。他認為學校教育非但不是價值中立，反而傳遞並強化一種男性支配、階層化、中產階級社會結構

的既存價值與倫理。對於學校文化本身的政治性，他以「文化政治學」稱之。他認為：

> 由於學校系統是一種巧妙的組織，用來強化並獎賞中產階級的價值、態度和行為，因此運用「略而不談」的方式，懲罰那些不具備這些價值、態度和行為的人，教育界人士和一般大眾往往認為，學校之所以無法成功的教導這些弱勢的女學童，就是因為這些女學童本身不受教，因為她們被視為心不在焉，懶惰的、沒用的、病態的、可能先天不良、或家庭背景怪異使然。我們大力的責怪受害者，卻沒有去注意到階級制度和教育體系是如何的敵視經濟上毫無權力的人，以及種族、性別上極度弱勢的人。（McLaren, 2003: 341）

Giroux（1992）也從教育政治學的角度來思考學校教育中的微觀層面，他認為學校裡的主流文化，其實就是一種優勢的語言形式、推理模式、社會關係與生活經驗之選擇定序及合理化，學校文化不只用來證明主流階級學生的優勢地位，同時也藉由排除與羞辱的方式，剝奪弱勢群體的歷史、經驗與夢想；他認為學校應是一個民主場所，其功能在於自我與社會的增權賦能（empowerment），同時，學校也應是一個公共場所，學生可以在此學習真實民主社會生活必備的知識與技能。《教學越界：教育即自由的實踐》一書作者bell hooks以身為度，以作為一個美國社會黑人女性的生命在主流教育場域中的衝撞，指出教育中暗藏的種族／族群、階級與性別議題。學校文化政治性的了解在多元文化教育中的重要性，就如Banks（2001）所言，要做好多元文化教育，必須將學校看成一個社會體系，並且革新整個學校環境。學校環境包括學校文化、學校政策與政治、學生評量的過程與方式、教學型態與策略、正式化的課程與潛在課程，及學生輔導方式與內容等，這些面向彼此之間也都存在關聯性。劍橋大學教育學院榮譽教授Madeleine Arnot等人（2004）使用「社會音學」的概念檢視學校教育，名之為「學校的社會音學」（social acoustic of the school）。「社會音學」的兩個主要概念，一為「社會」，另一為「音學」。前者說明教育不能單獨脫離社會脈絡環境來看，因為學校就在社會

裡面；後者強調聲音本身並非同質、同量，例如在戲劇或音樂表演中，即使不同演員或樂器的音質不同，有時大有時小、有的強有的弱，這些聲音都必須確保被清楚聽見。綜合兩者，「社會音學」說明社會上不同性別、階級、族群或能力背景的學生，他／她們在學校環境中的聲音大小與質量受到社會條件的影響，需要我們特別去關注，才能讓那些因社會因素而「出不來的聲音」或「聽不到的聲音」，可以透過別的方式被聽見。能夠被聽見，才能夠有所作為，也才能產生改變的契機。

延展「社會音學」的概念到「班級」，我們可以思考來自不同社會背景的學生，人際技巧、語言使用、溝通慣習迥異，直接或間接影響學習與師生間互動關係。舉例來說，與教師有類似溝通形式與技巧的中上階級學生，往往能夠適切的回答教師的問題，聲音往往較容易被聽見，享有更多的學習利基。根據Arnot跟Reay在英國學校的研究，白人中產階級的女孩擁有最好的溝通技巧與表達能力，能夠說出學校期待的「語言」；反之，非白人、勞工階級、男孩的溝通口語能力、人際社交技巧相較之下較差，影響學生學習活動。因此，我們應該從社會平等、權力關係的角度，重新檢視並問題化「聲音」的本質。

「學校的社會音學」必須讓大大小小、形形色色的聲音都清楚被聽見。然而，更困難的具體問題是：該怎麼聽？要聽什麼？Arnot和Reay（2007）認為要先區別學校內四種不同的言談模式，分析每個模式的社會符碼、權力關係與社會文化意涵，以解構「聲音」的迷思，同時如何讓不同學生的聲音被聽見。我分別說明如下：

(1) 教室言談（classroom talk）：指教師及教學所使用的溝通及語言符碼形式，這是教育傳統上被期待使用的精緻語言符碼及溝通能力。例如教科書內容或教師可能習於（也被期待）用精緻語言或主流思考方式說明某些概念，或成為與學生溝通的言語媒介。教室言談本身就是一種囊括／排除的過程，無形中把非習於精緻語言與非主流思考模式的學生排除在外，因此「教室言談」在臺灣的情況為何？如何進行？「教室言談」中哪些聲音可能被邊陲化，其間的社會文化意涵為何等議題，都值得深究。

(2) 科目言談（subject talk）：指個別學生的社會背景，與對特定科

目的能力與理解有關，社會階級、種族／族群與性別等社會因素成為學生學習能力差距的重要中介變項。舉例來說，傅麗玉（2003）研究臺灣九年一貫課程「自然與生活科技」領域與原住民生活經驗，認為臺灣原住民生活經驗與主流社會的差異，在教材教法、課程發展或師資培育中都應考慮進來。

(3) 認同言談（identity talk）：認同言談與社會身分認同有關，通常發生在同儕次文化之間的詼諧式談話及閒聊之間，因此大部分發生在校園之外。若在校內，學生會以認同言談的方式，補足在校內學習上的挫折、失意、被漠視或隔離的感覺，及非支持性的師生關係。換言之，學生同儕之間的談話，可能是了解學生聲音的一個途徑，但教師必須能夠先了解學生的社會身分與戲謔言語之間的關係，才能聽得出其間的關聯性。

屬於社會上主流群體的學生通常不會出現「認同」（identity）上的問題，舉例來說，閩南／客家／外省背景、中上階級、異性戀較少出現身分上的抗拒、疑惑，新住民／原住民、勞動階級、同志學生有時會透過認同言談（identity talk）給彼此取暖，得到繼續走下去的力量。筆者在英國念書時，每週末跟幾個臺灣留學生的一起煮飯，用著熟悉的語言聊是非竟成為很重要情緒抒發的淨身儀式，那就是一種認同言談。以在班級而言，教師雖然不見得能夠打入這樣的群體，但如何在縱觀班上生態的前提下，透過各種迂迴的方式聽見弱勢群體學生的聲音，是值得努力的方向。

(4) 符碼言談（code talk）：Arnot認為若要了解社會不平等對學習的影響，就要研究更多的符碼言談，符碼言談是潛藏在教學底層的權力與控制關係。在臺灣的教育脈絡之下，教師應能先了解學習的社會條件如何影響學生的學習狀態，可以嘗試社會上一般的分群方式（例如男／女、上流社會／中產階級／勞動階級、閩南／客家／外省／原住民等），檢視權力與控制如何形塑不同社會背景學生的學習及其學習經驗。具體操作上，教師可利用教學活動設計，例如讓學生自己去描述作為一個學習者的感覺、教室內排除與囊括的過程、篩選或評量等過程中學生自主程度等。透過學生對學校教育、班級文化種種規定的描述，方能理解與「聲音」

相關的權力、規範與控制的型態。這樣的過程有助於教師營造一個不管有聲或無聲的聲音，都能被理解的友善學生班級文化。Arnot跟Reay（ibid.）在英國的學校研究過程中，也在思考如何聽到所有的聲音。某一天，幾個社會條件相對弱勢的學生建議她們在教室內放一個箱子，學生們就可寫上她／他們的想法，投到箱子內，以彌補口語表達上可能的不足。考慮到文字上的運用對一些學生可能仍有困難，以致難以充分達到教室溝通的目的，後來她們設計一份簡單的量表，讓學生直接圈選出她／他們的感覺，例如：「我覺得課程進行速度」，選項由太慢(1)至太快(5)，用這種方式取得平常不被聽見的聲音，做到盡可能聽到學校所有的聲音，也就是所謂的「集體聲音」（collective voice），而非僅某些特定學生的聲音。臺灣的社經脈絡不盡然與英國相同，在採集學生聲音時，或許可有不同的做法。

　　國內以文化政治或微觀政治為軸的研究很少（陳幸仁，2008），大致集中於學校內部關於政策、領導及課程決定的權力關係（陳幸仁，2013；陳正專，2010；林志興、侯世昌，2015；莊文照，2017）。班級內部的微觀政治研究更為少數，並且多以師生關係為主（許殷宏、武佳瀅；2011；陳履賢、林靜萍；2021），顯見班級內師生之間、學生之間或是親師之間的微觀政治、文化政治學等，都是亟待探究的領域。

　　bell hooks呼籲要將學校看成一個社會體系，對於班級而言，是否也是如此呢？班級作為一個小社會，教師作為一個班級的帶領者，如何了解小社會的型態、組成與內涵？教師如何去理解自己班級文化、如何去理解所謂的偏差行為，如何有效解決衝突，進而增進團體及個人動能？這些都是多元文化的班級經營將處理的議題。具體而言，這兒衍生的理論問題是：班級作為一個社會體系，其型態為何？諾貝特‧伊里亞斯（Norbert Elias, 1897-1990）的重要思想——型態（figuration）強調「過程」的概念，正提供教育與社會變遷思考的一個嶄新面向。型態（figuration）是指「人與人之間不斷變化的關係」，這些關係都是社會的，而不是個人發明的，但卻是人在日常生活中不斷實踐的：所有人群集合的型態，各是一個figuration，也各有一定的互動關係，這種互動關係並不是靜止的，而

是一直在變動。而figuration的微妙力量就在於能把人的行為協調成一定形式（form），讓大家自然遵從（顧忠華，1993）。

　　張義東（1993）在當代雜誌發表的「社會學的型態想像」一文中即指出，所謂的「社會現實」（social reality）不能只侷限在此時此地單一片面的型態之中來理解，演化中的諸型態長流（the stream of evolving figurations），或自古至今乃至未來全體人類所形成的型態的整體演化歷程（the total evolutionary process of the figuration）才是可用的參考架構。張義東認為在運用型態概念來分析社會現象時，有幾個關鍵值得注意：(一)互賴（interdependence）的概念；(二)長期與過程的觀點（long-term and process perspective）；(三)結構化的特性；(四)個人與社會對立的解消；(五)實質的經驗研究；(六)綜合式的（synthesis）研究精神；(七)型態概念的虛與實。就如顧忠華（1993）在「人類的文明與命運：伊里亞斯的學術關懷」所言，要解決社會問題，應從型態關係的層次著手，才能把握問題的核心，也就是說要先找出該型態的邏輯。若用型態（figuration）的概念來分析「班級」，會不會對「班級經營」課程及領域產生新的看見呢？

　　由上述說明，我們可以感受到多元文化的班級經營與許多面向密切相關，包括減少偏見的課程與教學、平等與增能的學校文化和社會結構等。國內多元文化教育主要將重點放在課程的添加或轉化，較少處理學校文化與班級經營的微觀政治問題。然而，班級的微觀政治卻直接影響學生對學習的看法與態度、同儕關係與互動等，換言之，班級的文化政治學是多元文化的班級經營的核心向度之一。對於學校文化的社會學式的理解，能夠釐清學校內不同文化群體的學生遭受社會區隔（social exclusion）的情況，而我認為對學校文化中每一個班級文化的理解與穿透能力，更是導師與教師重要的專業能力。

(二) 性別主流化並能看見各種交織型態的班級經營

　　教師不總是能夠覺察與學生之間的互動關係及其影響。過去相關的研究都顯示男學生一般而言都比女學生得到更多教師的注意，而教師對於不同性別學生評量及互動上的差異，讓女學生逐漸產生一種「習得無助感」（learned helplessness）。「習得無助」的概念是指恆毅力、自信的

缺乏與喪失，這概念被用來解釋當兩方程度差不多時，為何女孩有時候會比男孩更容易放棄學業上的挑戰；就如歸因理論（attribution theory）所言，女孩傾向將自己的成功歸因於運氣，而更多的男孩往往歸因於自己的能力所致；相關的研究也顯示女孩在相同性別團體中學習與表現的比在男女混合的團體更好，教師可以嘗試不同的分組方式（Wellesley College Center for Research on Women, 1995）。Sadker和Sadker（1994）也呼應上述相關的研究，她／他們認為除了女學生在教室中比較容易成為隱形（invisible）的存在，舉凡從教科書文本本身隱含的歧視、教師授課時加油添醋的性／別笑話、教室規則中許多細微的性別偏頗等，都是教室中的隱而不見卻充滿穿透力的性別歧視潛在課程（sexist hidden curriculum），影響著女孩的表現。因此，就如Brown以及Roy（2007）特別強調教室中教師角色的重要性，教師必須具備細緻觀察能力（close observer），特別是要帶著性別的視角進到教室，因為這會影響著教師教學、課程設計、評量設計等，而這些都關乎女孩的學習。Mayo（2009）則特別在多元文化教育脈絡下為酷兒學生發聲，他指出「由於性（sexuality）是有潛在爭議性的議題，有關LGBTQ、酷兒以及性別認同等，不總是被視為多元文化教育的一部分」（p. 209）。Mayo認為，不談性（sexuality），就是忽略性別少數學生了解自身需求的權利，因而教育要處理恐同（homophobia），需要先處理文化與傳統上對性別少數的阻礙，否則只是走了一半而已。

　　近年來臺灣的性別平等教育政策發展快速，而1995年至2004年更是臺灣性別教育政策發展的關鍵十年。2004年6月4日，立法院通過《性別教育平等法》，性別教育達成法制化的目標。因《性平法》的通過，「性別平等教育委員會」正式成立，使得「兩性平等教育委員會」完成歷史的階段性任務。教育部也在2005年3月31日正式將九年一貫課程中的「兩性議題」改為「性別平等教育議題」。臺灣社會為了接軌1985年奈洛比舉行的聯合國第三次世界婦女大會、1995年聯合國第四次世界婦女大會的「性別主流化」（Gender Mainstreaming），也於2000年後開始推動性別主流化，要求不管在評估立法、政策與方案等有計畫性的行動，或擬定方案與政策時，必須將性別列入問題診斷與影響評估中。Newbigging（2002）認為從性別統計資料，才能確保所有法令、政策或計畫都能關

照到所有性別經驗，以終止不平等的結構。行政院婦權會於2005年委員會議通過「行政院各部會推動性別主流化實施計畫」，強調任何活動都要以性別觀點為核心，並反映在政策與方案的設計、執行、監督與評估中。「性別主流化」目前體現在教育的部分聚焦在教育行政主管的性別意識培力、整體教育性別統計、性別影響評估，以及在制定方案、計畫、政策、立法時，考量不同性別觀點，對不同性別者的影響及受益程度進行評估檢討。從數據上，我們可以初步了解女性擔任領導人的比例、女學生念理工科目的比例、原住民族擔任教師的比例、職場進用障礙者的情況等，依這些資料進一步了解深層社會文化的原因，才有改變結構的可能。

　　王儷靜（2010）在一篇論文〈性別主流化在教育機構的實踐：我們可以做些什麼？〉探討如何進行具性別主流化精神的性別平等教育。她認為「在教育體系中推動性別主流化，可先檢視出哪些既有政策、規定、作為、活動等是不符合性別平等原則的，列出有輕重緩急之分的實施工作項目，逐步改善，而後進一步擬定積極促進性別平等的法規或政策。」（頁26）誠然，該文重點在於「學校」作為一個單位，如何促使不同性別或性傾向者都能站在公平的立足點上發展潛能，不因生理、心理、社會及文化上的性別因素而受到限制，對於更小單位的「班級」則不在文章討論範圍之內。

　　「班級」是發生學習的重要場域，性別愈平等，學生能力愈不受限，性別平等在教學現場的重要性可見一斑。在1990年代以來，臺灣開始對於女性主義教育學有較多的討論，但聚焦於課程與教學、女性領導、關懷倫理的範疇，張如慧（1998）〈如何創造多元文化的兩性平等教室〉一文對於性別主流化的班級經營而言具有重要參考價值。該文也直指教師性別意識在教學過程中的重要性，並提出內容的統整、知識的構成、平等的教學法、機會均等的學校文化四個面向來回應教學的多元文化議題，最後提出一份兩性平等檢核表，提供教師檢核自己的教學環境及學生的學習環境。這份參考Horgan（1995）的檢核表內容包含教室的牆壁與公布欄、輔助教材、學校內的活動、班級內座位安排、分組安排、教室觀察、作業評量、教室管理及師生互動等。對於具備某程度性別意識的教師而言，具有提醒作用；然而對於不具性別敏感度的教師來說，連「看見」性別的能力都有待商榷時，這份檢核表難以發揮檢核的效果。

　　就中小學國民教育階段而言，雖然「班級」在「學校」大傘之下，「學校」某程度影響著「班級」的運作，但在教室那扇門後，教師如何進行班級經營，不見得是學校或教育政策所能及的範圍了。值得一談的是，王儷靜特別引用國內外文獻說明「性別主流化」，也同時將種族／族群、階級等因素一起考量進來，並非僅談性別而已，這樣的說法正架搭起與種族／族群相關交織之多元文化教育的橋梁。就如前述美國衛斯理學院婦女研究中心（1995）的調查報告中也揭露，教室中的師生互動相關的研究較少關注性別與種族、族群與階級之間互動的關係，Mayo（2009）也進一步強調，「所有的同志皆為白人」的一般性假設為與同志社群由白人主導有關，也呈現出一般無法看見一個認同以上的多元性，這樣交織性的看見很重要，特別是年輕人社群開始形成許多新形式的性與性別認同。最後，Mayo提出一個重要的呼籲：「請嘗試『酷兒』我們對『正常』的各種分類！」（Try to queer your own categories of 'normal'.）

　　把「酷兒」當成動詞，代表的是我們開始要複雜化（complicate）性（sexuality）與種族、階級、性別、身心健全、區域、宗教的關係，我們不但需要思考性認同（sexual identity）的多重性與變化性，更要思索不同社群與脈絡如何形塑生命的可能以及酷兒等性別少數她／他們的性與性別認同的定義。

　　類似的脈絡下，臺灣在談多元文化教育時，雖然有談性別，「酷兒」（queer）也是沒被談進來。性別主流化在教育上的貫徹，並能看見各種交織型態的班級經營，目前尚有許多未竟之事，包括校規、班規、教師班級經營方式、師生互動的檢視等，特別是對於教師關起門來進行班級經營的方式，似乎尚無著力，這也是未來其他研究可發展的部分。

(三) 班級經營，同時也須關注學校文化與社區文化

　　法國社會學家涂爾幹（Emile Durkheim, 1858-1917）於《社會分工論》（*The Division of Labor in Society*）中，分析初民社會與工業社會中，社會秩序（social order）之所以能夠維持的方式。傳統社會秩序的維持，奠基於成員彼此之間的共同性與同質性，他稱為「機械連帶」（mechanical solidarity）。進到工業資本主義社會之後，複雜的分工需要異質性和個人特殊性，然而彼此之間卻也產生更緊密的連結與互賴，形

成一種「有機連帶」（organic solidarity）。涂爾幹認為，在不同社會型態中，社會分工的方式總是回應著不同的社會需求；從初民社會往工業社會發展過程中，失序、風險或混亂也都是不可避免的，一旦通過混亂期，社會就可以進到另一個成熟的階段。在快速改變的風險社會中，我們的班級經營理論與策略將如何回應當今的多元文化社會型態？「班級」所在的學校文化與社區文化將是不得不處理與面對的層次。

　　以種族／族群文化為例，在世新大學舉辦的「104年全國大專校院原住民專班發展與策略研討會」上，專班的負責人談到雖然原住民專班的成立是要提供原住民更多的升學管道，並不是要將之標籤化，或許在師生互動時，部分老師也不諳多元文化教育的原則與做法，使得在師生互動不良的情況下，讓一些原住民學生產生強烈的抗拒。有些老師也觀察到，當原住民專班的學生去上學校通識課時，課堂表現上，也顯得比較畏怯。這些現象背後呈現的議題值得思索，不全然是個人認同的問題，更跟學校文化、老師的教學方式與班級經營策略有很大的關聯性。

　　友善族群（ethnic-friendly）的學校文化、教學方式及班級經營策略，影響原住民學生學習態度、表現、生活機會與生命發展等。學校文化的了解，特別能夠釐清學校內不同文化群體的學生遭受社會區隔（social exclusion）的情況。Thompson（2003）認為組織為社會的縮影，社會中各種問題如種族／族群、階級、性別等，也以不同的面貌在組織的動態中複製著。組織文化指涉單位成員所認可的核心信念與假設，也意味機構的運作方式及成員被期待應有的行為表現，因此從審視學校文化著手，更能說明社會弱勢學生在教育場域中的處境，特別是個人在結構中被囊括／區隔的狀態與過程，呈現主控論述在其間的作用（Wright, Weeks and McGlaughlin, 2000）。然而有關學校生活組織的研究相當缺乏。目前臺灣許多有關學校組織的研究幾乎把焦點放在如何提高學校效能或管理，學校本質與內部權力關係很少受到質疑。不同於一般的組織分析學，Ball（1987）從田野資料分析，提出一個微政治觀點（micro-political perspective）的學校組織分析途徑，認為學校不能用現存的分析類屬來處理，否則將難以見到許多隱晦、模糊但可能相當重要的組織特性。

　　友善校園的文化營造有助於原住民學生的自我認同與學習成效，在教室教學情境中，教師若將文化融入學習中，並用原住民學生有興趣的方式

來進行教學，教師就較不會有力不從心之感。在一項針對阿拉斯加原住民學校的研究中，Van Ness（1981）研究發現，原住民教師因為對社會情境的文化知識有一定的掌握，有利於教學歷程與師生互動，正面的關係更呈顯在學業表現上。

　　換言之，多元文化的班級經營新典範需以多元文化教育作為基底，在對性／別、階級、族群、障礙者文化等產生某程度的理解與尊重後，教師能夠引導不同文化背景的學生充分發揮其潛能。換言之，多元文化教室中的教師必須為「有機知識分子」，而非機械連結的知識分子，教師不只具備教學技能而已，還要能夠教導人跟人之間連結（有機連帶），帶領學生看到人與結構之間的關係，例如個人與社會、個人與文化的關係，在獨立思考與批判訓練的過程中，讓學生看見自己的能力，或者能夠透過覺醒意識的培養進而自我增能（self-empowerment），在培養了所有人的有用感之後，最後達到有機共鳴、利益共生。

　　由於「班級經營」與「多元文化教育」彼此互為懸缺的一角，我提出在思考多元文化教育班級經營方面可能的面向，包含班級的文化政治學、性別主流化並能看見各種交織型態的班級經營，同時也須關注學校文化與社區文化的班級經營等。未來可嘗試挪用並且再概念化多元文化課程發展模式於「班級經營」課程與理論內涵中，思考如何讓班級經營課程跨越優勢族群中心、男性中心與中上階級中心，從以往的貢獻取向（the contribution approach）、附加取向（the additive approach），進入轉化取向（the transformation approach）與社會行動取向（the social action approach），建構出兼具友善性別與多元文化面向的班級經營課程內涵，這是隨著社會文化變遷必須要發展的課題。

　　此概念圖以Banks五個面向的多元文化學校革新（課程內容融入、知識解構、減少偏見、平等的教學、增能的學校文化及社會）為基礎，延伸思考多元文化教育在班級經營方面的增補，包括班級的文化政治學、性別主流化並看見各種交織型態的班級經營作為班級經營者及領導人（教師）的多元文化能力，而教師多元文化能力也含括能否庖丁解牛式的理解學校文化與社區文化對班級經營的影響。

　　同於多元文化教育，多元文化教育班級經營其核心為「平等」。以平等為核心，將「平等」的概念擴及學習活動、知識、班規、空間（第一

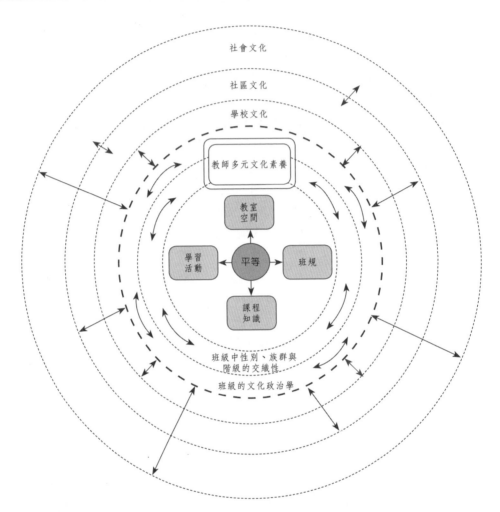

社會文化

社區文化

學校文化

教師多元文化素養

教室空間

學習活動　平等　班規

課程知識

班級中性別、族群與階級的交織性

班級的文化政治學

○ 圖3-1　大圖像的多元文化班級經營概念圖

（作者發想草圖，陳緯安協助電腦製圖）

圈）。而能夠撐出第一圈的即是教師的多元文化素養，讓他／她能夠看穿班級中的文化政治學、性別與族群、階級各種交織型態，能夠運用於學習活動、課程知識解構與重構、班規與教室空間安排。

　　教師多元文化素養可撐起各自班級經營的堡壘，卻也與學校文化、社區文化密切相關，因此在此概念圖中，我將「班級」範圍（boundary）

用粗虛線呈現，但教師班級經營除了個人理念與風格之外，不免受到學校文化、社區文化，甚至更廣大的社會文化價值觀所影響，形成教師班級經營方式的壓力或助力，而教師的班級經營也會反饋到學校文化、社區文化及社會之中。因此在圖中，我以細虛線呈現這樣的影響及交互關係。虛線（---）代表的是可被穿透、可影響的。

第二節　多元文化素養為中介的班級經營

就如王雅玄（2010, 2020）強調多元文化素養在多元文化教育的重要性，教師若能具備多元文化素養，才不致使得多元文化教育落入口號或形式。本節重新整理並概念化我過去科技部兩年的多元文化班級經營計畫（MOST105-2410-H-004-158-MY2）中的研究資料，結合教師多元文化素養相關研究（MOST104-2410-H-004-161-），希望能夠在理論與實踐上搭橋，更細緻的在多元文化教育與多元文化素養的脈絡下重新爬梳，觸發大圖像多元文化教育的覺察，並探究如何能將此覺察運用於班級經營。由於班級的領導者——教師作為多元文化班級經營的關鍵角色，教師如何理解與詮釋多元文化教育蘊含班級經營的方式，以下先談本節如何以理解「差異」的五類型作為分析取徑，接著從詮釋（interpretation）的角度探究教師對多元文化教育的想像。

一、以理解「差異」的五類型作為分析取徑

如圖3-1所呈現，教師的多元文化素養能夠讓他／她因為具備文化政治學、性別與族群、階級各種交織型態的看見能力，因而能夠進行多元文化的班級經營。然而何為多元文化素養？在班級經營領導中，教師應具備什麼樣的多元文化素養？多元文化素養可以如何被培養？筆者嘗試整理目前有關多元文化素養相關研究，作為思索教師多元文化素養內涵的參考，整理發現目前國內多元文化素養相關研究主要分成兩大類，其一是多元文化素養量表或指標的建構，其二則是有關教師多元文化素養的發展歷程與因素。

在多元文化素養量表或指標建構方面，主要有兩份研究，這兩份研

究彼此也有一些對話。楊傳蓮早在2000年發表〈國小教師的多元文化教育素養指標初步建構之研究〉文章，其問卷之編製是根據美國全國師資培育認證委員會（NCATE）所認可的多元文化知識類別指標，採國內多元文化教育專家效度修正進行統計分析而成，最後總結多元文化教育素養指標包括「人格特質、教學策略、人際知覺、多元文化知識、評量能力、班級經營、校務社區發展及服務績效、課程設計」八個類別。王雅玄（2007）認為這些指標涵蓋一般性的教育人員素養，並未特別針對多元文化的社會特殊性進行研究；此外，王雅玄也指出作者以西方理論為主、臺灣專家為輔，係由上而下的研究模式。王雅玄認為，國內比較缺乏直接從臺灣多元文化脈絡中建構多元文化素養之研究，若能採由下而上的研究模式，可讓不同族群的基層教師直接發聲，更能保留臺灣本土脈絡的多元文化性質。職是之故，她嘗試由下而上發展臺灣在地的多元文化素養，先在一篇論文概述多元文化素養評量工具及其應用的現況與展望，談到多元文化素養在社會工作、諮商輔導、醫療服務等運用，最後綜合文獻探討結果，將多元文化素養之評量內涵包括「多元文化認知」、「多元文化情意」、「多元文化技能」、「族群意識」、「語言意識」、「文化意識」、「多元文化關係」、「多元文化環境」等層面，用來評估教師的多元文化素養。王雅玄接著在〈進入情境與歷史〉（2008）一文採取情境訪談與生命經驗敘事，探索13位臺灣原住民中小學基層教師對認知、情意與技能面的多元文化素養內涵，並探討教師在課程與教學實務方面對多元文化素養的實踐策略，初步彙整出一個原住民教師實踐多元文化素養內涵的架構，總結原住民教師觀點的多元文化技能素養，包括文化溝通、文化學習、文化分析與文化體驗。在同時期，王雅玄（2007-2008）曾發展屬於臺灣的多元文化素養量表，編製《多元文化素養使用手冊》，接著在2010年發表〈檢視「多元文化素養量表」內涵建構之合理性基礎〉一文，2020年出版《多元文化素養》一書。該書集結作者十多年來的研究，從多元文化素養評量工具的發展與應用、原住民教師的多元文化素養及其實踐、教科書文本比較、教科書中性別化國族主義的批判分析，到論多元文化霸權。儘管作者在文獻討論中與相關引用中，談到多元文化擴及種族／族群、性別、信仰等複雜性，但隨著臺灣人口面貌的轉變，有關東南亞區塊文化內涵、性別、階級等社會面向也是未來需要加以補充的指標

內涵。此外，這本書也讓我們思考到多元文化素養是否也有其結構的雙重性呢？既是微觀的，也有其社會性？多元文化素養，看似「個人」的素養，其實也受到社會結構的多重影響。當然，「結構」的影響並非是決定性的，而每個「個人」在面對結構時，也存在著明顯差異，且隨著時間推移而呈現流動狀態。

　　另一學校教師多元文化素養研究方向，則是教師多元文化素養的發展歷程與因素探究。賴靜宣（2009）〈國小教師多元文化素養之形成與實踐〉針對兩位教國小老師進行個案研究，分析教師多元文化素養發展與實踐之互動歷程。該文發現，老師對多元文化價值的判斷是來自成長背景、求學過程與教職生涯中，透過人際互動、事件經歷等個人對文化經驗的累積加以轉化而成，最後形成自身的多元文化素養。蔡純純（2006）〈職前教師之多元文化素養研究：量表發展與現況分析〉一文發現，曾經修習多元文化相關課程、有不同文化接觸經驗或關懷弱勢團體活動者，其多元文化素養較高。吳雪錚（2011）〈參與攜手計畫教師多元文化素養與教學實踐之個案研究〉研究呈現了一部分有關教師多元文化素養對教學的影響。該研究發現，教師在弱勢學生學習成就低落的歸因、師生的互動以及教師的教學實務情形，諸如以現行教科書「一視同仁」的方式進行教學、仍多以紙筆測驗進行評量等，都是影響學生學習成就之重要因素。但所有研究皆有其限制，該研究對於教師多元文化素養對教學的影響依然沒能細膩呈現。

　　在指標與素養形成／培養之外，教師理解及詮釋「多元文化教育」關乎多元文化認知、知識、文化意識、學習與分析等識能，密切影響著「多元文化班級經營」的進行。因此，本節欲透過探究教師對多元文化及多元文化教育的感知與理解，更進而了解這些理解的各種樣態背後的意涵。

　　這並非單一研究，而是延續研究者從民國100年開始進行的科技部計畫「位置性與多元文化——從性別／族群／階級的交織性再探性別平等內涵」（NSC100-2410-H-004-213-MY2），該研究深入新移民女性的母國社會文化，不斷進出間穿梭於不同的位置。在某程度了解東南亞社會文化的前提下，再將研究拉回臺灣教學現場，進行「教育場域的多元文化論述形構、傳遞與實踐：性別觀點的檢視」（2014-2015）、「從識讀、素養到實踐：學校的多元文化教育再現與學生回應」（2015-2016）相關研

究。為進行「位置性與多元文化」研究，我開始透過語文學習過程的社會關係人脈積累、與臺灣在越南的非政府組織（NGO）初步聯繫與建立關係、社會經濟文化脈絡的了解與相關文獻的閱讀與整理，一片片湊出東南亞文化的圖像，之後從民國101年到102年之間利用課餘時間三次進入越南田野，也在民國104年夏天利用到印尼研討會機會進行在地觀察。越南田野研究中，前兩次是以「裸旅」的方式進入田野，透過與當地人的生活與接觸，了解實際生活、社會文化組成及其內涵，將越南看成一個跨越研究客體的主體，在「裸旅」過程，越南將告訴／教導我哪些故事。從越南裸旅回來之後，對越南社會文化有了一個粗淺但較全面性的圖像，之後開始思考如何用蹲點的方式，較細膩了解越南移民女性娘家之社會關係。在民國102年，我主動跟臺灣目前唯一在越南設有服務中心的基金會聯繫，說明自己願意以擔任志工的方式進行參與觀察研究。基金會在越南下六省的永隆市（離胡志明市三小時車程）設有華語班，幫助回到越南的臺灣新移民家庭的孩子在越南也能學習中文及認識臺灣的文化；同時，研究者也與在地婦女會組織訪視員進行家訪，了解當地婦女的處境、困難與需求。如前所述，臺灣教育場域中新二代所占比例以越南最高，其次為印尼，因此以上的跨文化田野研究是為鋪陳教育現場教師多元文化素養的研究。我認為唯有研究者本身具多元文化素養，才具備進行教師多元文化素養研究的先備條件。

　　筆者使用立意抽樣兼滾雪球的方式進入教育現場，藉著訪談與非正式的觀察與對話，深入探討教師對多元文化教育的詮釋，藉此理解教師多元文化素養的內涵。從民國102年五月第一次進入學校田野到民國106年一月，陸陸續續橫跨兩個研究計畫，才達成質性研究所謂的「飽和度」（saturation），蒐集到足以進行分析的11位小學與國中教師訪談。教師所在學校散布在臺灣不同區域，有在都會邊緣新住民二代比例相當高的學校、有原住民族學校但也有部分新二代學生（如表3-1）。所有的訪談盡量在教師任教的學校進行，以同時能夠理解學校的脈絡氛圍、非正式的觀察與對話，也有機會更深入了解學生的狀況。至於研究訪談對象，盡量求其不同族群、性別、年齡、教學年資、任教科目等特性的多樣性。每個人訪談時間為一至三個小時，在徵得受訪者的同意下進行錄音，部分還進行第二次訪談。教師除了談自己理解的多元文化教育內涵、做法，也談及對

相關政策在學校實踐的觀察。

◯ **表3-1** 研究參與者相關背景

化名	任教學校特徵	任教科目	年齡／年資
富美	偏遠原住民族／國中	社會科兼輔導主任	50+/20多年
曉婷	都會邊緣學校／國中（同校）	英語科	30+/10年
以貴		英語科	40+/10多年
梅枝		地理科	40+/10多年
佩文	偏鄉新二代比例高國中（同校）	國文科	34/8年
盈智		健體科	31/9年
以玲	都會邊緣學校／國小（同校）	全科	42/18年
亞美			30+/9年
宜欣			40+/近20年
詩詩	都會內外圍學校／國中（同校）	英語科	30+/10年左右
奧美		英語科	30+/9年

　　就如《多元文化素養》一書作者王雅玄（2020）所言，「素養，是一種微觀的、軟體的個人心理狀態，也就是人的心理素質。」（頁1），此素養研究是以教師為主軸，因此先不區分小學、中學不同教育年段。筆者理解中小學教學環境的差異，但期待先進行廣泛式的探究，豐富研究者對教師多元文化素養的想像。

　　在資料分析的部分，筆者在第一章第三節「看見交織性的多元文化教育」中敘述有關對多元文化主義解讀的五種類型（保守的多元文化主義、自由的多元文化主義、多元的多元文化主義、左派本質多元文化主義、批判的多元文化主義），這五種類型事實上隱含了對「差異」不同的看法、預設、態度與行動。

　　從「差異」的角度檢視五種對多元文化主義的想像，我將之類型化成五種理解層次：一，從負面觀點看待差異；二，對差異視而不見，也沒興趣了解；三，看見差異，歡慶差異；四，看見差異，但本質化差異；五，

「無分別心」、「無等差心」的看見差異，並試圖改變不公平的結構。

對「差異」的看法隱含著教師對多元文化教育的理解，自然直接連結到教師多元文化素養，因此以上述研究者類型化的五種多元文化理解層次作為分析取徑，不過在這裡要強調的是這五種理解的層次並非知識的階層性，以上分類只是便於理解與分析教師看待「差異」的各種樣態。

二、教師對多元文化教育的詮釋

1990年代以來臺灣多元文化教育內涵經過一連串的搭架與重組，最初指涉各種教育弱勢的多元面向，以種族／族群為主要架構，接著從「族群」中心到「弱勢」學生為核心；隨著臺灣在地的本土脈絡發展，多元文化教育範疇開始擴充，由原住民、兩性、鄉土或母語等面向擴充至新住民、多元性別及東南亞語言文化等（李淑菁，2017）。根據資料蒐集、訪談與觀察，本研究發現，教師們的「多元文化」的概念範圍多限縮於族群文化，「尊重」幾乎是多數教師談「多元文化教育」最初出現的詞彙，也是共享的概念，只是「尊重」的內涵依教師本身多元文化素養而異。整體而言，多數教師落入「保守的多元文化主義」的理解，部分教師呈現自由主義多元文化主義的詮釋方式；或者擺盪於保守的多元文化主義、自由主義的多元文化主義之間，但偶爾出現「無分別心」、「無等差心」看見差異的批判的多元文化主義觀點，前後論述上呈現一種斷裂、不一致的狀態。普遍而言，教師們在文化理解的部分較為欠缺，並缺乏結構性觀照，有年輕教師跨越族群文化，開始談及性別議題，且能採批判的多元文化主義觀點觀察敘說學校的多元文化教育做法及其問題。茲說明如下：

(一) 以「族群文化」作為一般理解方式，「尊重」為「多元文化教育」核心概念，只是「尊重」的內涵依教師本身多元文化素養而異

跟一般人對「多元文化」的想像一樣，許多教師直觀式地將「多元文化」等同「族群文化」。當研究者問：你認為什麼是多元文化教育時，「尊重」、「包容」跟「理解」是大部分老師經常談到的詞彙，但進一步深談，則發覺許多教師落入「保守的多元文化主義」觀點，對於「差異」

抱持負面看法，用「不足」、「低下」或「缺憾」的觀點看待非主流群體的差異性，或者用「自由主義多元文化主義」的理解方式，以為「當一般學生看就好」，以為不去提到或「標示」就是尊重的做法，但對相關文化的理解卻是相當匱乏或者缺乏興趣。

　　舉例來說，一位國中英文老師曉婷（B-6）對臺灣多元文化環境的觀察為「我們雖然是友善的，但是不見得是體貼的」，也看到文化的位階，理解到我們「通常都著重在只有英美文化」，但談到東南亞文化，她相關理解卻是非常匱乏。她談到沒去過越南，但會想去看看，然而在敘述越南時，也是一種想像的敘述，從教科書的印象衍生出「雨季」的單一想像。

> 訪：你會想去看看嗎？
> 受：會想耶！可是它因為有雨季啊什麼的。
> 訪：可是也還好，因為北越其實跟臺灣比較像，它有四季，只
> 　　有雨季跟乾季的只有南越。
> 受：所以河內是在南越還是北越？
> 訪：河內是在北越啊！問你一個問題，越南的首都在哪裡？
> 受：金邊？不是嗎？
> 訪：你為什麼第一個就會想到金邊去啊？
> 受：我以前也是這樣背耶！

　　一位在原住民學校任教，漢人身分的社會科教師兼輔導主任富美，因為去過相關研習，談到「多元文化教育」就是尊重、包容跟理解，雖然能夠了解「不能用自以為的方式去跟他們說教」，但「很心急」，認為還是要進入主流社會，擔心「出去到底要怎麼跟人家競爭」，無法看穿文化結構的主流／邊陲關係。

> 因為我們之前也有去研習，我在這邊學到的是尊重、包容跟理
> 解，因為像我有時候會覺得就是看到學生這樣子我就是覺得很
> 心急啊，就是你以後出去到底要怎麼跟人家競爭，可是要用他
> 們的方式去跟他們溝通，不能用自以為的方式去跟他們說教
> 這樣子，這樣會傷害到他們……我不覺得課本上的東西〔足

夠〕，環境也是一種教育……人際也是一種教育，大環境也
是，如果我們能夠很友善的對待他們的話，這樣子應該對於他
們的學習還有人際關係的擴展〔有幫助〕……（A-18）

(二) 主流的多元文化理解

許多教師都能知道「尊重」的重要性，然而卻普遍欠缺文化理解能
力。真正的尊重來自於理解，倘若教師對多元文化相關議題沒有興趣，文
化知能的匱乏就不難想像，更遑論運用於教學實踐中。就東南亞文化而
言，許多老師呈現出對東南亞文化情意、知識與溝通理解能力的匱乏，
有些對東南亞文化沒有什麼興趣、「不會想努力」（亞美F-4），甚至有
歧視，或因不了解產生的害怕等。有老師說「我們對越南就知道越南河
粉」、「有粗淺的了解，從教科書中認識的」（曉婷B-6）；我問越南首
都，許多老師都回答「胡志明市」，但其實是河內。有老師認為自己是
「英文老師」，因此從來沒想過要去東南亞，認為東南亞國家的文字符號
「完全看不懂」（詩詩G-4），也有以為東南亞都是小乘佛教，其實越南
文、印尼文也都是拼音文字，越南文甚至有七成的漢越音，越南受到中國
影響，也是以漢傳佛教（大乘佛教）為主。例如英語老師詩詩說：

> 從來沒有想過〔去東南亞〕，因為主要是我是學英文吧！因為
> 我會比較想說應用我的語言的優勢……可能這個是有沒有跟我
> 的教學有相關……我去到歐洲，我就知道說因為歐洲他們都是
> 拼音文字啊！對啊，可是泰國他們的符號……就完全看不懂
> 啊，對，啊那個語言方面……也不太能溝通，然後再來是他們
> 的文化……文化應該是跟臺灣是會有……可是他們是小乘佛
> 教，不是大乘佛教……（詩詩G-4）

在北部任教的國中輔導老師梅枝認為來自東南亞移民母親沒給孩子
「念書是重要的」的概念，導致孩子也不重視學習。梅枝老師說：

> 我剛剛講的那小孩，他會覺得讀書不是很重要的事情，他們家
> 好像也沒這種觀念給他。像之前他英文學太爛了，我要把他留

下來教，他還很不爽不願意，就一副像是學英文幹什麼的樣子……（梅枝I-4）

　　以越南整體文化而言，因受儒家文化影響，普遍認為「教育」是重要的，但因為臺灣東南亞跨國婚姻以勞動階級居多，移民女性來臺後往往肩負雙方家庭的經濟責任，再加上語言上某程度的隔閡，以及孩子父方對念書的態度等諸多因素影響，可能被老師化約歸因於「東南亞移民母親沒給孩子念書是重要的概念」。該師的觀察應該跟社會階級關係較為密切，而非種族／族群文化的影響。

　　因對東南亞文化的不了解，在經過移民移工聚集之處，有老師產生害怕的感受。在桃園的詩詩老師走在後火車站附近的地下道「我都會很快地走過去，我很害怕！」「我覺得會很害怕，因為他們就是講話聊天，然後又會比較大聲。」（詩詩G-1）。她說：

　　　　他們的打扮女生又會比較暴露一點。夏天的時候他們就會穿比較暴露一點，然後有時候還會噴香水啊！然後男生穿得很緊身衣啊！就感覺說……因為我以前從那邊經過，我就會感覺好像會對我怎麼樣，其實是心理作用啦！就是心理作用，可是我會……那時候因為他們都是感覺看起來就是單身的男女，如果他們是帶著小孩子的話，我就可能會不一樣的看法。那邊大部分都是這樣一群人，男生女生這樣一群一群。只要坐火車碰到那個他們上來，就會整個火車車廂通通都他們的聲音……在桃園火車站下車的時候，我就覺得說我幹嘛每次都要跟他們擠啊那種感覺。（詩詩G-1）

　　對於這樣的恐懼心情或嫌惡感受，她自己分析是因「我的環境沒有辦法接觸到」；其實並不然，她生活周遭「存在著」許多東南亞族群與文化，「較少接觸」的說法應該與文化位階有關，因而對東南亞文化抱持負面看法，用「不足」、「低下」或「缺憾」的觀點看待非主流群體的差異性，包含非主流性別關係（例如LGBTI或單身、離婚、無性戀等）、勞動階級文化（例如語言使用習慣、教養方式等）與弱勢族群語言文化（例

如原住民、東南亞語言）等，無形中產生的歧視對待。就如Allan Johnson 在《性別打結》一書所言：

> 在有些情況下，對於性別歧視的「不了解」，就是伴隨性別支配而來的特權的一部分。男人在日常生活之中，不需去思考性別歧視如何影響著女人，就像白人不需要關心種族歧視的後果，以及上層階級不需要注意貧窮與中產階級的焦慮一般。「不了解」也是護衛男性特權很有效的一種方式，卻將喚醒意識和理解現實的苦差事留給女人……不論女人花了多少精力要男人去「了解」，通常都不會有多大的效果，除非男人們自己願意去理解……（《性別打結》，p. 96）

　　不想、沒意願去了解本身就是「特權」的一種呈現。文中「不了解」也是護衛男性特權很有效的一種方式，就像白人不需要關心種族歧視的後果，以及上層階級不需要注意貧窮與中產階級的焦慮一般。」可以呈現並解釋臺灣社會結構中的主／客樣態，及其引申出教師對東南亞文化的經驗、感受、態度與理解方式。

　　當然並非所有教師都欠缺文化知能，有兩位教師由於自身經驗、學術背景與高度反思能力，展現出對文化理解的熱切興趣。這兩位教師來自鄉下某國中，某天一起參加越南文化研習營後，研究者跟這兩位老師進行深度訪談。她們任教學校中的新住民孩子約占一半，且「學校整體氛圍是友善的」，一位具高度多元文化素養健體年輕老師盈智談到「多元文化教育」核心關鍵字是尊重，還有同理，但在同理之前先要「了解」，先了解才能尊重。盈智說：

> 像今天的鳳凰老師〔越南文化研習營主辦人〕，她講那個手勢（在越南作揖鞠躬表示尊敬），我才明白原來有這麼大的意義。臺灣的話，我想到的手勢都是比髒話，可是一樣的姿勢在不同的地方，代表的意義就會非常地不一樣。然後還有他們的飲食都要切小塊之類的……（盈智L-16-17）

她也反思連結到性別議題，是少數能夠談到族群面向之外的教師。盈智說：

> 因為像同志這個議題，我之前也是充滿不了解，也是覺得一定就是很多性病的來源啊，或是他們就是一個很奇怪的族群，怎麼會是這個樣子，可是當我真正接觸到同志的朋友，我就發現他們也是人啊，為什麼要把他們標籤化好像是妖魔鬼怪一樣。因為有開始去接觸，也會去找一些資源，然後去了解、去看書，了解之後就覺得，他們跟平常人一樣啊，沒什麼不一樣。因為未知、模糊，然後才會恐懼、排斥。（盈智L-17）

另一位一起參加研習營的佩文老師也有類似的觀點「我自己覺得是尊重，然後了解，能了解就有辦法尊重，不了解會害怕。」（佩文K-18）

(三)「新住民的文化刺激比較少」：保守的多元文化主義

教師們普遍缺乏東南亞的文化理解，因此認為「新住民的文化刺激比較少」，呈現一種保守多元文化主義的解讀方式；這樣對「文化刺激」的理解，可與許多老師認為偏鄉孩子「缺乏文化刺激」一樣，都以主流文化（都會、中產階級、主流族群）的內涵作為參照標準，例如原住民族狩獵文化不被看成「文化」，不符合主流文化的內涵或樣態，於是被認為「文化刺激不足」。就如一位衛星城市移民孩子比例較高的小學教師以玲所言：

> 新住民學習落後主要是因為家庭結構算是中下，夫妻都要忙著工作。我覺得親子互動是很重要，但新住民的孩子與雙親的互動不多。在臺灣，爸爸是家庭主要經濟來源，媽媽是其次，與小孩接觸的時間多一點，但〔新移民〕媽媽因為語言上的問題可能沒辦法給予太多協助……另外，新住民的家長不曉得教育孩子、不熟悉臺灣環境，我覺得他們文化刺激真的不夠……（以玲D-2）

　　同校的另一位教師宜欣談到由於新住民「文化刺激少，在安親班大班教學其實效果是弱的，因理解已有問題，即使大量練習還是一樣，沒有成效。」教師談「新住民文化刺激少」時，其實指涉移民母親的中文能力，而非「文化」本身；此外，爸爸作為親職的角色沒被思考，同於許多親師溝通仍以母親為主要溝通對象，隱含著社會對母職在協助孩子功課上的角色，因此希望母親有「正面的刺激」，並期待「母親」參與家長會。教師認為：

> 學校方面而言，可以利用學校場地辦研習，幫助新住民家長更
> 快融入環境，至少不要覺得寂寞孤單。教育新住民母親，因家
> 庭中主要教養孩子的是母親，讓家長與孩子有良性的互動、給
> 予正面的刺激……（宜欣C-4）

　　教師們認為多元文化教育要把重點放在「移民女性」，「畢竟家長與孩子的關係是最密切」，其中所言之「家長」仍為傳統指涉的母職角色，但其實許多移民女性是要長時間工作的，且在移民家庭中的角色圖像可能與臺灣家庭有所差異。就如另一位老師談到班上一位印尼移民媽媽「看不懂我們的中文字，所以像他的聯絡簿呢，也都是姑姑代簽的」（以玲E-1）。

　　早期在臺灣教育上的主流論述多為：這些不具備主流語言與文化能力的東南亞母親只會生養，卻不會「教」，可能影響下一代的發展，甚至危及臺灣人口素質與國力（王宏仁，2003）。馮涵棣、梁綺涵（2009）用人類學的研究方式進到移民家庭，觀察越南媽媽在私領域的跨國化實踐，研究發現雖然各種因素與環境不允許越南媽媽教孩子越語，但即使沒有越語，越南精神依然存在，包括對「長幼有序」與「禮貌」的重視、親子情感的表達等，「在不涉外人的私密親子空間裡，重要的母文化價值『跨國』又『跨代』地悄悄實踐，尤其是不時地以不同形貌彰顯於禮貌以及耕耘情感的重視」（頁224）。這些親子間的跨國經驗非但不是教養問題，反而成為孩子未來多元文化的資產，並非教師認為的「文化刺激不足」。

(四) 「當一般學生看就好」：自由主義多元文化主義的理解方式

儘管多元文化素養有待努力，許多老師同時認為目前教育環境「並沒有不友善」，其中一部分教師認為就把多元文化背景學生「當一般學生來看待就好了」，因此「不要去提這話題」、「跟大家一樣不要特別說」。這樣的多元文化詮釋方式與做法，是一種自由主義多元文化主義的理解，不但對差異視而不見，也沒興趣了解，更是沒能看見結構性的文化限制。在這種情境下，自然合理化主流文化中心的教學及對待方式；如此一來，教師對友善環境的理解，是很個人式的，也因此認為多元文化學生應自己去調整、學習及自我調侃，而非環境、文化結構本身應有所改變。就如以玲老師說：

> 我覺得把他們當一般學生來看待的時候，你就不覺得有什麼友善不友善，那剛剛我們言語之中，比如說像他們可能就會誰比較胖、比較黑，他們就會笑說：「他是菲律賓的瑪麗亞」，我就會罵人⋯⋯我就覺得其實這個是基本的偏見，然後這個就會罵，所以我覺得一般也不覺得那個是不友善，其實就把他們當一般學生看待就還好。⋯⋯既然是沒辦法改變的，比方說膚色沒辦法改變，他就學會自己調侃自己啊！⋯⋯第二個是他自己的接受。（以玲E-11）

自由主義多元文化主義是許多教師對多元文化的詮釋方式，傾向「不分」即為「平等」的自由主義多元文化主義的看法——「就是一樣的教嘛」（以貴H-5）、「我們還是以臺灣的學生為主」（梅枝I-5）。另一位在市區小學任教，且有較多自助旅行經驗與閱讀習慣的以玲是少數肯定移民母親文化的教師之一，認為移民孩子不懂媽媽的語言文化，就很難產生認同，如此就「不完整」，「他必須要完整之後，他才會覺得他跟別人是沒有不一樣的」。

> 他們對他們媽媽的那個國家的文化的了解很少，然後你看語言方面也沒有傳承下來，所以那一塊，可是我覺得母親也是很重

要的根，你知道嗎？所以如果說，如果這個地方，就是媽媽那
一塊那個根是後來不見了，其實！我會覺得這樣子的他是不完
整的，然後他必須要完整之後，他才會覺得他跟別人是沒有不
一樣的，就是在臺灣的這個社會，可是我不知道他們要去哪裡
學，他們自己的媽媽的那個母語……可是大部分媽媽是不教
的……

　　縱然以玲了解新住民語言文化在臺灣的邊陲位置，反思到文化的完整
性與個人發展、自我認同的關係，但依然認為「現在環境沒有不友善」，
這就要從論述邏輯的矛盾進行理解。以玲的前後論述不一的情況，其實也
出現在其他教師前後敘說之中。

(五) 論述邏輯的斷裂與矛盾

　　若從每一個個別訪談的論述邏輯進行分析，可以發現不少教師對多元
文化教育的敘說呈現斷裂與矛盾狀態，例如前面聲稱「尊重」的重要性，
言談中認為「不分」就是「平等」的展現，強調能力上的平等、立足點的
平等，因此不要去特別說出來（自由主義多元文化主義的內涵），但後面
的陳述卻又充滿著保守／單一多元文化主義觀點，其間的斷裂與矛盾深具
意義。梅枝就是一個典型例子，她說從不在班上特別說「新移民」，但後
面要談到移民子女學習狀態時，呈現出介於「從負面觀點看待差異」（傾
向歧視的解讀）和「對差異視而不見，也沒興趣了解」之間。「不特別
說」的概念之解釋應視脈絡而異，於是我將該師的前後論述進行分析，可
以理解該師雖然強調移民孩子「跟一般小孩子其實是一樣的」，但也都沒
有試圖去理解新住民文化及其學習上的特殊性。雖然如此，訪談過程中她
卻也提及自己觀察到的另一位音樂老師常跟一位越南移民學生起衝突，其
原因在於沒有先了解學生的狀態。

那個越南烏漆嘛黑的，他也是什麼都不學，一個小男生。然後
他們班還有一個小女生，也是外籍新娘（的女兒），可是我不
知道是哪一國。然後就是她媽媽跑掉了，她就沒有媽媽，所以

她整個變得很奇怪。……就上課都不聽課啊……有一次，很像
是他們音樂老師罵了她一句話：「你真的是很沒家教！」她就
翻臉了，因為她就是沒有媽媽。她很介意人家……可是老師不
知道，所以她就常常會跟老師起衝突。

不同的多元文化教育論述，甚至彼此衝突的概念出現在同一個老師前
後敘說中，一方面呈現教師想像的多元文化教育「正確」概念該是什麼，
試圖提供一個「正確」答案，另一方面也顯示哪些特定論述影響她／他說
了哪些話，這些不同論述在個人身上的作用及拔河過程。然而，在政治正
確的敘說中，不免從例子、內容浮現出主要論述內涵如何受到社會或媒體
的影響。

在此，研究者想特別說明的是，聯繫訪談過程或在訪談之初，許多中
高齡教師坦言從沒聽過「多元文化教育」，甚至會先回問研究者「什麼是
多元文化教育？」較年輕教師大致聽過「多元文化教育」這詞彙，但就只
是「聽過」，大部分對此概念則相當模糊。在中高齡教師培育過程中，尚
無相關課程，對於較年輕教師而言，即使沒修過，也隱約大致聽過。儘管
如此，目前少有多元文化相關研習與素材，也是另一個教師專業發展上的
結構性問題；也很少有老師參加過多元文化相關研習，其中兩位參加越南
文化研習營的教師還是從研究者這邊得到的活動訊息。就算有相關研習，
對有些老師而言，參加也只是「為了累積積分」（宜欣C-1）。

新北的老師參與研究時都共同提到教育局提供一多元文化相關套
書，但只有以玲（先生原來是印尼人，來臺念書認識結婚）將之運用於課
程，且帶著當時念小二的女兒一起讀。她說「學校其實給的新住民孩子，
就是關於新住民文化的資源也非常少，之前就丟那兩套書來，然後丟個光
碟片。」筆者當天進到教室訪談時，剛好有機會也幫學生上一門多元文化
課程，結束後她談到這套東南亞叢書與光碟內容：

……就東南亞的五個國家，然後就會介紹他們的一些風土人
情、跟我們臺灣不一樣的地方、文化不一樣的地方，所以剛剛
有小孩說越南人不喜歡吃隔夜飯就那影片裡面講的……剛好班
上有這些新住民，比如說今天上到越南，我就會問那個越南的

〔學生〕說：你們真的不吃隔夜飯喔？（以玲E-10）

總的來說，教師通常以「族群文化」作為理解「多元文化教育」的方式，「尊重」為「多元文化教育」核心概念，只是「尊重」的內涵依教師本身多元文化素養而異；普遍以主流的方式理解「多元文化」及「多元文化教育」，傾向於保守或自由主義多元文化主義的理解方式，其間也出現論述邏輯的斷裂與矛盾。

(六) 影響多元文化素養的因素

教師對多元文化教育的詮釋與其多元文化認知、情意、技能的個人因素，以及族群關係、權力關係、文化爭霸等結構性層面有關。教師對多元文化教育的理解與詮釋某程度呈現教師的多元文化素養，我發現教師多元文化素養高低與其學術訓練、跨文化經驗或興趣、能否從鉅觀（macro-）面綜觀全局、能否「看見」問題的全貌、「看見」社會主流價值對學生行為的影響等，而非僅將問題「個人化」或以家庭背景（例如單親、隔代教養）作為唯一的推測或解釋有關。此外，教師本身的跨文化經驗或興趣、閱讀、反思習慣，都影響著是否能夠認可不同的文化或至少嘗試去看見文化差異性、能夠了解環境友善對學習的重要性，或者反思「憑自己以為的就去做」的問題。一些教師雖然寒暑假也常跟團到海外旅行，然而「跟團」的本身跨文化經驗是淺層的，對於「看見」差異的跨文化訓練幫助有限，甚至在導遊的文化翻譯過程中，有些更容易加強鞏固文化本質化的思維。

較不具多元文化敏感度的老師，通常人生沒太大起伏，也很順利地當上老師，也是長輩喜歡的「乖」老師。人生的順遂與主流無礙，易於追隨「阻力最小的一條路」，因此若成長與學習過程中又缺乏反思與反身性的訓練，傾向成為「看不見」差異的教師。舉例來說，亞美老師的背景如前所述，只去過一次東南亞（巴里島度蜜月），聲明「我去過一次之後不會想再去」，因為「覺得有點落後的感覺」、「我比較喜歡乾乾淨淨、整整齊齊」，談到學生，這位老師不太清楚班上幾個學生是新移民背景，也少跟這樣的學生家長聯繫，雖然「覺得新住民的家長就是對老師是比較尊

敬、比較客氣」。同校另一位文化敏感度較高的以玲老師觀察「很多老師也沒有閱讀的習慣啊，亞美（上述同校一位老師）也都不看書的！」以玲老師就跑過許多地方，也很愛閱讀。她說：

> 我去過很多國家，也讀過很多的書，比如說追風箏的孩子、燦爛千陽，你就會看到那個阿富汗的社會，那樣子的女性在那裡受到什麼樣不平等的待遇，很壓抑，所以其實妳的很多書都是發生在不同地區，那這些也會影響你……我覺得你有文學的涵養之後你在看孩子你其實會看得比較細膩……我覺得最主要是因為閱讀，閱讀也是對人性會有一些比較透澈的一些了解，所以你在看人的時候，比如說，你看這個人就會覺得他像哪一本書的什麼人物，你就會開始進行一些分析……（E-9）

　　整體來說，本研究發現教師多元文化教育素養高低某程度能夠呼應王雅玄（2008）總結的四個面向——文化溝通、文化學習、文化分析與文化體驗，與楊傳蓮（2000）、賴靜宣（2009）所言個人特質、成長、經驗歷程與轉化，且與蔡純純（2006）強調是否曾修習多元文化課程相關，最後陳顯於楊傳蓮所言的教學策略、多元文化知識、評量能力、班級經營與課程設計之中。

▎結語

　　本章先介紹臺灣多元文化教育的發展過程及其內涵，接著思索當多元文化教育概念延伸到班級經營，這樣的班級經營圖像為何？其核心應該是什麼？應該包含哪些面向？哪些因素可能影響多元文化的班級經營？在抽絲剝繭的思辨之後，筆者提出大圖像的多元文化班級經營概念圖。此概念圖以「平等」為核心要素，將「平等」的概念要旨主流化（mainstreaming）到學習活動、知識、班規、空間（第一圈）；而教師的多元文化素養讓他／她能夠看穿班級中的文化政治學、性別與族群、階

級各種交織型態，能夠運用於學習活動、課程知識解構與重構、班規與教室空間安排。除了個人理念與風格之外，教師班級經營不免受到學校文化、社區文化，甚至更廣大的社會文化價值觀所影響，形成教師班級經營方式的壓力或助力；當然，教師的班級經營也會反饋到學校文化、社區文化及社會之中（如圖3-1所示）。

　　鑑於教師的多元文化素養在多元文化的班級經營中扮演重要的關鍵性角色，因此在第二節即以教師多元文化素養作為檢視的標的，使用五種對「差異」理解方式背後可能的預設作為分析取徑，嘗試了解教師對多元文化教育的詮釋。跟一般人一樣，多數受訪教師是以「族群文化」作為理解「多元文化」的方式，並認為「尊重」、「包容」是其中的核心，具多元文化素養的教師會特別強調「理解」的重要性。有些教師落入「保守的多元文化主義」，對於「差異」抱持負面看法，或者用「自由主義多元文化主義」的理解方式，以為「當一般學生看就好」，以為不去提到或「標示」就是尊重，然而卻普遍缺乏文化理解或興趣，或因不了解產生的害怕等。站在主流文化軸線上，部分老師認為「新住民的文化刺激比較少」，因此認為多元文化教育的重點應該是移民母親及其孩子。此外，也有些教師訪談過程中呈現出的論述邏輯的斷裂與矛盾現象，聲稱「尊重」的重要性，卻又充滿著保守／單一多元文化主義觀點，也彰顯出社會中各種多元文化論述之間的角力。文後筆者也試圖分析影響教師多元文化素養的可能因素，包含學術背景、跨文化經驗或興趣、能否從鉅觀（macro-）面向綜觀全局等。儘管如此，筆者於此特別強調，質性研究目標不在於推論，也不宣稱反映「整體」真實情況，而是想理解背後潛藏的結構性因素或者社會文化機制如何運作／影響的方式，上述呈現教師對多元文化教育理解與詮釋類型，不代表整體教師就是如此，而是透過這些教師理解「差異」的方式梳理出臺灣教師多元文化素養可能的內涵，而不將之視為理所當然。

第 四 章

班級經營實踐圖像

　　延續前一章大圖像多元文化班級經營的內涵，以及教師多元文化素養在其中的重要角色，第四章透過教師們在教育現場對於多元文化教育政策回應的觀察，先進行學校多元文化教育及政策實踐的脈絡性理解。接著以本土教師的訪談及觀察，理解教師班級經營實踐的具體操作策略，並嘗試與多元文化班級經營的圖像進行對話。

　　寶萊塢2018年影片《我的嗝嗝老師》（Hichki）親師會的片段對多元文化班級經營而言寓意深遠。主人翁奈娜從小深受妥瑞症所惱，在歷經無數次面試遭拒之後，她終於在自己的母校找到工作，只是沒想到這個班學生來自對街的貧民窟孩子，平均每個月都要氣走一個班導的「放牛班」。對於出身中上階級的奈娜老師而言，她的妥瑞症讓她深刻體會被歧視的感受，因此充滿熱情的教導這班學生，希望這一群來自貧民窟的孩子可以重新對自己產生信心、對別人敞開心扉。然而改變並非一蹴可幾，班親會這天，卻一位家長都沒有，在同事的提醒下，她直接到貧民窟進行家訪，透過家訪的過程才發現除了家長們忙著討生活，學生也必須為生活奮力掙扎，這是奈娜老師從沒見過的學生圖像。一旦走入學生的生存世界、走入社區，她開始理解，也能開始善用學生的專長共同找出更好的學習策略，用他們可以聽懂的話語與生活化的例子讓學生理解課本概念。

　　這部電影帶出兩個班級經營的核心，一是教師本身的經歷抑或感同身受的同理能力，二是教師的跨越階級文化能力如何能夠更有效運用於班級經營。大圖像的多元文化班級經營概念圖（圖3-1）呈現社會、社區與學校文化對於教師班級經營潛在或直接的影響，但其關鍵在於教師的多元文化素養（如第三章所言），教師如何以多元文化的洞察之眼，以平等為核心地將之實踐於班級經營各個面向，包括學習活動、知識、班規、空間上，是多元文化班級經營強調的重點。接續第三章教師多元文化理解的研究，第四章主要重新整理並概念化過去科技部兩年的多元文化班級經營計畫（MOST105-2410-H-004-158-MY2）蒐集到的資料，嘗試描繪出班級經營實踐可能的具體操作面向，並嘗試從教師世代與生命史的交錯回看班級經營實踐改變可能的因素。即使教師班級經營可能受到學校文化、社區文化影響，教師個人風格展現也可能讓班級經營呈現更豐富、多元樣態；而教師個人風格可能跟生命歷程過程中，因為對「教育」、「班級經營」的理解不同而呈現階段性的轉折。本章在進入班級經營實踐圖像之前，想先提供讀者對於學校進行多元文化教育及相關政策的脈絡性理解。

第一節　學校多元文化教育及政策實踐的脈絡性理解

　　前述第三章教師對「差異」的理解與詮釋研究過程中，也讓研究參與者談她／他們對多元文化教育政策內容的相關理解，例如是否聽過「火炬計畫」、他／她們所觀察到的學校內的多元文化教育活動與做法等。透過教師們在教育現場的觀察，部分陳顯多元文化教育實踐過程中值得深思的面向，這些實踐面的觀察也與教育現場能夠多少程度地進行多元文化班級經營息息相關。

　　以「火炬計畫」為例，由於近二十多年來，國人跨國聯姻的現象日益普遍，新移民女性與新臺灣之子教育成為近十多年來「多元文化教育」的新興議題。針對逐年增加的新住民之子女，教育部國教署自93年起補助各縣市政府執行「外籍及大陸配偶子女教育輔導計畫」，內政部也於101年9月開始推動「全國新住民火炬計畫」，由全國各直轄市、縣（市）政府選擇轄內新移民人數較多或比例較高小學計303所，列為新住民重點學校以作為推動對象，「辦理新住民家庭關懷訪視、新移民多元文化講師培訓、母語學習課程等，以全面照顧新住民及其子女」（內政部新聞稿原文）。筆者嘗試找到幾個新北市火炬計畫重點小學（如下表4-1），針對校內火炬計畫內容進行初步內容分析，發現活動內容多為文化展演（例如美食秀、服裝秀之類）、對新住民媽媽的「輔導」、親子教育的增能等，甚至以新住民學生為對象（非全部學生與教師共同參與），以新住民「媽媽」國別進行分組（多以越南、印尼為主），這樣的做法可能落入文化標籤，不利於新住民學生對母親文化的肯認。只有少數學校針對教師進行多元文化的增能，或者更深層地將東南亞語言文化的優勢性呈現出來。

◯ 表4-1 新北市各國小火炬計畫內容比較

新住民火炬計畫推動工作坊及執行成果冊
提供教師進修相關智能

- 精進教師對多元文化的知能
  - 課程分析、轉化、設計、理論與實務
  - 繪本、小說
  - 國際教育、國際觀
  - 新住民相關新知與母國介紹
- 工作團隊專業對話——建立共識，擬定工作原則與內容
  - 火炬計畫精神、理念與實務
  - 工作團隊專業對話，討論、檢討各相關活動（多元文化幸福講座、輔導志工培訓等）
  - 新住民小團體帶領人訓練
- 產出型工作坊——編印成果手冊
- 芬蘭美感教育、美國經典童書
- 新住民家庭在臺之家譜意義、製作、展示

新住民火炬行動關懷服務列車——多元文化幸福講座
提供新住民家長間與學童之間良好溝通方式與適當的管教方法

- 親職講座
  - 品格養成、與孩子談情緒、賞識孩子、正向管教
  - 釐清不同角色功能
  - 家庭關係經營
  - 親子、夫妻溝通
  - 正面思考能力
- 認識臺灣民俗與異國文化經典
- 法律婚姻講座
- 兩性相處
- 外配對家庭生活的學習

新住民輔導志工培訓
志工依班培訓課程，特殊課程，整合社會資源

- 新住民專題、臺灣多元文化意義
- 諮商輔導原理與技巧
  - 訪談記錄、家訪技巧
  - 情緒管理
  - 人際溝通（助新住民與特殊生融入團體）
  - 婚姻關係與親子互動

- 尊重多元文化
- 依附關係
- 自我了解與肯定
- 阿德勒親職教育訓練
- 同理心
。 多元文化繪本應用技巧（帶領寫作、故事技巧）
。 社會救助體系與相關法規
。 資訊應用能力

新住民家庭關懷訪視

。 志工家訪（拍照、錄音存證），給予諮詢輔導服務。
。 訪視後填寫訪視表，輔導記錄書面化，建立輔導服務資料檔案。
- 新住民家長資料
- 新住民家長基本語言需求
- 新住民家長親職教育需求
- 新住民家長社會適應需求
- 新住民家長工作知能需求
- 新住民家長對子女教育資源之需求

新住民幸福家庭親子生活體驗營

。 參訪臺灣文教景點、手工製作等一日遊活動
。 利用同遊機會，增進親子溝通

多語多元文化繪本親子共讀心得感想甄選活動（學校購買教材）

。 親子共讀工作坊
。 班級繪本導讀
。 評審評選

新住民簡易生活母語學習營

。 對象以新住民學生為主，以新住民「媽媽」國別進行分組（多以越南、印尼為主）
。 課程規劃1
- 母國文化介紹
- 母國兒歌、童謠教學賞析
- 母語字母及發音簡介
- 問候、生活會話
- 多語多元文化繪本導讀
- 成果發表
。 課程規劃2
- 食、衣、住、行、育、樂相關文化與單字介紹

其他創意作為
。 多元文化週（電影、教育、文物、服裝秀、美食、才藝表演）
。 補救教學、學習輔導
。 課後班
。 創意家譜
。 音樂劇、聖誕秀表演
。 親子活動：趣味競賽、創意體能、捏塑
。 活動體驗：非洲鼓
。 故事媽媽團
。 兒童多元文化劇團
。 「仁愛小尖兵前進國際」培訓

（作者整理製表）

　　以上新北市各國小火炬計畫內容之整理，為筆者能從網路上找到的，做成簡要的分析，希冀先有個輪廓性的了解。延續第三章「多元文化素養為中介的班級經營」之「教師對多元文化教育的詮釋」的訪談分析，在訪談過程中，同於教師們對多元文化教育的陌生，幾乎所有老師們都沒聽過「火炬計畫」，學校端在多元文化教育上甚少著墨，甚至在一個新住民背景學生比例高達1/3的社區學校中「從來沒有」多元文化相關活動，有老師認為多元文化教育相關活動很可能被「存參」掉了；有主任坦言目前學校具體做法只有「通報」而已 —— 通報原住民／新住民學生人數。若有相關活動，也是將教育對象鎖定在新住民學生及家長，而非一般所有學生，這樣的活動設計內涵也呈顯出行政端對於「多元文化教育」對象的想像，與上述火炬計畫內容異曲同工。以下進一步說明上述參與研究教師對行政端的觀察。

一、「存參」多元文化教育

　　如前所述，多數參與研究的教師對於多元文化教育感到陌生，幾乎沒聽過火炬計畫，或者認為火炬計畫「就是國際教育」（曉婷B-3）。就如梅枝觀察她目前任教的學校「沒有特別的多元文化教育」：

　　現在我們都沒有做這塊，頂多地理課教一教這個國家，歷史課

教一教這個國家的歷史，不會特別拿出來教，目前都沒有教。頂多像教到東南亞，就會說到越南，現在有很多越南新娘，你們可能要知道越南在哪裡之類的，他們就會比較關注一下。可是沒有特別的多元文化教育。（梅枝I-6）

　　有的學校則是以「交作業」的心態處理上面交代的政策。一位很有行動力的熱血老師盈智觀察「多元文化教育」在她任教學校只流於紙上作業，只是要「交報告書用的」、「都是敷衍就結束了，因為沒有人有空真的把它融進去」。盈智說：

我是健體領域召集人……各處室希望我們寫的資料，就是各個領域都要寫，我好像依稀記得，我有寫過把多元文化融入課程的一張表，那是輔導室他們要交報告書用的……他都是敷衍就結束了，因為沒有人有空真的把它融進去，而且沒有人要寫。同時他不會只有多元文化要融進去，他還有N個東西要融進去，性別教育、多元文化、環境教育……我記得我好像還有寫到多元文化，但我也忘記我寫什麼了……（盈智L-3）

　　一般學校對於多元文化教育傾向消極被動的做法，既使上面有一些政策下來，到學校可能就是「被存參了」，到教師們的「上一層就沒有了」（盈智L-19）。政策能否下達，與相關行政人員的敏感度、素養與熱情息息相關。另一位南部原住民比例高的富美老師則認為因為該校以原住民學生居多，因此「需求不高」，於是就是「通報人數」而已。她說：

就是只有通報人數這樣子，其實多元文化的公文跟其他的比較起來真的非常少，家庭教育啦、性別啦、技藝輔導、適性教育、生涯規劃，跟這些比起來……這邊主要是人數的通報而已！

　　對多元文化教育政策，她站在漢人對原住民教育的觀察，認為政府用「照顧的方式」、「只給好處」，「可是沒有強壯他們自己」是一個問題。

二、抽離且限定對象的多元文化教育方式

　　當談到「多元文化教育」，有教師直覺認為那是針對移民媽媽及其孩子的教育，因此即使有辦理多元文化教育相關活動的學校，往往將活動標的團體限定「新住民學生或家長」，而非一般學生及其家長。曉婷回想輔導室曾有一些針對新移民教育相關活動，她每次通知班上新住民學生參加活動，學生總是說他不要去。以曉婷擔任導師為例：

> 我跟他說：「這〔活動傳單〕是拿給媽媽，不是給你。」然後
> 他就會說：「好啦！好啦！」就回答很敷衍。……有時候是對
> 媽媽的，有時候是對於小孩子們的camp，就是可能不用太多錢
> 或幹嘛的活動，他就會說：「我要打球。」（曉婷B-4）

　　學生不願意拿活動傳單回去給母親，應有其背後因素，或者導師如何發出傳單的方式，是否讓學生感覺有被標籤也都值得進一步探究。新住民學生不願意去拿活動傳單，攸關身分認同（identity），尤其「認同」與環境脈絡、社會氛圍息息相關，因此教師如何將相關資訊傳遞給學生，才不致讓跨文化背景學生感覺被標籤，則是班級經營上的另一個議題。再者，學校辦理多元文化教育將活動標的團體鎖定在新住民學生或家長，某程度呈現出校方對多元文化教育的想像，認為需要被教育的是新住民學生及其母親，而非增強一般主流族群對結構弱勢族群的文化理解能力、平等意識以及多元文化價值。

　　另一位奧美老師對「多元文化教育」的想像就是應該使用「抽離」的方式來進行，抽離出既有的班級課堂，而她任教的學校就是採抽離主義，且指派實習生進行「補救」教學。抽離主義的方式不盡然就是負面，端看這樣的「抽離」或區分是如何進行？要討論的是其在教育上的意義為何？

　　儘管如此，在有限資源的情境之下可能連「抽離」的機會也沒有，反而造成一種有趣的跨文化學習，而對學生而言，也是接近文化的一種方式。在東部原住民學校任教十八年的漢人老師小野經常接學校行政工作。他說：

原住民的錢多啊，你很容易在這個經費上申請到項目，那當然來跳的也是原漢不分，那個時候原住民還占百分之四十出頭，我們就是大家招來，大家一起都來跳，那原住民發展歌舞，有很多種的看法，大家都會傾向比較像所謂的有知識、比較膚淺的角度來看，認為這是一個很表象的功夫。可是我在學校的角度我就不會這樣看，因為對於國中生來講，它是一個可以掌握的東西，你會穿衣服，你會唱歌謠，那它就是一個讓國中生這個狂暴的年紀能夠接近文化的一種方式。

除了原漢不分的一起學習原住民歌舞，這原住民學校囿於師資，有老師可以教客家歌謠，於是「原住民唱客家歌謠，在臺東橫掃千軍已經非常多年了，可是其實我們參加的學生幾乎全部都是原住民。我們學校客家人非常地少，是個位數的」，這當中其實有非常多值得思量處。

總的來說，透過參與研究教師們在教育現場有關多元文化教育政策回應的觀察，我們見到有學校多元文化教育流於紙上作業，或只是「通報」、「存參」，若有進行相關活動的學校，則將對象設定為新住民學生或其家長，認為她／他們是需要被教育的，而非所有一般民眾，因此就不難理解有些學校以「抽離」作為「多元文化教育」的實踐方式。儘管如此，原住民學校呈現出的跨文化展演透過教師的觀察，似乎也展現出某種接近自身文化以及學習其他文化的開始。

臺灣在地教育現場的研究結果也可與美國呼應與對話。Stoll（2013）在美國北芝加哥地區進行三所不同型態的學校的教室觀察及深度訪談，發現即使致力種族與性別平等教育超過一個世紀的美國，種族及性別歧視仍然以幽微的方式存在於校園與教室之間，一些看似中立（neutral）、「好意」的種族與性別政策，卻產生種族化與性別化的效果，再製不平等的現狀。Stoll觀察學校雖然會積極的進行多元文化相關的課程安排、環境布置，然而大多數的多元文化也僅止於慶祝多元文化的節日、認識有色人種（大部分是非裔）的活動，作者認為這些膚淺的多元文化教育，看似擁抱了多元樣態，卻沒能挑戰白人優勢及結構性的種族歧視。此外，Stoll認為教師具有的特權（privilege）也可能是阻礙實行社會正義的因素，教師傾向使用與自己文化資本背景相近的標準來判斷一個學

生的家庭是好或是壞，而那些與其文化資本標準不符的家庭或是學生，就更容易被貼上「問題」學生。教師班級經營往往與學校政策、學校氛圍及文化息息相關，以下則由在地教育現場教師班級經營實踐的具體操作入手，帶領讀者重新思考班級經營策略及其背後的意涵。

第二節　教師班級經營實踐策略

　　過往研究中提到，班級經營的能力需要透過多年在教育場域的經驗來習得（Bosch, 2006）。有經驗的教師通常認為班級經營是需要在第一個禮拜就要完成的重要目標；而對初任教師而言，班級經營是一個嚴峻的挑戰（Savage & Savage, 2009）。此外，有經驗的教師因為結合了多年的服務和課室技巧策略，他們通常都較有能力可以排列課室任務的優先順序，並且有效率的處理教室內毫無預期發生的事件，且較初任教師更能有彈性且毫無猶豫的處理班級事情（Doyle, 1986）。一般而言，大約四到七年的經驗能夠讓初任教師更有能力處理班級相關事務（Carter & Doyle, 1995; Gonzalez & Carter, 1996; Varrella, 2000）。上述為國外相關研究，或許可提供一些觀察的基礎，本節則透過本土教師的訪談以及觀察，理解教師班級經營實踐的具體操作策略，並嘗試與多元文化班級經營的圖像進行對話。此為科技部計畫「社會變遷下的班級經營理念與策略探究：性別與多元文化觀點的增補」（2016-2018）（MOST105-2410-H-004-158-MY2）成果，運用立意抽樣找到參與研究的13位中學教師，教師散布於臺灣各個角落，分布於不同年齡層、族群、性別與主教科目等，如表4-2。感謝每位老師在研究過程中竭力分享她／他們的生命歷程與班級經營策略的交錯，以及他／她們的挫折、欣慰、滿足或各種情緒。

◯ 表4-2 班級經營研究參與教師相關背景

化名	任教學校特徵	任教科目	年齡／年資	性別	族群
小鳥	原民學校	國文	3/20+	女	達悟族
小榮	南部私校	國文	2/20+	男	漢族
小野	東部勞動階級為主（曾有十一年在原民學校）	英文	18/40+	男	漢族
小玉	東部（原住民學生近半）	英文	16/40+	女	漢族
小惠	東部明星國中	國文	16/40+	女	漢族
小偉	南部都會高關懷學校	英文	20/40+	男	漢族
Eva	東部明星高中（曾任教中部平原鄉村國中）	國文	20/40+	女	漢族
Emma	南部都會明星國中	英文	5.5/30	女	漢族
小玟	北部勞動階級為主國中	地理	20/40+	女	漢族
小靜	北部都會國中	童軍	20/40+	女	漢族
小雅	北部都會邊緣國中	地理	20/40+	女	漢族
阿德	北部都會明星國中	數學	20/40+	男	漢族
小如	北部都會邊緣國中	體育	10/30+	女	漢族

　　以下呈現的內容以一般導師最在意的幾個面向切入，也是一般班級經營的重點，方便新手教師從中找到可能對話的接點，包含班級氣氛與文化的塑造、溝通技巧與語言使用（含師生互動、親師溝通等）、班級常規、獎懲與秩序管理。對於一般班級經營使用的「學生不當行為的處理」這面向，由於多元文化教育對於「不當行為」有不一樣的思考方式，因此不列入其中，但會帶領讀者如何重新思考「不當行為」在多元文化教室中的意義。

一、班級氣氛與文化的塑造

　　教育現場常聽到一句話「什麼樣的導師帶出什麼樣的班級」，導師的重要性可見一斑。有的導師會先了解班上學生的組成，有些導師很能反思自身經驗與學生的差距，有些很能運用實作和參與來連結學生、跳脫傳統的上下階序權力關係，並善用內外部資源來進行班級經營。

(一) 了解自身狀態與班上學生的組成並隨之調整

　　在南部中學任教的小榮老師與在離島任教的原住民族小鳥老師都是非常年輕的新手導師，在不到三年的導師經驗中，逐漸反思到自身生命經驗與學生之間的差距，這也影響他／她們班級經營的方式。在綜合中學任教的小榮老師是年輕的國文老師（任教兩年多），回想第一年因為沒經驗，當時覺得「我大概不是這個料吧！」後來隔年到另一間學校，開始學習到「學生他的性質不一樣，你的教學跟對待的方式就是要有調整，不能說單純一個教學理念，或者是一個經營的方法就可以走遍天下」，於是他開始感受到班級經營需要隨著學生的特性而有所調整。小榮老師談到班級經營的困擾：

> 比較大的困擾，我跟他們的生命經驗真的太懸殊了，有很多想
> 要站在他們的立場想，其實我發現是沒辦法。他們的價值觀，
> 會不一樣，他們會覺得說，念書幹嘛？

　　他回想一開始擔任職校班班導時感到失望、甚至生氣，一開始碰壁的原因，他觀察到：

> 我覺得是用講理的方式他們是可以認可，後來發現他們這些孩
> 子可能真的沒有辦法用講理的，還沒說他就會覺得說，老師在
> 針對他，那個防衛心就比較強，因為XX職科……在這種升學體
> 制下的教育現場通常是被老師忽略，他們比較缺乏關愛，所以
> 他們的反抗心比較強。

　　職校班的學生在學校學習過程中往往不被認為是「好」學生，對老師會存在某種敵意，或者不被理解的負面情緒；而成為老師者通常是升學考試制度的贏家，因此面對非學業優異班級學生時，若具備某程度的反思力，很快可調整帶班策略，就如小榮老師所言：「作為一個老師，我可能也需要去反思說所謂的幫助這些孩子在主流裡面可以出類拔萃，或者是，根本是一個虛假存在，根本不會可能的。那我只是逼他們走一條他們不擅長走的路而已。」他也談到一開始一些資深老師會有一些經驗式的指導，但「其實你是有思考性的，你不會一開始就全盤接受！」在這些決定背後，就是作為導師對學生細微的觀察能力，能夠見樹又見林。師生關係的轉變來自於跟學生一起去唱卡拉OK，小榮老師敘述：

　　因為我是純粹國中、高中，然後大學，這樣子一路順順地念上來的人，所以會比較理想化一點……一開始會蠻生氣，或者是說覺得失望，可是後來，印象蠻深刻的是，那一年我生日，然後我們班上的學生就邀說，老師我們要去唱卡拉OK，你要不要一起去？那因為，那幾個學生蠻讓我頭痛，因為他會出一些狀況，就是可能會去罵同學或是幹嘛，就是比較皮的那種學生……然後我就去了之後，發現說，原來他都跟什麼朋友在一起，那，我才恍然大悟說，我在班上，課堂上可能念他幾句，或者是說中午把他約出來談，那個力道是微不足道的，因為他下課之後，他的朋友群就是如此的堅固，對，所以，後來就慢慢調比較柔的方式，就是從老師對學生，到朋友對朋友。

　　當變成朋友的關係之後，「比較好溝通，就是生活常規上的約束就還OK，但課業上的話可能，真的因為他的家庭因素，或是說各方面他是真的沒有興趣，所以課業，那一年其實是沒有帶上來的。」

　　在離島任教的原住民族小鳥老師也是非常年輕的導師，曾為幼教老師，基於使命感與責任回到母校任教，她當時帶的班16個學生中就有15位是原住民族，「老天給我一個挑戰，就是讓我要接國中的孩子，對我來說這個其實很……我覺得壓力很大，因為我不知道要怎麼跟國中，就是互動」；尤有甚者，小鳥老師不是念中文系，對於要教國文「不管是專業還

是什麼，我都覺得我好像不夠格！」她回想第一天上課「我們班第一天就跟我說，老師妳會哭喔，我們會把妳惹哭喔，這裡的孩子都會這樣子先嚇嚇老師！」小鳥老師班級經營的開始來自於以前一位很棒的導師樹立的典範。

> 我就開始在想以前XX老師怎麼帶我們，我就想到以前，他出功課給我們沒錯，我們也很生氣，就覺得好煩，好想去游泳喔，可是他之後會帶我們去游泳，就是會應該說是跟我們去游泳。你就會覺得，老師原來也可以陪著我們玩，所以我就把這個帶到我現在的班級經營……

小鳥老師也開始以「跟學生示弱」的方式扭轉這些主流眼中的「劣勢」，用「一起學習」態度來激勵學生。

> 我也跟我們班說老師不是國文系畢業的，你看我現在陪你們，我在上你們的國文，所以，只要你覺得這一個你覺得奇怪，拜託你問倒我好了……我不是這個專業的但是我可以一起學的那種感覺……我覺得就是要我們要一體啦，讓孩子覺得說，你不是一直在給我東西，然後你不是一直在一直丟東西給我，然後卻不問我飽不飽，對，可是，可是，我想要讓你們懂的是，我們一直都在學習，我們不管你看有些人活到幾歲都還在學習。所以我常常用這個例子來，就是告訴我自己的班級，就是我都可以做到了，你一定也可以，所以我們班有時候，也就會用我的這句話，一直來，就是我們都會互相這樣講。

小鳥老師雖與學生同屬於達悟族，生命中「跨」也「非跨」文化經驗與歷程讓學生覺得親近。原來她念小學以前都在臺灣大島，「國小一年級回來，回來真的都聽不懂他們在講什麼，我就覺得好難過喔！然後我就跟我媽說：媽，我聽不懂他們在講什麼，他們是不是在罵我？」由於那時候學校其實沒有教母語，她每天放學就去找爺爺學，逐漸奠定族語的基礎。沒想到她族語的能力意外助於自己的班級經營，她任教的學校正在實施民

族實驗教育，因此她也有意無意直接跟學生講族語（單字），這樣的動作讓學生開始升起敬佩之意，特別是學生聽不懂時：「老師，等一下，這個我們母語課還沒教吶這樣！」此外，小鳥老師也試著將文化帶到班級經營中，所以慶生會時特別會訂製在地族人自己做的蛋糕，也請每個老師都吃蛋糕，希望學生學會分享、學會表達愛，「我覺得他們真的會學老師，他們後來慶生完，慶生的時候一個月我們會慶生一次，慶生完的時候他們會主動跟我說，老師，誰誰誰哪個老師有教我們，我必須我這一些東西我要拿去給他……。」

　　儘管與學生同族，剛到中學任教第一個禮拜，十六本週記才收回來四本讓她很沮喪，主任的一席話點醒她「孩子可能沒有這個習慣」，也才開始思考到家庭背景的差距。

> 我就是那種小孩，是就回家後就馬上寫作業的那種，然後我還跟主任說我真的很難過，我說我這禮拜只有收四本，然後我說，我以前都不會這樣……我就有點被點醒，因為有些孩子可能沒有這個習慣，啊我的習慣可能就是回家，就寫，因為爸媽會盯啊，可能那些孩子是沒有辦法……

　　後來小鳥老師用集點正增強的方式，只要連續五週交出週記，就送精美小禮物，這樣的方式奏效，只是班上有一位學習障礙的孩子，小鳥老師會花時間一句一字跟他寫，因為他沒有辦法自己寫。

　　「熱血沸騰」這四個字往往是資深教師的曾經，隨著生命歷程的推進以及帶班各種熟稔度的增加，有經驗的教師帶班風格呈現「見山是山、見山不是山、見山又是山」的歷程。已有十六年教學年資的英文老師小玉，作為一位漢人在東部的另一個原住民國中任教，班上近半原住民學生，還有5位新住民學生，家庭普遍社經地位不高。小玉回想自己新手教師時的熱血沸騰，接第二班時決定改變自己的帶班風格以符合學校期待，到了接第四個班，才比較有自信做自己，但已經跟新手教師的熱血有不同的呈現。小玉回憶著：

我剛開始在帶孩子的時候，因為那時候年紀很輕，所以其實幾乎是也真的跟他們走得非常非常近，就帶著他們一起做很多很多的事情，比如說，除了帶著他們一起讀書之外，也帶他們一起打球、踢球，然後一起去做一些，比如說打掃、清掃這個環境，就是義務性的，去做這些事情，就是有這樣比較多跟他們一起生活的部分。因為有每個班級很不同的特殊性，會決定你怎麼去對待這些班級的方式，也有跟你教書多少年、你的感受不一樣，會有所不同的方式。

即使小玉老師自認帶班已不若年輕時的熱血沸騰，卻呈現更多的細緻、成熟的操作，例如從跑步觀察學生和狀態及可能遭遇問題與否，也很能站在孩子的立場來換位思考。她觀察到班上一個男孩「他是男的，但是我們大家都很明白他的內心是女生」，本來也很擔心他的處境，想說大家會不會嘲笑他，可是後來發現其實不會，因此也就安心讓這學生在自己的放空狀態。

他就是不太講話，安安靜靜的，所以大家也就讓他放空，大家不會去吵他。就比如說我們可能一窩蜂會互相的打鬧來打鬧去，但是我那時候也一直很擔心說糟糕他會不會被欺負，然後大家笑他。後來發現沒有啊，沒有人笑他，大家就讓他盡情地去放空吧。他喜歡放空，大家就尊重他，讓他去放空，這樣子。他有他自己的空間，那大家就讓他去，就這樣子。

除了從旁觀察到性傾向議題，小玉老師也從跑步觀察學生，並藉由鼓勵專注跑步來承接住家庭有狀況的學生：

你可以在一個小孩子跑步的時候看到他的個性，你可以很清楚地看到他的企圖心、他的想法。很明顯喔，非常明顯。比如說，我們班有一個男孩，他的精神力比一般來講還低，常常處於在那種放空的狀態。其實這個可以很明顯就是說他其實有能力跑，但是他……譬如說他對自己沒有信心的時候，他就跑不

出來。七下的時候，因為他家庭的一些因素，……因為家庭真
的滿辛苦的啦，他對自己的認同度愈來愈低，但我們還是讓他
一起來練。你還是要過來，看他速度慢下來、他用走的時候，
我就說：欸某某某你應該還是要維持一定的速度。然後我又再
跟他演了，就跟他說：欸某某某你知道嗎，這次替代你的這個
人我對他有點擔心，因為他剛加入，接棒接得真的很差，另外
一個跟你實力相當的人，他上次掉棒你還記得吧？所以老師覺
得我把希望放在你身上了，你一定要維持你的體力，一定要維
持你的精神力，繼續練。

站在孩子的立場來換位思考後的行動，對教師而言需要勇氣，特別
是不符合一般人想像的教室常規。小玉老師舉例說，學生最近就要求午休
要躺著睡覺，因剛吃飽飯躺著比較舒服。她問學生：「可是那躺在哪裡
啊？」學生竟說「地板上」，她換位思考覺得學生沒錯，於是答應了，並
提醒學生「拿個紙板吧。好，就用那個紙板，然後就，哇怎麼那麼像遊民
區啊！」其實做這決定她也很掙扎：

把學生們的心拉住很重要的一個關鍵……可能很多老師會覺得
說，躺在地上像什麼體統啊。很多老師應該不會願意喔，可是
事實上我也會掙扎，因為有的老師走過去，或者是說……但是
我覺得，算了，真的讓他們躺好了。

這是一個待了十多年的資深老師開始有自信、不怕他人眼光的做
法，能夠堅毅且成熟的支持學生也與她是個「資深老師」有關，就像小玉
老師所言「現在這個狀態來講，我覺得是我很珍惜的時間點。」

跟小玉老師很類似，同樣在東部不同區域的國中男老師小野任教也
十八年了，作為漢人老師進到原住民族區域任教，十八年來在班級經營上
有非常大的轉變，最早在離島任教時有很多的熱情跟想法，四、五年左右
開始「保持客觀跟距離」，後來因自己的孩子接受體制外教育，開始注重
學生情感的安定狀態。

我覺得我自己有非常大的轉變是在於說，剛畢業的時候當然是當導師，那個時候剛到XX會有很多的熱情跟很多的想法，那我覺得這樣子的熱情跟想法，在工作上造成了很多的優點，也導致了很多的缺點。因為我發現在那邊教書的老師，我自己的觀察跟非正式的統計，我覺得大家都有一種所謂，講得濫情一點的，用生命和感情在陪伴這些孩子，那我一開始也是抱持著這樣子的心態去教的。可是……大概到第四年、第五年就有這樣的感受，就是我覺得我要保持我的客觀跟我的距離，我才能夠把我的班級帶好。也就是說，我的情緒化跟我的情感，對於這些青春期的孩子來講，並不是有幫助的。我發現如果我的情緒能夠沉穩，我能把我自己這個人照顧到最好，我的學生、我的孩子，也會呈現一個很好、穩定的狀態。所以說我那時候我就決定我應該要把我的情感的部分盡可能地從班級經營裡面抽出來，那這樣子也會讓我比較不容易生氣，比較不容易生氣，我覺得在班級經營上能取得比較好的成果。

目前小野任教的區域學校族群文化非常多元，班上有客家、閩南、不同的原住民族等，多為勞動階級背景學生，他觀察「雖然小團小團，但是他們小團之間彼此也是和諧的。」他進一步說：「同族群的很自然會湊在一起，可是你這樣看，我覺得只有向內的凝聚力，沒有對外的敵意。」在上述的前提下，小野老師善用自己專長的吉他進一步來凝聚形塑整個班級氛圍。他敘述：

國中生在這個階段，你要知道他在尋求的是一個楷模……所以你就要成為這樣子的一個role model，讓他們去追尋。吉他的這個部分，剛好是我比較擅長的，所以我覺得很重要在於說，我會在教室擺一把吉他，然後我會在午休的時候彈，應該講吃完飯的時候，我就會彈，那彈的時候班級自然就會安靜下來……〔學生〕會做自己的事情，會各做各的事，可是整個氣氛就會安靜下來。那到了XX〔另一個學校〕之後，又多了一個，因為我還會魔術方塊，那我就會擺一個魔術方塊，大家一起來轉這樣子。

作為一位男老師，小野老師早期最怕的是處理班上性別議題，但也需保持淡定的「千萬不能讓女學生發現我很怕她們」。他回想：

> 不知道怎麼跟女學生相處，再加上那時候也沒交過……也有交過女朋友啦，那時候沒有女朋友，就覺得在性別，男老師帶女學生這一塊，我覺得其實我有點驚險過關。因為還好那時候沒有發生什麼事情。那個時候的我都還沒有過這樣子的經驗，那我不知道怎麼去處理這塊，再加上自己對於性別的這種距離感，那個時候是讓我覺得非常非常困擾跟頭痛的。後來就還好，也是結婚啦，然後有女兒了，就覺得你們這些女學生我再也不怕你們了。……早期我都在想說我千萬不能讓女學生發現我很怕她們……第一個就是保持距離，第二個就是有問題馬上就轉輔導室。

回到臺灣西南部，剛懷孕的年輕老師Emma是高雄市區升學國中英文老師，最近三年成為正式老師，這三年都在同一間學校，學生家長的社經地位比較高。若加上代理與兼課，總共約五年半左右的年資，即使如此，Emma也已感受到前述資深教師的帶班轉變歷程。同於許多年輕老師，剛開始帶班跟學生是很buddy buddy的狀況，老師跟學生之間比較沒有界線，後來自己慢慢感覺到好像還是要有一些界線，於是刻意去改變班級經營方式，「而且改變過程其實我自己本來很掙扎跟痛苦，會覺得說『真的要這樣嗎？』，可是不這樣好像我覺得班級帶不太起來。」

> 我以前都覺得不用讓學生害怕你吧，可是我後來發現，本來這個害怕跟敬畏跟尊敬它本來就是一體兩面的，他如果夠尊重你，他才會去care他做這件事會不會遭到什麼後果。就是我覺得糖果和鞭子是需要並行的，不可能都沒有鞭子，因為人性本來就是……就是看你怎麼拿捏那個程度。你先建立，我們大家都有共識，這條線就在這，你不要跨越，我們在這條線以內，你可以盡情發揮，那就看老師你怎麼設定你的線囉。

　　Emma在觀察、反思之後，決定原本的溫和風格，「刻意讓自己在導師班的學生面前再更強悍一點」。在班級治理的部分，她觀察到班級生態，雖班上不太會有人要去當那種老大哥、老大姊，去指使或是影響別人，「但他們還是會分一小團一小團，特別是女生發展比較快，比較成熟，男生比較沒那麼快」，她觀察由於現在家裡孩子生得少，男孩比較不獨立、不成熟，於是選股長時，會特別讓男生有機會學到不同的能力。

> 國一指派的時候，我是盡量男女生差不多，可是後來讓他們自己選的時候，他們可能也發現女生比較會做事，就很自然而然女生偏多一點……之前一開始本來想逆向操作，就是我想說讓男生做做看，然後，我教你。就是我透過機會去讓你知道怎麼做。可是我發現，這樣有點累，我很累。其實還是可以，所以我還是讓他做了兩個學期，就是我還是讓他看能不能有點進步，還是可以啦，我覺得。

　　此外，Emma也觀察到班上的一個好處，「我覺得他們被我罵完之後，他們不太會記仇」，在這樣的前提下，會讓學生知道為什麼要責備的原因。Emma觀察到即使成績好的孩子，也是需要老師的關注，她反省到自己「花太多時間在需要進步的學生上」，但「沒有哪一個孩子有好表現是理所當然的」。

　　對於自稱理工腦的臺北都會區童軍老師小靜而言，十九年來在同一個學校任教，帶班風格卻是從威權走向民主，特別是慢慢發覺到情感連結在帶班時的重要性。這樣的轉變也跟學生多樣性、多元性愈來愈高有關，過程中也會去請帶得比較好的老師。

> 一剛開始在教書的時候，會比較少感情的培養……都會覺得那是他們家的私事，所以比較不會跟他聊什麼他哥哥姊姊怎樣的……後來我發覺這個其實滿重要的，這樣才會有感情的聯繫……現在就比較問他們家裡發生什麼事啊，哥哥姊姊在哪裡啊？爸爸、媽媽的教育方法是什麼？我發現學生其實滿喜歡跟你聊的，他會覺得你比較關心他。以前我比較沒有彈性，比較

會逼他們做出來，可是這屆特殊生真的太多，我反而變得比較有彈性……其實我現在已經鬆很多，但好像不是很好，我現在真的覺得學生每一個人的多樣性又不一樣，有些學生反應比較慢，但他好像很願意做，但他又做不出來，然後就會給他比較寬容的時間，別的同學就會說不公平。

我從威權走向民主，但是我發現民主啊真的是要花的時間跟精力都多很多，我現在比較民主，但我覺得還是威權比較有用，就是一開始真的要威權，你要有民主真的要等到他們有規矩以後，才能夠民主，那是我最大的感想，因為我上一屆也是，就是一剛開始我要壓壓壓，後來等他們知道規矩以後你再來民主，他們就會變得很懂事，他就會知道該怎麼做。

　　儘管小靜任教的學校位於臺北都會區，卻只有1/3在地學生，且多為低收入戶，反而另外2/3跨區從三重、樹林來就讀的「家長是重視教育的」。小靜老師認為每個年級的問題是不一樣的，因此針對不同年級，應有不同的班經節奏，鼓勵七年級多參與活動，以增強班級凝聚力，到八年級透過課業競賽讓學生慢慢回到課業上，為九年級完全的考試做準備。

七年級剛進來你就塑造他們，然後他可能還懵懵懂懂不太了解，可能就只有不寫功課啊，就沒有寫功課，想要做一下弊啊，就是抄一下作業，看一下別人的什麼的，然後到了八年級，就真的是青少年的那一種壞，就叛逆阿，談戀愛啊，開始以朋友為中心，不太理父母，九年級又會回來，因為他們要會考，所以整個又會回來讀書這一塊，所以就是這樣子七八九，每年都是這樣的循環，都沒有什麼改變。

　　桃園任教二十年的地理老師小玟班級經營策略也是由嚴到鬆，最早甚至經常體罰學生，「第一屆還可以打啊，因為第一屆有被我打得很凶」，其中轉變的關鍵是去念研究所。

……改滿多的吧，愈來愈鬆吧。因為一開始教書的時候，因為我們都算是功課好的人，所以剛開始第一年來的時候，看到他們一群牛鬼蛇神，就覺得他們怎麼都會犯這種我們小時候不會犯的錯，所以就會滿嚴格的，然後後來就是慢慢理解，原來這是常態。第一年就是非常非常地嚴格，第一屆啦，然後到了後來去念研究所，念研究所算是把我的智慧打開了……，比較會對事情分析，然後對人也比較寬鬆。所以第二屆我帶的，就比較鬆很多，但是我會很重視他們未來你自己對自己的想法是什麼。

在沒有體罰之後，小玫學會如何去理解他們背後的語言，如何使用很迂迴但精緻的做法，「你必須要說服他去認同你要教他的道理，那你就必須要想辦法去說服他。國中生我愈來愈覺得他們也是很講道理的，你只要能講出道理出來，他是可以聽的」，只是以前會要求全班比較有一致性，現在則是比較個別化處理，「所以就累死我自己，因為有三十個孩子，不同的要求、不同的個性，然後我都想去照顧。」小玫回想曾經一直強迫學生去認識自己，引發師生滿大的衝突，「後來我才發現，不是每一個孩子都適合你這樣子去搞，有些人他就是適合跟著步驟走……後來就慢慢地去調整，讓自己更開放，讓學生所有的可能性我都去允許他們。」

在北部較偏遠地區的國中健體阿如老師是三十多歲中生代老師，雖在師資培育階段沒接觸過多元文化教育，其採用的班級經營理念卻也不謀而合。她一開始會充分並深入了解班上學生的組成，包含其背景的地域性、家長社經地位、當地文化等，例如在她服務的學校中，學生背景就涵蓋客家文化、軍人、鄰近XX院等特質，或是像跨學區的學生家長多重視升學成績等。

(二) 用實作和參與來連結學生

透過全班共同實作和參與的方式來連結學生、凝聚學生，透過活動讓學生體驗價值，是許多老師共同的班級經營策略。更有老師結合自身興趣，透過班級車隊活動作為媒介，以更加理解並掌握學生的情況；尤有甚者，在師生衝突不斷的情境下推起閱讀、有的推食農教育，也看到班上的

神奇改變，就如Emma老師說以前會覺得說好像教學歸教學，班級經營歸班級經營，但擔任正式老師第一年的下學期覺得這樣不行，於是去參與新進教師研習，學會如何將教學融入想帶給班上的價值觀。小玟任教的學校家長大多為勞工階級，班上幾乎有一半學生棄學，「我怎麼可能讓孩子進來第一天就放棄學習」，於是師生衝突不斷。後來她妥協了，進一步思考如何讓學生學到生活中的知識及能力，方法就是推閱讀。

> 不學學科沒關係，好，那我用什麼方法補他可以補的部分？就像我中午回去放音樂，不同類型的音樂或影片，然後報紙，閱讀這塊我推。閱讀這塊我推得很認真是因為我也想要讓那些孩子至少有不同的知識在他身邊圍繞，讓他隨時可以取用。然後閱讀這塊是我這屆才做的，而且我是做得非常澈底，我每天早上都讀至少十分鐘，甚至都停掉考試來閱讀，考試就是減少。每天都一定要讀十分鐘，一年級是讀書，二年級我還加進報紙和雜誌。

小玟觀察推閱讀以來，李家同教授到校演講對她們班學生影響之大，將閱讀風氣推到最高點，遠在她的意料之外。

> 我們剛好在李家同的班書，我有帶他們講，聽那個李家同的，帶李家同的那個文章。然後他們就認識李家同這個人，也對他很好奇，很想去聽，全班都想去聽。可是只有十二個名額。他們十二個人去聽回來，我就說那他們都想知道你們聽到了什麼，要不要分享。他們就分享，就講要大量、要廣泛，然後各種形式的知識都要去涉獵。這件事對我們班影響非常大……

由於能親自去聽演講的名額只有十二個，小玟特別委以重任，順勢製造學生間彼此分享的氛圍，讓班上推閱讀更容易上手，讓班上氣氛改變，「大師講閱讀很重要」，小玟說。後來她接著帶學生看小王子的班書及電影，因為「李家同說要看電影、要閱讀，所以就找來看，然後看報紙就不會排斥，因為李家同說要廣泛閱讀，裡面也有報紙，聽音樂也不會排

斥。」推閱讀在班上產生關鍵性的轉變，是小玟老師始料未及，當她發現學生比較能自律、午休時間能夠很快的靜下來，甚至開始去思考自己的方向，她跟學生的對話也就更加容易，後來還進一步帶學生到臺北看展覽，也把自己的興趣專長帶入班級經營。

> 閱讀這件事對我們班正面的影響真的太大了，有很多事情我覺得我們班變得比……第一個就是早自修，像今天下雨我就比較晚來，我進教室的時候他們已經全部都坐好了，書拿出來開始閱讀……像中午午休，你看我只要喊一下，他們很快就可以靜下來，不會毛毛躁躁……然後就是他們很容易靜下來……然後他們抽象思考的能力也比較好了，然後會比較願意跟你對談、對話，以前就是意氣用事，會跟你辯啊、頂嘴啊，連頂嘴都變少了。他們會開始去思考自己的方向是什麼，因為我們報紙上有很多成功人的例子嘛。然後我有時候會找一些，像那個什麼許芳宜的那個YouTube，我就會給他們放那個影片看……因為我很喜歡畫圖，我們班有一群人很喜歡畫圖，而且我研究所是念博物館的嘛，所以我就說我喜歡參觀博物館，我想要帶你們去了解博物館這件事情，我覺得臺北有很多很棒的展覽，你們可以去參觀，或者你可以和家人一起去參觀。然後我就跟他們分享，他們就去囉……

　　全班共同實作和參與能夠連結、凝聚學生的重要原因是製造班上成員的共同目標與方向。帶領一個類體育班，小玉老師就用「練體能」這個項目作為班上的總精神目標，「當大家有時候很疲憊、懶散的時候看著這個目標前進」。她笑說「這個東西很好用，滿好用的，然後因為這個目標，你還可以用東西去收它，比如說他們本來要出去聯課的，你沒交作業，那就不要去跑囉，你不能去練囉，過來過來趕快寫了這樣子。」年輕的Emma強調帶班必須「溫柔而堅定」地給學生一個架構方向，透過活動讓學生體驗價值。她提供五年半用心帶班的體會：

> 我原本都是覺得說，如果你自己的身教言教有做好，我本來是

覺得學生應該可以自己慢慢發現，但我後來發現不是這麼一回事。有一些事情跟價值觀你可能要很刻意地透過恰當的形式，例如說辦活動，例如說你的教學，讓孩子更能夠……我覺得這算是一種間接學習，因為這感覺很像爸爸媽媽一直唸你都沒有用，可是一旦透過一個活動，它讓你去試、它讓你去闖，不管你是成功或者是踢到鐵板，你反而更能深刻地去體驗到那個價值：原來我對人不禮貌就會有這種結果。

Emma老師觀察國中班級性很強，班級的氣氛帶不太起來，很多事情都做不好，除了先讓學生了解你在想什麼，更要透過班級活動的榮譽感，凝聚大家團結的力量。她也會運用同儕壓力，「因為國中生都需要同儕的那個支持啊，我就說請大家不要為難我的小老師，不然我就來為難你囉！」類似的情況，Eva老師透過學校運動競賽提高班級凝聚力，提高班級的認同感，特別是在學期初「先讓她們團結為班上，然後自己該有的秩序、該有的什麼規矩就是立好嘛，這個班規什麼她們都知道，然後再來就比較是成績的問題了。」小靜老師先給規矩，然後透過學校活動，讓班級有向心力，甚至使成為一個課程，培養學生能力。小靜坦承早期任教時會覺得這樣有點麻煩，讓學生隨便去就好，但發現有些老師會利用這樣的活動去推他們班，讓他們比較有向心力，後來才有這樣的班經策略改變，她以優良生競選跟校慶園遊會舉例：

例如說優良生競選，你可以放任他們一個人在那邊單打獨鬥競選，你也可以動員全班大家來支持他，你的活動例如校慶活動園遊會，你可以讓他變成一個課程，例如說收支平衡，你也可以都不要理他，讓他們自己隨便做，就也有很多老師會請外面的攤販進來，你就根本完全都不用做啊，就是等攤販進來收錢這樣，就是抽成這樣，只是抽比較少，可是到底學生學到什麼？就沒有一個教育意義，所以有時候學校有活動啊，有時候覺得很煩，學校活動愈少愈好，可是我都覺得這樣的活動，就是讓他們練各種不同面向的才能。

　　同樣的，小如老師讓學習與學生連結，並培養學生帶得走的能力，例如以教師本身豐富的童軍經驗，引導學生自製火煤棒並實際生火，或者藉由食農教育，讓師生關係跳脫過往僵化的角色限制。在一個南部都會邊緣的學校任教二十年的小偉偶然將自己的興趣延伸到班級經營，逐漸發展出班級腳踏車隊。最初自己喜歡騎單車，帶著兩個女兒假日一起騎單車，後來班上愈來愈多學生加入，透過這車隊，小偉更加理解學生的狀況，甚至防範問題於未然。

> 像那些弱勢的孩子，霸凌人家的孩子，或是被霸凌的孩子，如果當他有機會出來騎車的時候，比如說一支冰棒，一支冰棒下去，我們都可以跟你聊了，有些問題可能在發生之前就被我們化解了，就化解掉了。

　　小鳥老師、小野老師帶著全班一起教室布置，透過一起參與創造一體感與安心感，小鳥老師甚至將母語、學生文化融入教室布置中，「讓他們知道老師是跟他們一體的，他們不管去哪裡我都在，所以讓他們很安心，所以寒假的時候我就告訴他們說，雖然我們放假但是你有事有空你就打電話給我，我隨時幫你解決！」小野老師則融合自身手作、水電與木工能力，帶著全班一起布置，但是他教室布置的定義不只是後面一抹牆而已，還包括桌椅的修繕、教室的粉刷以及後面牆面的布置等。

(三) 善用內外部資源

　　教師藉由引入或連結內外部資源，可使班級經營更為緊實或穩定，然而卻是一般教師經常忽略，或教育環境中少被關注的行為與能力。內部資源連結，例如與校內各處室密切合作，或者與校內其他教師形成互助社群，抑或導師能善用人際網絡，輔助班級經營的運作等。外部資源則是能運用與連結任何校外的資源，特別是學校所處的社區，讓班級生態更為有機，並強化或鞏固學生對班級內的團體動力。跟學生同樣是達悟族的小鳥老師觀察到由於自己跟社區的緊密關係，讓學生感到敬畏，這敬畏某程度來自部落本身強大綿密關聯性的群體力量。

那個敬畏來自於說，你一樣是達悟人，然後我的爸爸、媽媽可能認識你，可能知道你是哪一間的小孩，哪一家的小孩，然後他們都會告訴你說，欸，那個，你們老師的爸爸是我的表弟喔，記得要乖一點，就是有的那種長輩的壓力給他們，所以他們會很敬畏，而且像他們自己的家長也會跟小孩說你看看你們那個老師，其實是我們的親戚欸，啊他都可以做到了，你一定也可以，像這點很多小孩啊，像三年級、二年級，都有我的，就堂妹喔，我姑姑的小孩，或者是我的阿姨的小孩……很明顯就是，我們每次家族聚會的時候，家裡的親戚就都會說啊，就是說，你看姊姊，在XX中學教書欸，以後你們也可以。

阿偉也是高雄在地人，他認為自己對社區的熟悉度有助於班級經營，「我比較知道一點這邊家長的特質或怎樣，或是誰家裡面有誰」，這樣的理解與熟悉提供他進行班級經營的基礎。阿偉成立的自行車隊後來規模愈來愈大，其中也有一位美國人，讓學生可以自然學英文。

小如老師雖非任教學校在地人，卻非常善於連結外部資源，加深學生在地文化的理解與黏著。她曾結合外部資源補助，安排班上孩子參訪鄰近的水庫，並讓孩子在參觀前事先報告對水庫的印象、了解，以及設備運作的相關科學原理等，讓知識本身與孩子的生命經驗產生直接的連結，使參訪不僅是走馬看花、船過水無痕，而是真實參與學習的過程，也帶學生至客家館參觀學習，或到關渡溼地進行採集等自然生物活動，以實作方式讓知識對學生來說不再是無聊的學科背誦，而是自己親身參與的經驗積累。小如老師還曾邀請在醫院服務的朋友，到教室與學生進行職業分享互動，介紹工作內容、讀書方法等，擴展學生對未來職涯的想像，也讓圍牆內的知識與圍牆外的現實產生連結和對話。前述以推閱讀進行班級經營的小玫老師其實在推閱讀之前，還特別參與中央大學明日閱讀種子教師培訓，先去受了半年完整的訓練；除此之外，更是努力爭取外部資源募款買書，也運用個人網絡關係，讓圖書館捐書給班上。

我們那群天兵，我覺得也很好，至少第一個他們有閱讀的習慣，不要看他們很腦洞，每天玩線上遊戲，做一些讓人啼笑皆

非的事情，可是他們一個月至少讀一本課外書。我後面有一千本書，我書櫃上有一千本書（募款＋導師買），他們不一定看我書櫃的書，但是他們會自己去買書。像整套金庸就我買的，還有一些他們想要讀的，我就上網買一買比較快。然後有一些是，因為我堂嫂是臺北市立圖書館分館的館長，他們有一些民眾捐的書重複性太高的，她就會整理出來，她就會問讀者說，捐給國中閱讀好不好？他說好，她幫我挑。

　　導師利用個人網絡關係交織出的班級「安全網」，能夠彼此協助學生。帶領類似體育班的小玉老師最初接班時很焦慮，後來發覺班上學生有運動員的服從性，也觀察到家長那時候在乎的是成績，於是運用個人網絡資源，密切連結成鐵三角。

　　國文老師是好朋友，然後去說：拜託，這個班，一起嘛。我覺得這個很重要，其實我覺得在班級經營的時候，你的很多的主科的老師如果是你很可以信任的，他真的可以幫助非常非常多的事情。我英文嘛，然後還有另外拜託的國文老師，還有學校幫我排的數學老師，也是很棒的數學老師，那我覺得就是每次我們這三個都會說我們是三娘教子。只要一個事情發生，不會只有一個人處理，就三個人一起處理。他們就會非常害怕，想說如果發生了一些事情，不是只有國文老師會來處理，數學老師也跟著來。

　　小玉老師曾經處理一件班上衝突的方式就是跟學校一起演。班上一位跑很快、很皮的男生去整很弱的女班長，竟還把水桶直接就放到她的頭上，全班哈哈大笑。少數有正義感的同學跑來告訴她，由於小玉老師求學過程有這樣被欺負的經驗，她立刻生氣地制止，找來雙方釐清真相，然後跟學校一起演得很熱烈以達到嚇阻效果。

　　全班的事情，所以就一定會再搬出來講，只是說這個次序可能有時候會變，有時候可能在班級上先講了，講了之後再私底下

找他們個別⋯⋯這個事情我要故意把它演得很大，後來連同那個、這件事情我就有拜託學校幫我處理，一起去演，演得很熱烈，到訓導處，真的把大家弄到嚇得發抖為止，一定要做到這個部分。一定要做到，這樣一次就再也不敢了，並且跟他們講我以前的故事，說很難過、不好受，然後也哭了，甚至在他們面前凶過之後、狠過之後，在他們面前很難過地掉眼淚。

Emma老師也有類似的做法，由教師之間彼此交織出一道網，網的力量總比單點的力量大上許多。小鳥老師會留意每個處室有什麼資源可運用，舉例來說，她曾跟輔導室借「改變卡」在適當時候提醒學生解決的方法。

那是一堆小卡，然後我會請我們班一號到十六號輪流每一週來跟我挑一張卡，他裡面都是那種就是可能「積極」，然後我要怎麼樣怎麼樣積極，然後或者是，呃⋯⋯「拒絕憂慮」，就是這種比較正向的話正向提醒你的話我們要「負責」什麼什麼這種話，一人一個禮拜然後來跟我挑你覺得還不錯的卡，你覺得很符合我們班或是你想要告訴大家的卡，請你幫我寫在黑板上右手邊，我會請他們每次只要你遇到問題的時候，拜託請你看黑板右手邊⋯⋯

小雅老師對於許多學生衝突事件，在蒐集證據後，直接交由學校處理。小雅老師特別舉一個性騷擾事件為例，這是法定需要通報告知學校的性別事件類型，只是老師解讀事件原因為「就是男生愛玩」，恐怕在性別素養上仍需補強。

我會蒐集他很多證據，然後直接帶他去學務處，請學務處通知家長直接過來處理，全部的家長都要給我過來處理，就依照校規處理，所以這是非常嚴格的處理方式噢。像上次我們班，發生那個「脫褲子事件」，還給人家摸下體，我就是直接用這一種來處理⋯⋯就是男生愛玩，原本就是一個男生坐在另外一個

男生的大腿，最後就變有一個男生把那個比較嬌小的男生，手把他強制放在後面，然後其他的男生就開始壓腳，壓腳完之後就開始脫褲子，脫那個男生的褲子，連內褲都脫下來喔，然後就開始摸，摸他的下體。

性別事件發生後，小雅老師才發現加害人不久前也曾是被害人，而且從小學已經在玩這種「遊戲」。

……其實把他的手腳綁住的那一個啊，以前也是被害人，因為前幾個禮拜，我們班去掃音樂廳，因為音樂廳我顧不到，然後他就被人家脫褲子，雖然他當時也說不舒服，可是就是他又從被害人變成加害人。脫人家褲子的都是同一個，然後你就問他說：「為什麼你要脫褲子？」，然後他就跟你答一句話：「因為我們國小都在做一樣的事情」。他媽媽來學校就一直瞪著他兒子啊，然後眼睛就一直流眼淚啊，因為他不相信她兒子會做出這種事情。

二、溝通技巧與語言使用（含師生互動、親師溝通等）

班級經營與人際關係密切相關，而有效溝通更是其中的關鍵性因素。Paul Burden（2013）在其著作《*Classroom Management*》中就提出傾聽（listening）是教室中建立正向師生關係、化解行為問題、促進授課與學習成效的重要因素，且傾聽對教師而言，不應只是被動地接收學生的言談訊息，包含主動探究學生的言下之意，以及善用回覆策略來深入溝通並促進學生從中主動學習。換言之，傾聽不再僅僅被動的接受資訊，而應更細膩的聽出弦外之音，並且將回應（responding）也納入傾聽與溝通的重要部分。有效的回應能夠協助達成有效溝通、增進彼此在溝通與關係中的主動學習，並且建立長久的信賴關係等。關於聽出弦外之音的傾聽（listening），從教育社會學可以有不同的觀察視角。「聲音」（voice）是「傾聽」的標的，學生的「聲音」跟她／他們語言的運用能力、溝通技

巧及過去的學習模式有關，更關乎社會文化權力如何去定義哪些是好的、有意義的聲音。學校並非自外於社會，受到社會經濟文化脈絡的影響，學校中一個個的「班級」更是如此。在一個個的「班級」小社會裡面的各種權力與張力的展現，有時可以比大社會本身更為激烈。就如阿德老師觀察指出，班級的濃度比社會還高，有時還無法閃躲：

> 我有時候會覺得它〔班級〕比社會還要骯髒……因為濃度很高，就是社會上你看不到什麼太大的問題啊，因為它稀釋掉了啊，那我們還可以選擇啊，我可以不去濃度高的地方，對我來說，我一旦離開教室我根本就不會到任何我認為有問題或讓我不舒服的地方啊，所以其實教室裡面反而是濃度比較高的地方。

　　以下呈現教師們在師生互動、親師溝通上的各種策略、溝通技巧及其背後的理念，包含以信任與關懷為基礎的師生互動、班級的社會音學、能載舟亦能覆舟的親師溝通。

(一) 以信任與關懷為基礎的師生互動

　　不管是學習活動、班規的處置、教室空間，或是課程知識的傳授，都與人際間的溝通技巧與語言使用相關，即使在教室外的親師溝通亦是如此。如何聽出「弦外之音」、如何達到有效溝通，並在師生互動關係中增能培力，讓學生發展主體性與正向的自我概念（self-concept），是班級經營過程中很細微卻重要的教師專業。小玉老師在學期末，通常會給一些非關成績的獎項，比如說最佳飛毛腿獎、最佳人緣獎、最佳勇氣獎等，讓學生知道導師並非只在意成績。小鳥、小榮老師都先讓學生信任、接納老師，之後的班級經營才能在彼此信任的基礎發展。以小榮老師為例，之前他叫學生來辦公室，約談完通常就直接結束，有一次突發奇想準備一些糖果給學生，沒想到糖果成為師生關係改變的重要媒介。此外，小榮老師也會製造一些小問題讓學生幫他解決，增加學生成就感以及師生之間的信任感。就如小榮老師所言，「他們最討厭老師跟他們講這是為你好」，在高雄高關懷學校的小偉老師在午餐時間幫學生切水果作為「搏感情」的方式。

我們在教書、帶班的時候，有很多技術，那種技術是要交錯使用的……當導師面臨最大的問題，學生之外，還有家長，這兩邊要去做平衡並不容易，但後來也發展出一些簡單絕招。我中午切水果就夠啦。這個就是絕招啊……這不是服務，它其實一魚好幾吃欸。切水果看起來像是服務學生，不是，其實是讓他學習回去切給爸媽吃，這才是目的。你今天這樣照顧他，像家人一樣照顧他，你也讓他從心裡面感覺到「你真的是像家人一樣對待我」的時候，我告訴你，這個學生你怎麼罵他、怎麼修理他，他都沒差，他都接受。所以我可以很自豪地講一件事，我當導師九年，我從來沒有遇過任何一個我班上的學生對我有不敬的眼神，連不敬的眼神都沒有。

學生說營養午餐有夠難吃，小偉老師也嘗試用遊戲的方式，進行午餐的大廚轉味遊戲，「我們班上擺一大堆調味料、番茄醬、胡椒鹽、豆腐乳、豆瓣醬，我只要去外面什麼樣旅行，看到當地有什麼美妙的醬料，我就帶回來，說：欸同學，今天來試試看好不好？」於是他讓營養午餐變好玩、增加風味又好吃的互動過程中深化師生關係。小偉老師更是有技巧讓每天的清潔工作成為一門專業技術的學習，讓學生感興趣且充滿成就感。

我會跑去說，欸衛生股長，中午老師跟你出去，去那個小北百貨還是什麼地方，去買掃具。
這是樂趣啊。你找到一個好玩的拖把，比如說一支效能很高的拖把，你會不會想拖地？想嘛……你買一個噴頭就好了，底下就接一個保特瓶，一大瓶的自來水，只要大概加兩三CC〔明星花露水〕而已吧，一點點而已，千萬不要濃的，濃的在灑很噁心，淡淡的香就好了。我當導師，我們班掃廁所每次都全校第一名，整潔一定都第一，因為大家都來上啊。我們是學生廁所，老師過來上欸。它就是遊戲，強不強不重要，重點是說學生他開心……我才花一兩千塊，可以換得學生受肯定、學生樂在其中、同事們肯定、學生有成就感、大家環境又整潔。把你的工作當成是一個遊戲，樂在其中，去玩嘛，學生他也不會因

爲這樣覺得被冒犯，不會啊，他們不會被冒犯。

當象徵權威的老師的「示弱」或「勇於認錯」往往能夠開啟師生更深刻的互動，因爲對學生而言，那是教師的權力自我拆解，也開啟類似平等溝通的型態，因此教師不需害怕在學生面前丟臉，就如Emma老師說「老師也是人，有做錯的時候，就是坦然跟學生去面對，其實學生也都會了解。」小榮老師談到有兩句話跟學生溝通的時候還蠻管用的，一句就是「原來是這樣子，我知道了」，另一句是「不好意思」。他談到之前發生的一件事：

> 他們要準備會考，就一個學生他就是會一直在那邊睡覺，我就跟他說，你下課來找我，然後中午的時候，我氣也比較消一點，我就跟他聊，後來發現說，反正他就覺得說，我不管考得怎麼樣，他就是要填XX的機電，他說他對那個有興趣，平常，他家裡的情況是我之前沒有了解的，然後跟他說「原來是這樣子，我知道了」，另一句是「不好意思」！

資深老師阿德觀察校內很多導師「只有本宮是對的」的本宮管理法，他很不以爲然，認爲應先去理解學生爲何做這些事。

> 我的處理方式一定是這樣啊，「你看什麼小說？噢，這本老師也看過」或「這本怎麼樣？」或者「你講給我聽這本在說什麼？」先讓他覺得錯亂，爲什麼？欸，奇怪？老師怎麼沒有處罰我，先問我這個在看什麼，然後他開始就願意跟我說他爲什麼要看這個，其實學生爲什麼要看這個，很簡單，他上的科目聽不懂。

但教數學的阿德老師也發覺，「數學老師」本身在學生心裡代表著「一種權威」，因爲多半覺得那是很難的學門。以上述例子來看，老師先承認自己錯，打破上對下的教師中心權力關係，對學生來講是一個很大的平反，也是深一層有效溝通的開始。Larrivee（2009）建議教師可用四種

方式達到有效溝通：控制想說話的衝動（教師應避免在未傾聽學生之前便急著提出自己意見或解決方法的習慣）、展現接納、邀請學生發言、使用積極的溝通技巧（引自Burden, 2013）。無論決策者或教師，都應重新學習審視過往視為理所當然的權力架構，而以更開放、涵容的角度，接納並允許各種不同的聲音與背景。這四項溝通技巧突顯了教師身為傳統權威者角色的轉移、學生主體性的彰顯，以及關係架構的重組。第一，師生溝通不再是上對下的絕對命令、指正與單一對錯價值的教導和遵循；而是教師要適當克制自己以言語展現權威的慣性，勿讓此慣性成為對學生自由言論的打壓和控制，教師可嘗試先傾聽、不評論、不說教，真正允許學生能夠自由地表達自己的意見和想法。第二，教師應對學生的意見有更多接納、涵容，這裡所談的接納不僅是語言上的支持性話語，亦包含非語言的溝通，例如教師真誠一致的態度、或肢體語言的展現等。第三，學生主體性的彰顯和關係架構的重組則建立在前二者的基礎之上，師生在溝通中，不是傳統教育中老師單方面的教導學生應該如何做、不能夠如何做，而是真正看見並允許學生在教室或關係中建立、發展自身的主體性，並且尊重學生和學生之間的歧異性。最後，在回覆的部分，教師可採取的積極溝通策略包括摘要、澄清等，除了確認對學生想法的理解是否正確，也進一步地挖掘學生話語底下的弦外之音，及其隱藏未說出的想法。

　　小榮老師深具反思力，他說有時候在罵完學生的時候會發現，自己只是想要讓他趕快回到常軌，所以罵他，但沒有去了解他做這件事情的動機是什麼。

　　一個學生，你跟他聊才發現，也是一個在家庭受傷的孩子，所以其實我發覺你跟其他，就是有些老師，很不一樣的事，你可以去了解孩子背後受傷的原因，還有他的家庭背景帶給他的一些傷害，以至於影響他現在在班級的一些行為，所以像你，我覺得這塊可能蠻關鍵的，其實他是符合我們剛講的，多元文化班級經營，很重要的一個關鍵點。

(二) 班級的社會音學

　　小玟老師在教學生涯的後段開始能夠聽懂學生的聲音,她運用學生喜歡的籃球先拉近距離,「我們班很喜歡打籃球,所以我就會去看NBA,盡量他們講的隊名,我要知道,然後他們講的人名,我要知道!」在嘗試理解學生言談的過程中,才逐漸了解到學生的「喔!」這個字背後的意義。她敘述:

> 學生最大的反省就是「喔」這句話,就是我知道了、你不要再講了、再講我就發脾氣。大概是這樣。以前我在他們「喔」的時候會生氣,覺得這是什麼態度,常常很多人都會在這點上,然後我現在就會比較理解「喔」就等於「我知道了、你不要再講了」。

　　在東部明星中學任教的漢人老師Eva則是藉由科目言談(subject talk)調和班上的文化衝突。她以上課教材為媒介,讓同學理解原住民優劣勢,解釋原住民加分問題,極力弭平原漢學生之間的齟齬。

> 我覺得每次在學測啊,個申之後,就會有一些argue出現,因為她們原住民都會有一些外加的機會,所以相對之下如果她們考得比較低,但是他可以填到比較好的學校,有些漢族的就會覺得很不公平,所以每年到這個時候多少都會聽到一些比較抱怨的聲音⋯⋯所以像最近我們在上那個席慕蓉的課,那是〈蒙文課〉,也是在講外族,還有那個瓦歷斯·諾幹,他的詩剛好都是原住民的身分,所以我覺得很好,藉著上課的時候,就會有一些問題討論,就會請同學分享原住民有什麼優勢或弱勢的地方。我覺得她們多少都能理解她們不是只占據好的那一方面,她們可能會強迫遷村哪,強迫學漢語,強迫什麼,也是有損失一些啦。

　　Eva老師班上也有少數新二代、特殊身分的學生,她的做法是不要特

別標示，就會成長得更好。

> 我覺得反而不要特別貼標籤耶。例如我們班有一個越南的，我
> 有講過嘛，其實沒有幾個知道她是新住民，然後我覺得她也不
> 想讓其他人知道，就用平常心跟她一起相處，我覺得就很好了
> 耶。有時候反而不要特地去標籤她是什麼什麼人，或特地給她
> 一些福利的話，我覺得她就會成長得更好。像我們有很多特殊
> 身分的學生，例如她的身體，你從外表上其實是看不出來她有
> 領那個身障生手冊。你剛剛看到其實一開始離開是那個學生去
> 醫院看病了。她就是身障生，有時候她是不會被別人知道啦，
> 可是同學也是把她當作普通的同學，也不要太弱化她嘛，也不
> 要太保護。

「一視同仁」往往是許多老師在教學歷程或師生互動的原則，在三重
任教二十年的小雅自認為是很嚴格的導師，學生家庭背景多為勞動階級。
她班上有6個新住民孩子，她說「我都一視同仁」：

> 我發現他們都不太好意思講……我就會跟他們講說，所以你如
> 果把母語學好，去認證，你以後就可以去國小當那種教越南語
> 的老師，我說這個師資很缺乏，他們才比較高興說，不然他們
> 都會隱瞞，因為我有同學他在寫論文，然後他們要寫新住民
> 的，我還要去拜託他們寫，啊有的他是拒絕，他不寫……

小雅老師雖自稱嚴師，卻也能細心觀察到學生交不出聯絡簿的原
因，跟家長有很大的關聯，「我們班的家長都跟我抱怨說小孩子都不給他
看札記的內容」，於是允許學生到校再寫聯絡簿札記，別班是七點半就要
收，小雅讓他們到校還有時間寫，十點才收。

青少年往往不希望自己「與眾不同」，特別是社會文化結構上弱勢
者，「不標示」的做法可以讓他／她們比較自在，然而「不標示」、「一
視同仁」的背後仍可有不同層次的處理，一種只是忽略，但隱藏著主流標
準；抑或處理時「不標示」，但以更細膩的運用方式去協助弱勢學生。小

玟老師就運用同儕團體動力法則，一起撐住弱勢學生。她說：

> 國中畢竟同儕力量強，有時候要運用團體的動力、同儕的動力，像我叫不動他學英文，叫不動他學任何東西，可是同學跟他講，＿＿＿＿＿（學生名）去背一下。他會背耶。因為他不是笨的那種，然後我有跟他媽媽談過，他媽媽是越南人嘛，然後他爸爸剛去世，是警官……我就用同學的力量，讓他去背個英文兩句什麼的，畢竟他爸爸之前有給他補英文，英文的基礎還算可以。

在類體育班擔任導師的小玉老師則觀察到班上原漢學生之間呈現出一種各具優勢的動態均衡，產生彼此學習的作用，也在關係中讓學生發展主體性。

> 家長那時候在乎的是成績的部分……原住民很多孩子是他們很多體能好嘛，那他們的成績也處於在中間不錯的狀態。有些少數的漢人，我們班的漢人通常成績都是比較前面的，剛好可以成為一個制衡的作用。因為成績好的人羨慕體能好的，他做不到，但是體能好的人羨慕成績好，他做不到，所以剛好互相可以有一個制約的狀態。不會都是說這些體能好的人一直都是強的，或是成績好的就是強的，他們彼此會互相羨慕有厲害的地方。這是我刻意會跟他們講的，就會說，哇這個部分你真的是做得很好。

一樣的「一視同仁」，對東部升學導向的明星國中小惠老師而言只針對不同文化背景學生，卻自訴自己很性別刻板。

> 我是很性別刻板印象的，女生你給我端莊一點，反而是男生比較斯文。而且女生再怎麼樣去攻擊他，生氣就打他背啊這樣子，男生是OK的……如果我之後遇到班上比較多多元文化的，有可能是，我不會特別去挑起他們的背景，就是把他們當作一

視同仁。就等他們自己願意說，欸我媽媽是怎樣子怎樣子的，我們再鼓勵他表現出來，因為有些人很在意，不想被知道。

「傾聽」為何如此重要？Denton（2007）提出了六項理由，包含：了解學生、建立團體感、有效提問，以及促使學生自省、認真對待學習，並使學生能學習溝通（引自Burden, 2013）。在Denton所提出的理由中，了解學生、建立團體感、有效提問是針對教師，而促使其自省、認真對待學習，並學習溝通三項為針對學生。他認為溝通不僅在於把事情說清楚、把道理講明白等表層的言談意義，對學生而言，尤其涉及他們的學習。例如當教師將所聽到學生的言語回饋給他們時，其實便能協助學生更加意識到自己的興趣、擔憂或問題等，從中自省並建立自我覺察的能力，或者當教師仔細地探究學生言語之下所隱含的意義、情感時，學生便能因此感受到教師的用心和重視，相對地更願意表達、願意對自己負責，且更認真地看待自己的言行或想法等。

(三) 能載舟亦能覆舟的親師溝通

親師溝通對於新手老師而言是挑戰性很大的一環，卻又是班級經營過程中非常重要且無法逃避的部分，任教二十年的小偉老師觀察「有些年輕老師感覺比較不受家長信任」，但「家長的部分其實是讓老師會呈現無力或者是很有力量的一種關鍵」，小玉老師說：

其實我覺得孩子都不是那麼難去處理，是家長。因為家長他的狀態如果不好的話，你真的是很無力，會覺得你就算在這邊一直把他顧得很好，回到家他又回到那個樣子去。或者是他的價值觀會呈現、沿襲他父母親的價值觀，你怎麼再跟他講其實有時候會有一點點困難度，就要一直想盡各種方式去幫忙。

雖說「親師溝通」，但在家長與教師之間，學生是關鍵。在「家長─學生─教師」的黃金三角關係中，家長─學生、學生─教師、家長─教師，兩兩之間皆呈現微妙的牽連；換言之，親師溝通的議題非僅親師，

能掌握學生的關鍵可能也是解鎖親師溝通的重要密碼。有的導師會先建立起跟學生的密切信任關係，接著「向上管理」家長，小偉老師即是如此。有一次遇家長投訴，他就把內容念給大家聽，底下有學生就講：「老師，那應該是我爸寫的，我回去罵他！」小偉老師選擇讓全班同學了解親師間可能的誤解，共同來面對問題。有的導師則是運用親師良好的關係與默契，甚至還能跟家長一起演戲來處理學生問題。小玉老師說：

> 現在有的家長是非常保護小孩的，那這可能西部又比東部更嚴重。我們的家長是還好，真的很配合，非常配合，我Line去什麼他們就：好，知道了，然後就一起演。我跟家長一起演戲。比如說，像是就有一個女孩，她上課偷打手機，然後後來我們一氣之下，反正就是一起演，家長跟老師一起演，演一個要退學這樣子，然後後來就再也……

Emma老師曾經使用「雙重搭橋」的方式，來處理家長只在意成績，對學生體能訓練報以負面態度的親師溝通問題。所謂「雙重搭橋」是指先讓自己成為家長與體育老師的橋梁，「我就是跟家長說，我會跟體育老師說這部分先做減量，但其實孩子是跟得上的，而且我相信他有這個潛力」，之後讓學生成為自己和家長的橋梁，透過引導孩子了解運動的重要性、改變孩子想法，成功地轉變家長對體育的態度。

> 我後來覺得，先讓孩子改變想法很重要，因為他會回去講、回去表達，家長不可能在學校嘛，就會看他回去怎麼表達，我覺得很重要……用導師時間，或是難免犧牲一點點我自己教學的時間。寧可犧牲一點時間去帶孩子，各位覺得我們這樣跑步一個月下來有沒有覺得自己有沒有什麼改變？那當然你會先看他們聯絡簿有沒有人寫，像有的人會提到他上體育課的時候沒那麼喘了、他覺得他上課好像比較有精神了，我說這些都是運動帶給你的好處。然後再從他們愛漂亮這個角度下手，我說你們每次都在那邊說減肥減肥，啊你們兩天吃很少，五天去吃麥當勞，你覺得有用嗎？他們就會搖搖頭，說沒有用。我說而且你

們這時候還在發育啊，你如果因為自己這樣少吃，以後就會長不高，你要當小矮個嗎？我都故意這樣跟他們講，所以應該怎麼做？運動！運動有幫助！

不同文化、社經背景的家長對導師而言是不同型態的挑戰。Emma老師要面對來自菁英家長的質疑，學生跟她說：「老師，我爸爸說好像你們國中老師薪水也沒有多高」，也有學生質疑的問她說：「老師，你有考過托福還多益嗎？你考幾分？」小偉老師的家長多為勞動階級，在親師溝通上，他的技巧是：先說好話，然後製造出親師共同面對的一體感。

> 我們當導師，最好……我的經驗啦，個人經驗，最好的稱呼是某某的媽媽、某某的爸爸……這樣子的話就是以孩子為準。然後說：「某某的媽媽，我跟你講哦，你們家的女兒，就是呢她真的很棒！……她真的很乖，你看她，每次我上課的時候，她都會幫我拿我的書包、器材，拿到班上去，喔她真是太棒了！我說你生這個女兒真是太有福氣了，真的太棒了。可是媽媽我跟你說一下，今天她在學校跟班上同學有一點點衝突，那個東西她們可能有一點誤會，媽媽你可不可以明天上午來學校，我們來了解一下，我們一起幫她好不好？我們一起來幫她。我也跟你一樣，我也是家長耶，她就跟我女兒一樣。我們一起來幫她。」你跟她平淡地陳述一件事實，不要加情緒，就算是打架，也就是說他們只是發生肢體衝突，用一個很淡的、中性的字眼，去描述，就算是打架，你說他們發生了一些肢體上的碰撞，類似這樣子。然後，「這些情況，我希望你有空一起來了解」……

小偉老師不讓家長覺得孩子有什麼問題時才打電話過來，即使需要家長過來解決，也盡量使用中性的字眼，用親師一起來想辦法協助孩子的態度，不讓家長感覺是針對他的「教子無方」以及「犯錯的孩子」。阿德老師也用類似的策略，先在家長面前讚美孩子，也因為「親師溝通」實際運作上仍是媽媽出頭居多，所以也善用男性導師的優勢，他舉了一個例子：

……媽媽是大陸，可是不曉得哪一省，我不曉得。然後我第一次跟這個個案接觸的時候，我通知媽媽來的時候，媽媽是很防衛的，非常的防衛……，然後我一來我就跟她講了一句：「你這兒子好棒噢」，她就馬上就……她兒子其實是犯錯來的，我就跟她說我帶妳去看兒子在上課的狀況，我就馬上捨棄了我今天要跟她講的話，她問我說：「老師你找我來是？」我說：「沒有，因為妳兒子很棒」，我找她來，沒什麼事請你放心這樣，因為她的壓力很大，所以她就特別請假來的，我跟她說：「你看，OK啊」他們有很多其實都是實質的單親，那不曉得為什麼，只要是單親的案件，除非是病死，幾乎都是媽媽承擔，這是一個非常不公平的現象，那我是男導師的時候就很好用了，就亦師亦父亦友，我就用這招。

對在新北傳統勞動階級聚集區域任教的小雅老師而言，親師溝通的挑戰來自於家長把責任「全部丟給補習班，連那個小孩子的聯絡簿、他小孩子功課有沒有寫他都不管！」

XX的家長，他很懶惰花時間……他們都是只有用錢去解決，把小孩子所有的東西都丟給補習班，他們相信補習班的能力更勝於學校的老師……〔Line群組〕你po這麼多他根本連看都不看，還覺得你太囉唆……

家庭與導師教育理念的不一致性，也會導致親師溝通的障礙。小雅老師在班級經營最重視學生的的品行，然而家長卻是把成績放在第一位，有學生曾出現操行上的問題，家長卻說「欸！老師他成績好就可以了」。而學生在家庭與學校場域不同的自我展演，讓親師溝通顯得困難重重。

爸爸媽媽都生的很少，所以他們在家裡是屬於那種自閉的，都不講話。但是他們來學校就是拼命的講、拼命的講、拼命的講……有時候下課就會互相在那邊捉弄一下，戳一下、戳一下。然後你應該知道，由於大家都很寶貝嗎，所以他們有時候

會突然失控，就是他會覺得你幹嘛對我講話這樣，他們就會打起來……學校會通知家長過來，家長來的話就一直哭一直哭，然後說他小孩子在家裡都不會這樣，然後問我說為什麼，我說：「因為隔閡太多，他怎麼會跟你講話？他就只好去找同樣的同學，再加上他又比較不會溝通跟社交」，所以就這樣啊，我們班都常常這樣。

在東部教十五年的小玉老師坦承自己在家長的部分比較使不上力，特別是新住民家長，所以會選擇跟爸爸聯繫。

剛好在我班上的兩個越南籍我覺得他們呈現比較沒有自信……我發現我跟他們的媽媽聯絡的時候，連我都沒有辦法跟他們的媽媽溝通，因為那個語言上真的是有一些隔閡，因為我發現越南籍的媽媽講話，我有一點點的吃力，在聽的時候，她明明是講中文，可是那個語調，還有整個聽起來，我常常就覺得聽得非常地吃力，所以有時候會選擇跟爸爸聯繫。但是爸爸好像也是那種很寡言，然後不多話的那種人……我覺得這部分是我自己比較失敗的兩三個案例，就是越南籍的，因為我覺得沒有在家長的部分當中有一起施力，就會呈現他比較脫序，我自己個人感覺是這樣。

另一位在都會區邊緣任教的小E老師與新二代家長溝通也是有類似的語言問題，因此「以臺灣這邊為主」。

通常都是跟臺灣這邊的（家長）。像我們班那個越南的（學生，新移民之子）是，他媽媽是越南人，爸爸是臺灣人，所以我通常都是跟他爸爸講。……開家長會的時候通常出現的就是臺灣這一邊的（家長），那很自然的家長會是誰來，我（班上的）小朋友有事情的時候，我就會跟那個來參加家長會的那個家長講，除非他不在。（或者）接電話是另外一個人（家長），我才會跟他講。我也有跟那個，我們班還有一個……他

媽媽是哪裡啊？我想想看，應該也是那個外籍新娘……那個我忘記是哪裡了。那個媽媽也是不錯，也可以跟我溝通。她的小孩就表現得不錯。所以好像媽媽比較可以融入臺灣社會，她的小孩就表現得比較好。

至於親師溝通的媒介，由於智慧型手機的發展，有些老師會設定Line家長群組，以更頻繁直接地對話，但做法上有一對多（導師對全部家長）或一對一（針對每個個別家長）。「一對多」的做法也非毫無限制，例如小玫老師就訂定群組發言規則，有關好的訊息分享，對這個國中生有幫助的，可以貼在班上家長群組，但是個別親師溝通，則要求使用私訊，「這樣就不會我們個人的事在公眾的群組，也比較不會有紛爭。」小偉老師則是成立班級群組，但是讓家長可自由加入，讓自己跟學生的互動過程讓家長直接了解。小偉老師說：

我會成立班級群組，你家長如果不放心，想要加入就自己加入……你分享東西是好的嘛，對學生有幫助的嘛，你跟學生互動、打成一片的嘛，他也看得到啊。你看學生跟老師打成一片，你跳出來說：欸老師你可不可以正經一點，跟學生。欸，你會被你的小孩講說：媽媽，你不要出來鬧好不好？很丟臉欸。先把學生的心先抓住，什麼都沒有問題。他喜歡你之後呢，你工作的成就感就會提高。再來，怪獸家長會消失，會減少甚至消失……

小玉老師、小惠老師也都使用Line但「一對一」。小惠老師說：「我們家長還滿喜歡這樣的，因為我可能覺得說有私密性、有被尊重的感覺，不是通知，不是一個公告。」然而，Line對導師卻是雙面刃，雖具親師溝通便利性，也容易成為被家長告的證據。小玫老師說：

我其實自己是提心吊膽地在用，因為像隨時要告我那個家長，他不接我的電話，不接學校的電話，唯一可以通的就只有Line，Line的電話他也不接嘛，那我只能留訊息給他。其實我們學校的

校長跟行政單位是不鼓勵我們用Line群組跟家長做聯繫，因為他們要告都拿這個來告。因為有時候你分享什麼的，所以我們都盡量跟家長用電話聯絡，比較不會留證據給他們告。

在北市都會學校任教的阿德老師於是讓家長可以寫聯絡簿的「札記欄」。一般老師的做法，聯絡簿的「札記欄」是學生書寫日常心得或感想的地方，但阿德老師讓它成為親師溝通的園地，其用意也在讓家長了解「我絕對不是你的敵人！」此外，班上也有一本班級留言本，每天由不同的學生帶回，增加班上學生彼此之間的交流。

在親師之間還存有一些非直接的影響因素，例如導師的性別、任教科目等，例如Emma老師敘述家長聽到導師是英文老師很開心，因為大多數家長很在乎成績，而這也是主科當導師的優勢之一；阿德老師回想自己作為男性導師的身分在以母親為主的親師溝通很好用，跟學生可以是亦師亦父亦友的關係。

三、班級常規、獎懲與秩序管理

除了前述如何聽見與回應班級成員的聲音，研究也發現在班級常規、獎懲與秩序管理上，教師權威的收放與其本身的教育哲學相關，教師會與學生分享控制權的方式，作為秩序管理策略。

(一) 教師權威的收放與其教育哲學相關

班級常規與獎懲制度的設定某程度展現教師的教育哲學想像，而形成教師的教育哲學想像也跟個人求學經驗、師資培育歷程、學校文化氛圍下其他教師壓力以及多元文化素養等因素息息相關。當我跟年輕的小榮老師分享到我以前班級經營的老師跟我們說，接一個班級第一件事就是要先把學生「壓下去（臺語）」，小榮老師說「先緊後鬆對不對？我們也是這樣被教的啦！」小榮老師的確一開始先訂常規，「可是後來那些常規都廢棄掉了」。

完全不適用！列了十點，比如說遇到老師要打招呼，然後呢就
是不能對同學口出惡言、作業要準時交，但因為他們現在玩
手機的問題比較嚴重，所以就是早自修的時候要把手機交出
來……還有，就是要為自己設一個第一次段考目標是幾分……
大概一個多月之後，開學一個多月之後廢棄掉了。

　　小榮老師思考班級常規完全不適用的原因，跟階級文化有關。他回
想有些學生就是不習慣跟老師打招呼，「他可能就是走過去就過去，可是
他也沒有就一定討厭你，他就是不打招呼。」當他試著去了解學生，開始
跟學生站在一起，跟學生形成一種「我群」（we-group）氛圍，「韓國團
體我都不知道，他們就會很生氣，老師怎麼會一樣，有問了，雖然我還不
是很懂，我們要去團購韓國的泡麵」，一切開始有了轉變。然而小榮老師
的帶班方式，必須要承擔其他老師的壓力，質疑這個班好像不是「管得很
住」；小榮老師說「我會覺得我管住了。」
　　一樣年輕的小鳥老師受限於校方的「鐘聲權威」，只能用關懷的眼神
陪伴學生。學校規定下課上課鐘聲一定要進到教室，而不是在那裡出發，
而小鳥老師班的學生往往是被罰站的，她認為「要跟他們一體，他們才會
覺得你在保護他們。」

　　每一次他們來罰站，我就每一次陪他們站在那邊，他們站在學
務處前面啊，曬太陽罰站，然後你就會看到其他人都在那個下
課，他們就每個、每個下課都要跑過來這裡罰站，你知道我的
孩子在受罰，我覺得很難過……然後我覺得，我可以站在很遠
的地方看著他們，但是我會陪他們，然後他們就覺得，為什麼
都是我們，然後，可是我有發現他們在努力，所以就有一次
呢，沒有講到二乙、一乙的時候，他們就說，耶，我們做到
了，然後我就說，好，我明天煮冬瓜茶給你們喝，然後他們
就，自從那個時候就沒有被講了。

　　不同於年輕小榮老師「管住與否」的質疑或者小鳥老師、小野老師
似乎很能以自己的方式進行班級經營，關鍵在於學校氛圍以及教學資歷與

自信。小野老師所在的東部學校沒有小榮老師學校的績效導向，學校文化氛圍也較為輕鬆多元。小野老師先觀察到一個本島老師很難想像的圖像：「他們家長都在吃泡麵！午餐、晚餐時間到了，給你五十塊買個滿漢大餐，你去看XX有多少我用龍蝦跟你換泡麵這樣子的故事！」

> 我覺得這個生活常規，比較重要在於說你要跟他們一起，你要跟他們一起，這是非常重要的，你能做的他們能做，他們不能做的，你也不要做，我覺得這是我在帶班的時候，生活常規的建立上，非常非常重要的一點。所以你可以看到我自己的座位、辦公桌非常亂，但當我在帶班的時候，我自己在教室裡面的那個一定是乾乾淨淨的。用餐這件事情……我不會在意什麼大家一起開動，因為你看它其實違反了用餐這件事情。……我們focus在食物這件事情上的時候，學生最後無論如何我就是叫你把今天的東西吃完，我們的目標就是把它吃完……如果學生能夠體會到食物的價值，他能夠把自己餵飽，他可以在吃這頓飯的當中，體會到、感受到食物的價值跟愉悅。

於是小野老師也是以讓學生感覺導師「跟他們一起」的方式，逐漸建立起班級生活常規，特別是教室環境清潔及體會食物的價值，「我覺得對我所接觸到的這些孩子來說，生活常規的建立之後對於他們有非常非常大的幫助。」

在班規的規定與執行上，有些老師比較傾向使用教師權威，但是在個別生命軸線上有其差異性。小惠老師回想任教前幾年，對於課業不認真、不守規定的學生會用熱熔膠打，而她所在的東部升學導向這學校家長也支持，「有的家長就說，如果動手請寫聯絡簿，因為要回去再加倍」，後來因教育單位嚴禁體罰，她也不再體罰學生。儘管如此，整體而言，小惠老師是「法家」傾向、重嚴刑峻罰的導師，也進行值星、連坐制度，賦予學生權力進行彼此監督。值星的工作「就是老師有喊到你沒有專心的，就記缺點嘛，打叉，然後一個禮拜累計十個叉叉的話，就有反省。」儘管學生對於值星制度覺得很煩，要求撤掉，但小惠老師觀察值星制度是有用的，「而且他們輪到值星的人滿開心的！」獎懲方面，她使用累積制，「違規

五次，我就送校規處理，我就記警告，像作業缺交，一個學期我給你累積十次，那我再來記警告。」

小偉老師對學生非常愛護關心，但在班規要求與管理上也是傾向威權式，「老師講的話是聖旨」是第一個班規：

> 我的班規喔，其實我的班規都是原則性的……第一個，老師的話就是聖旨。我就是天。類似這樣，你絕對不能忤逆我，另外還有什麼，例如說你一定要愛同學，就是你一定要尊重人家，己所不欲勿施於人。我每天都會強調……我們規定的東西都是一致的，我們不會有不合理的要求，會訂出一個大家都做得到、都能接受的一個規範。

而小偉老師在性別考慮與安排上也較為傳統，雖說女生不是小公主，「女生當男生，男生當畜牲」依然隱含著性別傳統分工。

> 女生當男生，你不要給我閃，你不是小公主，每個人都可以做，每個人都要做。然後呢，男生當畜牲，粗重的男生要主動去做、要去分擔，不要說明明椅子很重、桌子很重讓女生去弄，你男生有力氣，不要在那邊給我納涼喝水什麼東西，就出來多做一點。

小如老師的班規是她自己定的，只有兩點：第一，不要有肢體接觸，就是不要打架；第二，不可以跟師長對罵。她談到整個學校「不會給學生討論，我們學校所有的老師都是這樣帶班的方式」，她的班還是最常開班會的，「其他的班級都沒有開班會，都在考試啊……我們班我還讓他們開，然後我還有稍微培養他們發言，然後培養他們當主席。」

阿德老師在班級管理中展現的導師權威性在兩個端點中間偏鬆。他是數學老師，對於班級經營他有完整三年的規劃：七年級是生活指導，八年級是學習涉略，九年級就是生涯規劃。這三年的核心就是成為「一流的學生」，為班規內最重要也是最後一條。什麼叫「一流的學生」？阿德老師說：

> 那種為了小事情跟人家吵架的，這不是一流的行為，最有名的
> 就是那個張良《留侯論》，《留侯論》那圯上老人告訴他說：
> 「你逞那個匹夫之勇，什麼事情就去跟人家起爭執」……學生
> 的品味要把他養起來，所以我的班級學生要念《留侯論》，就
> 高中的課本……

　　阿德老師認為公開討論是一種教育，因此民主式的讓學生討論班規內
容，也經營班級臉書社群（Facebook），但沒有要求全部學生一定都要
加入。每當學生違規時，他會把學生叫來一起找找看犯了學校獎懲辦法哪
一條，假設上面寫「大過」，阿德老師就會說：「那就小過好嗎？」運用
這種民主討論的方式，也讓學生學到「規定」以及教育上老師願意給予的
「機會」。阿德老師認為，國中生參與所謂的校務或班務，是一種成長式
的，不是決定性，導師還是要從旁協助。舉例來說，他們班規也都是原則
性的呈現，例如有一條規定「不可從事非學習性質的活動」，學生會問：
下課可不可以玩什麼遊戲，阿德老師會跟學生討論哪些活動為「學習性
質」。此外，阿德老師也會擅用黑板，作為提醒學生之用。同樣的，小靜
老師也會試著讓學生討論班規，只是她有點洩氣的說：「討論出來也沒有
用，他們也不會遵守！」小玟老師則是有技巧性的進行分組的班級經營，
首先把班上學生進行異質分組，組內平均都要有天兵及天使，再以個人集
點卡作為激勵的手段。

> 我們班有天兵十二個嘛，每一組要平均分兩個。天使這些人就
> 是一到六名是組長，因為他們真的很負責，然後你可以挑一個
> 你的好朋友跟你同一組，所以組長副組長他們一定是好朋友。
> 對，所以他就已經有好朋友了，然後第三個中間分子是猜拳
> 的。因為有兩個天兵、兩個天使，那中間這裡是或天使或天
> 兵，有重症狀分子的那組，我就會跟他說那他再挑一個天使，
> 就是三個天使對兩個重症天兵。

　　由於小玟老師班級經營都用分組進行，因不想要處罰那些平常就很乖
的小孩，於是輔以個人集點卡制度，可以兌換許多權利。她描述：

他們有分組加扣分，上課每一節的任課老師都會勾選哪些是好的那一組，或哪些同學好的，就會有加扣分一個禮拜結算一次，然後不好的兩組就要留下來刷地，一個禮拜要刷一次地。但是有一些是被拖累的學生，很乖的啊，那我其實不想留他，所以我就用集點卡的方式……有寫、有做運動跟閱讀，然後有簽名，反正加加起來，基本盤有六點，那你只要超過五點就可以得到集點卡一點……那集點可以換免留，十點也可以換十塊錢，也可以換訂飲料的權利……但是我們天使有的就會覺得說，老師你這樣子花太多錢，他不要錢……天兵他們也不會反彈，因為他們的組長都對他們很好。

小玟老師的分組班級經營不是憑空想像，是自學與實作調整中逐漸創發。她說：

一定要做分組的班級經營，班級才會比較穩。但是怎麼分組的方式，其實我是上了「教室裡的春天」那個分組教學的網站，我是把它的理論實務，每一個影片全部都看過。然後再去融合我自己的教學方法，才弄出來的。這也是磨合很多，試過很多，終於用這種分組方式，我們班的學生終於比較能夠，不會有人覺得被放棄了，不會有人覺得我負擔他很沉重。

小玟、Emma、小鳥老師都在既有校規的前提下制定班規，或者就是以校規為班規。任教二十年的小玟老師說：

我們沒有班規，就是我沒有很抓那些服裝儀容什麼的，我說你要違規，你的事，你要違規被抓到，你要願意去承擔這個結果，你要去銷過，你不嫌麻煩那你盡量啊。我以前很會抓這個，現在不抓了。

Emma老師在班規上最基本的要求是「不遲到」，班規比學校規定提早五分鐘，讓學生可以好整以暇調整一下心情；並嚴格要求作業不能遲

交。這些相關規定，Emma老師會先整理成A4紙讓學生帶回給家長簽名，就算是個契約了。

(二) 教師與學生分享控制權作為秩序管理策略

「秩序管理」特別是新手教師的班級經營困擾。有些教師在課堂中營造溫馨、熱鬧的氣氛，加上課程活動及討論，使得學生們情緒高漲，可能演變成七嘴八舌的自說自話。有些老師運用同儕壓力與彼此的情感連結，有的強調必須使用很清楚具體的指導語，讓學生很清楚的知道該做的事情，有的老師進而批判追逐學校整潔秩序比賽獎牌的所謂「好老師」。

小鳥、Eva老師都運用同儕壓力來維持班級秩序。以前擔任幼教老師的小鳥老師習慣「輕聲細語，蹲下來那種」，到中學任教後「我就有點無法轉換」，所以都是「用冷處理」，再來就「用同儕去push他們」；當學生有好表現，使用立即獎賞策略「明天煮紅茶給你們喝！」Eva老師也運用學生彼此間的壓力與情感，例如罰遲到的同學繳出一包面紙，然而一包面紙的意義並非只有那一小包面紙的價值而已，那代表著對班上的虧欠，因此要造福班上，「那包面紙是放在講桌前，大家可以使用，所以那個人遲到就算影響她們，我覺得她們也比較可以包容。那個遲到的同學也不愛常常交衛生紙，也會比較拘束自己的行為。」

不同於小鳥、Eva老師運用群體壓力，小玉老師則是運用教師權威，以剝奪學生喜歡的運動為手段。

> 我採取的策略就是，我知道他們很多人愛運動，愛運動的這群人可能會為了運動其他東西就不顧了，這時候我就只好剝奪他喜歡的運動，比如說他沒有交他該交的基礎的作業，我不會額外要求喔。

「剝奪學生喜歡的運動」是否可以是班級管理的策略，仍有可議之處，雖然這在教育現場仍是非常常見的管理策略。對於許多學校例行的整潔秩序比賽，阿如、阿德老師都提出學校文化下競爭壓力帶來的扭曲。

我們學校就是早自修要掃，然後中午午休又要再掃一次，接著呢下午掃地要掃一次，幾乎大部分是這樣，然後他就是早上會有老師來評分、中午會有老師來評分，它好無聊噢，然後我自己想說家裡也沒那麼誇張，一天要掃三次……然後那個整潔秩序得獎了還要掛那個狗牌在那個班上，超無聊的……可是很多老師都要求那個啊，然後獎狀就貼在後面，全滿的，貼滿就認為自己是好老師……

阿德老師竟在這樣的壓力下，自己去掃地，希冀能夠感動學生，而他自訴主要的壓力源是許多的「女老師」。

結果都是我掃的啊……掃了一顆愛心給他，然後我跟他說：「掃地掃地掃心地，不掃心地空掃地」，然後「來，後續、剩下的你自己處理」，這過程中能感動10%的人就10%啊……反正這件事情主要是對女老師交代啦，而且女老師會說「你看人家當導師當那麼輕鬆，我們就要弄一堆有的沒的」，我覺得，我是有跟他說「啊你們家有這麼乾淨嗎？」

年輕的小鳥老師對於「班上很吵」的情況耿耿於懷，以為自己沒能管好秩序就不是有能力的老師，也因此覺得很挫折。訪談最後，我跟她分享我在芬蘭教室的觀察，學生不必然要「閉嘴」，靜靜的坐在教室裡，才是「好」的教室風景。她因此也想到當班上異常安靜、反應不熱烈時，科任老師反而有點擔心呢！她說，這次訪談帶給她更多的自信堅持下去。

同時也要求「安靜」的小野老師卻是另一種「見山又是山」的階段，以冷靜與超然的心情、常規的建立，讓學生學習情感與情緒的安定。他要求該安靜時應安靜、教室整潔，但沒有一定要午休，藉此找回學生的感官跟意志力。小野老師觀察到有些孩子在到學校前是沒有辦法吃早餐的，所以容許學生可以安靜地吃。他也對教室的整潔很要求，但不是為了比賽拿名次，而是讓學生學會清潔的專業，他強調在教的過程，指導語要很清楚具體，學生才能真的明白，也要能跟學生「一起」，而非只是權威式的下指令。

我認為掃地是一個專業，就你怎麼把這個地方變乾淨，現在的國中生不是很具備這樣子的能力，因為現在的國中老師，也不是很具備這樣子的能力……我會一個一個盯，一個人或是一個team，我會盯超過一個禮拜，直到我把全班全部都盯完。然後掃地的時候我就會跟他們一起……我覺得掃地很重要的另外一個就是在於說我會給他們更明確的指令，比如說，我不會跟他們說：把這底下的粉筆灰清掉。那個指導用語要改變，比如說：你拿掃把來、拿畚箕來，把那個底下的粉筆灰掃乾淨之後，拿個拖把，弄濕擰乾，把它拖乾淨。

受過華德福訓練的小野老師覺得找回學生的感官跟意志力是相當重要的，因此沒有強迫學生一定要午休，只要不發出聲音就可以。

我覺得每個人有每個人的作息……也許他真的需要用中午的時間來完成一些東西嘛，或者是每個人每天的狀況也都不一定，而我發現到，如果我能夠把我的學生帶到，他能夠找回他的感官跟他的意志力，當他需要睡的時候，他自然就會睡。如果說他今天受到了太多的干擾，他喪失了他原本的感官和意志力，他渴了不知道他要喝，他餓了不知道他要吃，他累了不知道要休息，那麼我讓他在中午的時候，在做這樣子的事情，強迫他趴下來那是沒有意義的。

班級經營對於許多的教師來說是「班班有本難念的經」，它雖然是教師專業的核心，國外許多的研究顯示一個成功的教學（teaching），其中的元素便是包含教師管理班級和組織教學的能力（Brophy, 1988; Cakmak, 2008; Emmer, Evertson, & Worsham, 2000）。但是這種班級經營的能力並不是與生俱來的，在Bosch（2006）的書《規畫班級經營》（*Planning Classroom Management*）一書中提到班級經營是可以靠多年的經驗培養而來的。「經驗」被視為班級經營的關鍵元素之一，因此教師角色在教與學之間的重要性，也更突顯了「班級經營」何以成為學校中具有挑戰的議題（Gündüz, 2013; Sezer, 2017）。教師與不同的班級經營模式和班級氣

氛及有效學習的品質具有高度關聯性，不同的老師對於班級經營的態度可能有所不同，其展現的風格也可能不盡相同。

　　在教育心理學領域中，有效教學（effective teaching）是其關注的研究熱門重點，其中在Djigic和Stojiljkovic（2011）的班級經營風格、班級氣氛及學校成就研究中就曾提及三者的關係，研究中顯示不論是教師或者是學生最滿意的班級氣氛是教師互動式（teacher-interactionist）的取向，學生的成就在班級經營實行互動式時也會達到最高；然而當教師實施干涉取向時，學生的成就則最低。因此，這個研究顯示實踐互動式取向班級經營的教師鼓勵在班級中互動和合作的氣氛、尊重並了解學生的需求且建立學生在自我控制（self-control）的正向紀律，成為三種班級經營風格中最有效的教學取向。此外，在Roache和Lewis（2011）研究教師的班級經營觀點對學生責任感的影響中也提到類似的概念，其指出在過往關於班級經營的取向也分成三種，且各有擁護者。其一為教師導向模式（teacher-oriented model），其對學生有明確的期望，且運用適當的獎懲來強化這個期望（Canter, 2010）；其二為學生導向模式（student-oriented model），其相信學生只能透過自我調節的過程發展負責任的行為，而非透過服從；其三為群體導向模式（group-oriented model），其認為在教師建立規則和規範時有學生群體加入決策的過程中，經由教師的引導並參與討論（Dreikurs, Grunwald & Pepper, 1982; Glasser, 1969）。而在他們的研究中發現，當學生產生不當行為（misbehavior）的發生時，教師若運用敵對或者是有侵略性的班級經營風格可能會惡化學生的不當行為使學生更分心；反之，研究也指出，若將獎賞與懲罰同步使用在一個適當討論的教室脈絡中，給予充分的參與和信任，能更減低學生的不當行為。從上述的研究中可發現，在班級經營風格中，會因為教師控制的程度不同而大致區分成三種取向，干涉程度愈強的就愈是以教師為中心，控制力也愈強；而毫無干涉的就愈是以學生為中心，控制力也愈弱。但不論是哪種班級經營風格都指出，教師和學生是互動且為一群體導向的，相互分享其控制權的更能促進學生學習以及創造正向的班級環境。

第三節　經驗與生命交錯下的班級經營旋律

　　班級經營風格並非一成不變，特別是在生命長河之中，隨著教師自身生命的經歷以及教學資歷，帶班風格也可能有不同的展現；而所處的社會文化主流價值、學校文化，都可能與教師的生命流轉產生共構效應，呈現不同的班級經營旋律，以下分別說明之。

一、教學資歷與帶班風格的關係

　　教師專業是一個學習的歷程，而班級經營則是承載了這些教學知識和深化學習後的能力，因此一個教師如何獲得教師專業即班級經營的教學知識是值得被研究的。因為經驗累積的差異，初任教師與資深教師可能展現不一樣的班級經營風格，Wolff, Bogert, Jarodzka和Boshuizen（2014）的研究針對荷蘭教育體系，意圖了解專家（expert）教師和初任（novice）教師在班級經營事件的認知過程有何差異，以及這樣的差異會如何影響其在班級經營風格的做法及展現。在總共39位研究參與者中，研究者將有經驗的（experienced）教師和教師訓練員（teacher-trainers）歸為專家（expert）教師組，年齡落在31至50歲，他們都是被同事或者是學校上層提名為在班級經營上的專家（expert），除了領有相關科目的教師證外，全部都至少有十年的中學教學經驗。初任教師組年齡為17至20歲，為第一年或是第二年的師資培育學生，教學經驗為10到40小時。研究結果顯示，專家教師比起初任教師有更強的認知和覺察能力，因此也對班級事件的發生較具有預測力。由於先前的經驗可能會與原先所儲存的認知知識及過往對於班級經營的深層理解，他們會比初任教師更容易將過往的事件同化到之前事件中，因此對於未來事件的發生也相對具有敏銳度。在主題跟關注上，專家教師比起初任教師較關注於學生的學習上，由於初任教師對於班級經營的不熟悉，因此他們會比有經驗的教師更執著在維持教條式的規範和學生的不當行為上，而非如專家教師般能彈性的將焦點放在其如何從班級中學習；在知識和過程中，如前所述，因為專家教師擁有較多的經驗和先前所奠基的專業知識，因此比起初任教師而言只需要花較少的時間就能處理班級事件，其過往所累積的經驗和知識讓他們可以較準確的評估

班級狀況。

　　Glickman和Tamashiro（1980），以及Wolfgang（1995）將教師對於兒童發展的信念概念化呈現在三種教室互動模式中：非涉入型（non-interventionist）、互動型（interactionalist），以及涉入型（interventionist）。非涉入型（non-interventionist）相信孩子擁有內在驅力，需要在真實世界中找到表達的方式，因此教師應該給予最少的控制；相反地，涉入型教師認為外在環境會對於人在成長階段造成影響，因此教師應當達到完全的控制。而介在兩者之間的則是互動型取向，認為個體的行為會改變環境，而環境也有可能會影響到個體，兩者是交互作用的歷程，因此，控制權在這個模式中教師和學生是共享（shared）的。以上三種教室互動模式呈現出教師的控制程度由低至高的狀態，當然在不同的情境可能會採取不同的模式，但多數的時候會傾向採取某一種方式（Wolfgang, 1995）。Zafer Ünal和Aslihan Ünal（2012）針對268位國小老師進行研究，想理解七年內初任（beginning）教師與有經驗的（experienced）教師在進行班級經營中的行為管理和教學管理上的差異。研究結果發現，愈是資深有經驗的教師愈想要控制教室，而接受職前訓練的教師（preservice teachers）則與學生有更多的互動（在實習階段以及教學前幾年）較少控制教室，採取非干涉模式（non-interventionism），一種權力分享式的控制（shared control）。然而，班級經營的風格及權力的控制並非一成不變，隨著經驗不斷的累積，教師也會傾向調整其班級經營風格，尚未進入職場的師培生（preservice teacher）傾向於毫無干涉的最小控制風格，但剛開始實習或者是進入職場的前幾年，就會轉為互動型，傾向與學生分享權力。隨著經驗愈豐富，教師就更傾向更完整的控制權力。研究也推論，會形成這樣的變化可能乃在於學生教師對於班級經營的信念在進入真正教育職場之後的改變，因真實場域與其過往所受教育階段的作業有相當的落差。儘管如此，教師對於行為與教學管理上則展現不同程度的權力，不論是男性或女性教師都傾向以較大的教師控制在管理行為上，而在教學上的管理則傾向互動式的混合權力方式，這也顯示出大部分的老師對於行為管理上都來的比教學管理上施展較多權力。

二、主流價值、生命流轉與學校文化的共構

前述雖是國外針對中小學教師班級經營的研究，仍能讓我們對班級經營產生深一層的洞悉。在第二章有關臺灣「班級經營」發展脈絡中，早期（甚至於現今）使用行為主義或者「管理」概念，以避免班上「問題」的發生；實際教學現場中，資深老師往往也如此「教導」著年輕老師「不要跟學生變成朋友」、「不要跟學生太好」。本節則接續前一章有關多元文化班級經營概念與實踐的梳理分析以及第二節教師的班級經營實踐，特別針對任教十五年以上教師，嘗試透過生命回溯的敘說，重新思考教師的班級經營實踐過程中的結構性影響因素及其反思。

這些教師都為所謂六年級生前半段（1971-1976年之間出生），年資大約二十年前後。她／他們回想自己帶班風格的轉變，有的由熱血沸騰到逐漸跟學生拉出距離，有的卻是由緊到鬆，由涉入型（interventionist）逐漸轉換成互動型（interactionalist）或非涉入型（non-interventionist）。這些風格上的轉換，在微觀層面上，與重要他人的影響、個人特質、身分上的轉變、生命中不同階段有關；在鉅觀層面上，則與學校文化、同事壓力有關。

已有十六年教學年資的英文老師小玉回想自己新手教師時的熱血沸騰，接第二班時決定改變自己的帶班風格以符合學校期待，到了接第四個班，也就是在任教九年之後，才比較有自信做自己，她認為跟當上媽媽身分的轉換有關。

> 我早期第一屆的時候……學校把很多只要是龍蛇混雜的、關過的小孩啦，整個都放給我嘛，給我一個新手這樣，哇那時候真的很可怕。那時候真的是像跟他們搏感情一樣，有的像那個被關過兩年的……其實挫折很大，但是還好的是那時候因為很年輕剛畢業，熱血沸騰，這個是好處，剛好熱血沸騰，我花很多時間跟他們一起打球嘛，跟他們一起生活啊，之類的，剛好有這樣的時間。然後但是其實坦白講那時候，學校的要求一定會是功課跟秩序，那坦白講，功課根本就不用講了嘛，一定是沒有辦法呈現的，那秩序，這些大尾的，我又是新手，我覺得我

跟他們有一定的相處，但是絕對是不符合學校的要求。

　　小玉老師自述受父親的影響滿大的，「我爸爸他以前也是老師，他一直告訴我絕對不要打小孩、打學生，就是絕對不要！」當時剛畢業的小玉老師選擇跟學生同一陣線，非干涉模式的權力分享，但「我覺得那時候坦白講年少、少不更事，我覺得也有很多對學校很抱歉的地方」：

> 我那時候這樣跟他們在一起、同一個陣線，然後有時候我又會為他們扛下一些些他們的祕密，比如說他們私底下又抽菸了、私底下又打人了這樣，有時候我幫他們扛了一些，那是十幾年前的事情，現在絕對不幹這種事。我覺得以前那種熱血沸騰的時候，跟他們站在一塊的時候，那種熱血沸騰的感覺，現在那些孩子就很有情有義，現在還在聯絡……

　　從小就是好學生的小玉老師碰到這群求學階段從不會有交叉點的學生類型，在「符合學校期待」的「好」老師與「自己的style」拉扯之間，她決定接班的第二屆使用符合期待的「高壓」的權力控制方式，但也產生很痛苦的經驗。兩端拉扯的痛苦原因竟是深藏於內心一直以來的反動──其實小玉老師從小「非常討厭老師，因為我覺得老師都很勢利，然後他們所要求的不外乎就是成績跟你一定要順從。」

> ……很想要做到符合學校的要求和期待，太在乎了，太在乎學校的期待，然後也很羨慕人家所謂的名師，而且那時候剛進來的時候，被很多人瞧不起，說：啊你看嘛那個菜鳥嘛，菜鳥就是這樣，不會帶嘛，你看我們一根棍子就把班上整個弄得好好的，這個人不會帶。那時候我非常的羨慕他們，其實我一直像那個天平在擺盪的感覺，然後第二屆的時候，我就開始處於高壓狀態，但是其實我的個性和我的style明明就是不適合，這樣做的時候就會變得很怪。就什麼都不像……而且這個是我最痛苦的一個經驗。我寧願就是最早那個樣子，那也沒關係。可是突然我覺得我羨慕名師，我羨慕這些所謂的名師、嚴師，我要

學的時候，我學得不像的時候，我自己痛苦，學生也痛苦的時候……

我會一直想孩子的立場是什麼，原因是我在我小的時候，我其實非常不想要當老師，因為我非常討厭老師，因為我覺得老師都很勢利，然後他們所要求的不外乎就是成績跟你一定要順從我，你才是乖的學生。可是這讓我非常……產生很大很大的反動，非常的厭惡這種感覺。

直到了接第四個班，能夠比較有自信做自己，她認為主要原因是生命中身分上的轉換，她說「媽媽看小孩、看學生完全不一樣」。除了成為母親的身分讓她重新帶班時有不一樣的一個感受，在校逐漸累積的資歷讓她比較不那麼在意別人的眼光。整體而言，小玉老師現在回到自己舒服的傾向互動型民主溝通的帶班風格：

我覺得我還是戰戰兢兢耶。每天也會因為覺得有些事情沒有處理的這麼完美而會難過，還是會有。然後會思考，怎麼樣能夠讓孩子就是更相信你，然後更一起來試著做做看，嘗試一些事情這樣子。

同樣一開始充滿熱情的高度涉入，四、五年後開始「保持客觀跟距離」，十八年來小野老師在班級經營上有非常大的轉變，「我覺得我要保持我的客觀跟我的距離，我才能夠把我的班級帶好。」小野是原住民族區域的漢人老師，最初很熱心協助推動原住民在地傳統文化，但同時也身處自身跟當地文化之間的連結跟衝突之間，於是跳出來重新思考多元文化的議題。小野老師發覺，當他把情感情緒抽走之後，反而跟學生的關係變好、變穩定了。

雖然我們在當地那麼致力於推動傳統文化等等，可是我終究不是XX人，所以我其實還沒有解決我自身跟當地文化之間的連結跟衝突等等的，我還沒有完成這個部分，我自己的部分還沒

有解決，我就要來引導學生這個部分……我覺得你不一定要選擇非常融入，因為這樣好像呈現的是一個單一的價值觀……對啊，它不是我的傳統食物，為什麼我一來了我就要熱情澎湃，我就要情感非常豐富，我熱愛這個文化然後融入其中？我後來發現我應該要保持我自己的冷靜跟超然，我才能夠把我的學生帶得好，因為學生不會看你說什麼，學生會看你是什麼樣子的人，所以這是我的第一個轉變。所以說我那時候我就決定我應該要把我的情感的部分盡可能地從班級經營裡面抽出來，那這樣子也會讓我比較不容易生氣，比較不容易生氣，我覺得在班級經營上能取得比較好的成果。

這個轉折的關鍵在於小野老師接行政工作時，開始從不同角度覺察到「情緒豐沛的老師是如何讓自己的情緒在這個校園之間恣意漫流，我看到這個東西就覺得啊這樣不行」，因此重新省思「愛」在教育中意義。再一次的轉變來自於自己的孩子正受體制外教育，因此跨越前一階段冷靜超然般的完全抽離，開始回看注重學生情感的安定狀態。

到了最近，我的孩子現在在受華德福教育，他受體制外教育，所以我又回過頭來說，我應該要好好再看待我情感這一塊，因為華德福教育講究善美真、情感、理智跟靈性的發展，我就不會像以前那樣子強調我應該把我的情感完全的抽離。我覺得我以前會這麼在意這些事情，是在於說我的情感和情緒處於一個不穩定的狀態，那如果我能夠把我的情感和情緒已經培養，我不會講修練，就培養成一個安定的狀態的時候，我當然可以在跟學生相處的過程當中，讓他們有這樣子的感受。

從熱烈的情感溢流、完全抽離，到超脫的安定狀態之班級經營風格，也映照出小野老師自身的生命發展階段──新手教師的涉入、熟稔後的非涉入、到成熟階段的身心靈關照。小雅老師班級經營風格是從鬆到緊，從「跟學生打成一片」到「嚴格」，只是「跟學生打成一片」只有在大五實習那年，之後任教的學校她認為必須「嚴格」，否則會壓不住學生。

〔在〕金華國中實習，我跟的那個老師，其實他跟學生都打成一片啊，然後你就會覺得說所以我以後當老師也要這樣……第一屆的學生班上總共有48個人，然後呢那時候學校為了方便管理，把那個體操隊全部塞來我們班，所以我們班是那種很混亂的班級，因為那體操隊的會蹺課，然後還有一個腦性麻痺的，然後常常會跑去廁所躲起來，然後老師上課上到一半，他會呢站起來罵老師髒話。那一屆呢是帶的非常痛苦的一屆……只要是我們班的學生不見就叫我去找，所以我就直接，有時候就去抓那個逃課的，有時候去抓那個腦性麻痺的，他會躲在男廁……所以那時候才學到，帶班不能夠就是對學生非常的好，必須要嚴格，嚴格比較凶，不然的話壓不住XX的學生。所以從那時候開始，我第二屆帶班，我就變的比較嚴格，對，然後比較嚴格之後就比較上手了。所以從第二屆、第四屆、第六屆、第七屆到現在的第九屆，我就是採取比較嚴格的方式。

　　小雅老師所謂「嚴格」就是「比較不會跟學生打打鬧鬧」，只要違反班上公共利益的事情，就直接叫學務處用校規處理，「我算是一個非常嚴厲的老師，因為他怎麼樣跟我說情，我都不接受。」「嚴格」的帶班風格至今沒有改過，也跟她個人特質有關。

　　小惠、小玫、Eva、小偉老師年輕時多以嚴刑峻法的嚴格手段進行班級經營，甚至還體罰，到了生命的不同階段，有的去念了研究所、換了學校，或是有小孩之後，開始更為彈性、柔軟、懂得溝通。

　　Eva老師第一年被分發到彰化的農村國中，家長大部分都務農，「更多的是隔代教養，偏差行為還滿多的……在教育上可能比較難去引導，有可能也是我第一年經驗比較不足」，儘管Eva老師當時有跟資深老師請教一些帶班技巧，回想依然覺得挫折，「我還是會拿鞭子處罰學生，可是我覺得效果也不是那麼好……有時候請家長來學校，不見得家長有空。」一年後，她換到比較市區型的學校，家長社經地位較高，收起了鞭子，跟學生的相處比較像朋友，也開始設計一些好玩有趣的課程，「像比賽啊、班風、團結，我覺得也都很好耶，不見得要用那種威權的方式。」Eva老師自述這二十來年改變成長很多：

對於學生的情緒處理問題，我覺得我會比較有智慧去應對吧。
以前可能學生頂回來一句話，我就很生氣，就是硬碰硬，然後
就劍拔弩張這樣子；可是現在的話，我都會讓自己先冷靜下
來，然後下課再叫他過來談談，不會當下爆發。

現在的Eva老師班級經營之道是如「老子無為而治的陪伴」，若有任
何提醒也都是針對全班，進入不再暴氣的成熟期。

小玟老師班級經營策略也是由嚴到鬆，最早甚至經常體罰學生，其
中轉變的關鍵是去念研究所，「念研究所算是把我的智慧打開了」，比較
會對事情分析，然後對人也比較寬鬆，例如以前會要求學生都要睡覺，現
在只要沒發出聲音就可以，以前會要求全班有一致性，現在比較著重個別
化。

沒有體罰我覺得也好，因為體罰是可以立即的有一些短暫的效
果，那沒有體罰，你用體罰的做法去做的時候，你就會變作很
迂迴但是很多很多的細節，你必須要更精緻去做，就不能說你
要達到立即的效果。你必須要說服他去認同你要教他的道理，
那你就必須要想辦法去說服他。國中生我愈來愈覺得他們也是
很講道理的，你只要能講出道理出來，他是可以聽的……我現
在愈教會愈去理解他們背後的語言……我覺得最大的差別就是
我以前會要求全班比較有一致性，我現在是比較個別化，所以
就累死我自己。因為有三十個孩子，不同的要求，不同的個
性，然後我都想去照顧的時候，其實滿累的。

小玟老師的轉變讓她自己也感受到師生關係的變化，之前的學生跟自
己「在過程中會跟我滿多的衝突，覺得比較有距離，這屆因為我真的很放
鬆，然後我給他們很多東西，吃的喝的啦，看書的啦，然後玩樂的，然後
也比較正常化教育」，小玟老師這幾年來經常在臉書上分享她跟學生之間
的有趣互動。

小偉老師剛去實習那年，由於學生跟他年齡差距不大，帶班像交朋
友。成為正式老師接導師時，走傳統的嚴格帶班風格，親師溝通上也很

「嗆」，隨著自己有孩子後，逐漸產生一種「交集性的理解」，親師溝通技巧及表達上也愈來愈成熟，更以學生的父親自居，只是呈現出某程度的家父長中心。

> 不可否認，我對國一的新生，我當導師的觀念比較是傳統的，就是以前我剛出來當導師的時候，那一套對學生的觀感，隨著我的孩子慢慢長大，愈來愈大，我後來再接了導師，發現這些孩子跟我的孩子年紀愈來愈接近，所以我對他們的心就是愈來愈柔軟，那種柔軟是很微妙的……但是還有一個，就是你也不要在我面前耍把戲，我全部都看得懂，你也不要想騙我。就是因為這樣，因為自己孩子成長的關係，跟學生的年紀愈來愈接近的關係，可以說帶這些孩子愈帶愈得心應手，所以我剛說那是很愉快的……在技巧上面，是愈弄愈純熟的……我在第一年的時候還沒有辦法做到消滅怪獸家長，所以我還會受到很多家長的質疑或是不客氣的那種回應，很多，到了第三屆的時候就沒有了，基本上是完全沒有的。

小惠老師自述年輕時的班級經營像「嚴父」，模仿資深老師帶班方式實施嚴刑峻法，試過之後常常碰壁，自己心理也受傷，後來轉變的很大關鍵在於有小孩之後，在師生、親師溝通方面開始有彈性空間，能好好地去了解、溝通。小惠老師也提出一個有趣的觀察，在她自己有孩子之後，家長對她帶班也比較不會質疑！

> 年輕的時候會滿想衝的，會覺得學生的事情就完完全全是自己的責任，他沒做好我就是一定要押到他做到好，甚至有一點像「嚴父」，嚴苛，就覺得你一定要完成什麼、達到我的目標，就是有點嚴刑峻法的管理，可是不一定所有的家長、學生都能夠接受。就是滿固執的，那時候，所以會常常碰壁，心裡就會受傷：我明明就是為他們好，為什麼他們不接受、不接納？可是我覺得隨著你自己有家庭生活開始，觀念有稍微改變，因為小孩皮是皮，但他們畢竟還是小孩耶，所以就會稍微有一些彈

性。那時候我覺得是家長的關係耶，家長跟我們的年齡層已經
一致了，他不會太質疑你。因為我覺得年輕的時候，你再怎麼
做，家長都永遠都會質疑你：你又沒有小孩，你那麼年輕，你
怎麼管我的小孩？

　　由上述可以了解，經驗的累積與生命的轉折可能會造成班級經營風
格上的差異性展現。有的老師在新手教師時期呈現「高涉入」的班級經營
模式，這裡的「高涉入」有兩種不同的樣態，一是情感上、時間上，甚至
空間上；另一種則是以嚴刑峻法的高度管制。新手教師因教師專業的新角
色，產生一種轉換上的衝擊（transfer shock），過往都認為其與在師培階
段準備度不足有關，但是根據Caspersen和Raaen（2014）在其「初任教師
及其如何應付」的研究中發現，初任教師在職場上之所以比起經驗教師缺
乏能力應付工作，需要考量整體學校的責任而非歸因於單一個體（初任教
師）本身的能力。因此，學校組織如何創造對新手教師高支持性的友善環
境，如何搭起一種能夠「青銀互學」新模式，讓年輕與資深老師彼此互相
學習、合作，才是能協助初任教師降低轉換衝擊的方法。

█ 結語

　　就如Stoll（2013）的提醒：教室，不單只是教室；研究教室，不應
該只是研究教室本身，還應該把學生背後的家庭、教育政策、學校教育方
針、教師信念、態度與對特定領域的知識性了解等面向都談進來，才能夠
全面性看見隱微的種族、性別盲現象在教育場域對學生的影響。延續前一
章節大圖像多元文化班級經營的內涵，以及教師多元文化素養在其中的重
要角色，第四章首先透過教師們在教育現場對於多元文化教育政策回應的
觀察，以此進行學校多元文化教育及政策實踐的脈絡性理解。這些資料提
供一些脈絡性訊息，例如有的學校對於多元文化教育停留於紙上作業，或
只是「通報」、「存參」，若有進行相關活動的學校，大多將對象設定為
新住民學生或其家長，認為她／他們是需要被教育的，而非多數主流群體

（the majority），因此就不難理解有些學校以「抽離」作為「多元文化教育」的實踐方式。

　　用多元文化教育觀點審視學校實踐多元文化教育及政策的方式，正是提供讀者一個理解班級經營大圖像（如圖3-1，以平等為核心，教師的多元文化素養為靈魂撐起各自班級經營的堡壘，也與學校文化、社區文化密切相關）的切入點，由廣袤的學校脈絡逐漸聚焦於第二節的教師班級經營實踐策略。此節由多元文化教育觀點出發，嘗試剖析不同背景教師的班級經營經驗，並以一般班級經營的三個主要層面進行分析，包含班級氣氛與文化的塑造、溝通技巧與語言使用、班級常規、獎懲與秩序管理。

　　來自在地的教師班級經營資料佐以多元文化教育觀點，梳理出來的多元文化班級經營圖像包含從一開始有的導師會先了解班上學生的組成，有些導師很能反思自身經驗與學生的差距，有些很能運用實作和參與來連結學生、跳脫傳統的上下階序權力關係，並善用內外部資源來進行班級經營，使班級經營更為穩妥。內部資源連結，例如與校內各處室密切合作，或善用人際網絡，與其他教師形成互助社群，共同輔助班級經營的運作。外部資源則是能運用與連結社區或校外資源，強化學生對班級內的團體動力。

　　教師們在師生互動、親師溝通上的各種策略、溝通技巧及其背後的理念，包含以信任與關懷為基礎的師生互動、聽見班級的社會音學、能載舟亦能覆舟的親師溝通。除了前述如何聽見與回應班級成員的聲音，研究也發現在班級常規、獎懲與秩序管理上，教師權威的收放與其本身的教育哲學相關，教師會與學生分享控制權的方式，作為秩序管理策略。

　　班級經營風格並非一成不變，特別是在生命長河之中，隨著教師自身生命的經歷以及教學資歷，帶班風格也可能有不同的展現；而所處的社會文化主流價值、學校文化，都可能與教師的生命流轉產生共構效應，呈現不同的班級經營旋律，此在第三節針對任教十五年以上教師（六年級生前半段，1971-1976年之間出生）生命回溯的敘說，重新思考教師的班級經營實踐過程中的結構性影響因素。

第五章

邁向交織教育學的班級經營
如何可能

　　在多元文化班級經營的大圖像為基礎之上，邁向交織教育學的班級經營圖像為何？本章是總結，也是開展；是探究，也是實踐。在第一章指出看見交織性多元文化教育之重要性後，第二章逐漸對班級經營抽絲剝繭，從學術與應用的考古探究、第三章從文獻描繪出大圖像多元文化班級經營以及第四章實踐圖像，最後再回到邁向交織教育學的班級經營如何可能。

　　本書的安排是破題、論述、分析，再回到原命題的旅程，從第一章「看見交織性的多元文化教育」，首先說明為何要談交織性、交織性與多元文化教育的關係，透過文獻與理論之間的對話，逐步描繪出「看見」交織性的多元文化教育樣貌。自第二章開始到第四章，為本書的主體，聚焦於班級經營的探究，從「班級經營」學術系譜與應用的考古學釐清國內外「班級經營」內涵之變／不變的樣態，探究臺灣學術界在「班級經營」領域的思想體系及論述上的轉變，綜合整理並進行關聯性分析。第三章則在多元文化教育的脈絡下，思索多元文化班級經營的大圖像，首先在第一節爬梳臺灣多元文化教育的發展過程及其內涵，進一步闡述「多元文化教育」與「班級經營」之間如何對話與互補，並勾勒出一個大圖像的多元文化班級經營概念圖。該圖以「平等」為核心，將「平等」的概念鑲嵌擴及到學習活動、知識、班規、空間（第一圈）。而能夠撐出第一圈的即是教師的多元文化素養，讓教師能夠看穿班級中的文化政治學、性別與族群、階級各種交織型態，能夠運用於學習活動、課程知識解構與重構、班規與教室空間安排之中。鑒於教師的多元文化素養在多元文化的班級經營中扮演重要的關鍵性角色，因此在第二節即以教師多元文化素養作為檢視的標的，使用五種對「差異」理解方式背後可能的預設作為分析取徑，嘗試了解教師對多元文化教育的詮釋。第四章則進一步透過本土教師的訪談以及觀察，理解教師班級經營實踐的具體操作策略，並嘗試與多元文化班級經營的圖像進行對話。本章則在前述基礎上，作為本書的總結亦是開展，總結前面的破題、分析、論述與研究發現，再度回到「交織性」，呼應第一章「看見交織性的多元文化教育」，先介紹交織教育學的內涵與實踐，包括看見交織作用於個人的系統性面向、結構與連結、「交織性」對於學生學習上的增益，說明批判教育學在其中的重要性，接著進一步闡述交織教育學的教室實踐的三個核心面向。透過交織教育學概念、內涵與實踐的闡述整理，試圖讓交織教育學與班級經營進行對話，探究交織教育學班級經營的圖像。

第一節　交織教育學的內涵

　　儘管「交織性」在西方學術上的討論已逾三十載，最早在婦女與性別研究被討論（McCall, 2005），近年來西方學術上愈來愈多研究開始處理交織性理論（Berger & Guidroz, 2009; Cole, 2009; Crenshaw, 1989; Dill & Zambrana, 2009），國內學術界對於「交織性」的討論卻也是近十年從婦女與性別研究領域開始的，在教育學界卻少涉及相關議題。根據Web of Science資料庫以「intersectionality」為關鍵字搜尋得出722篇，其中以婦女研究的208篇為最多，教育領域研究則為48篇；若以「intersectional theory」為關鍵字搜尋僅得出1篇在女性主義研究中，可以看出這些交織性研究尚沒有單獨的理論發展，而其在教育界的討論與運用也非常少，西方國家也是近年來才開始有運用交織性理論於教育的相關文獻（Pliner & Banks, 2012）。Kim A. Case在2016年編輯出版的《交織教育學：複雜化認同與社會正義》（*Intersectional Pedagogy: Complicating Identity and Social Justice*）一書，首次將交織理論（intersectional theory）納入其中，並使用「交織教育學」一詞，強調過往在多元文化主義中談的「多元」或「多樣」其實隱含著單一向度的社會認同和壓迫，因此作者認為交織理論中多向度的社會認同、覺察自身的特權和所處的社會位置乃是超越多元文化主義的一個解套，而教學者本身要能先有所省思才能真正的將交織性引入教學當中。以下筆者分別從交織教育學的內涵、交織教育學的實踐分別說明之，並於臺灣社會文化脈絡下思考可能的做法。

　　Kim A. Case是心理學教授，教授種族與性別心理學課程。她自述早期的教學採添加模式（additive model），並將社會認同的類目分開處理，她回想認為這樣單一向度分別呈現的問題是有色人種女性（women of color）可能就被忽略，Case因此認為單一向度的分析畫出一種「錯誤界線」（false boundaries）。Case所編的《交織教育學》是第一本將交織性理論運用於教育實踐場域的書。同於「交織性」本身承載的跨領域特質，這其實也是一本跨越許多領域的書，包含社工、高等教育、心理學、社會學、非裔美國人研究以及性別研究等，以此來拆解主流看待社會認同以彼此互斥的類別化分析取徑（例如將性別、種族／族群的認同分開來看

的單一向度分析）。值得注意的是，各章節作者多為心理與婦女研究背景，少數為群際關係（Intergroup Relations）學程研究人員或教授，另有一位社會學與婦女研究教授。以下我分三個面向來說明交織教育學的內涵，一為看見交織作用於個人的系統性面向、結構與連結，二為「交織性」對於學生學習上的增益，三為批判教育學在其中的重要性。

一、看見交織作用於個人的系統性面向、結構與連結

Case自述編纂這本書主要的三個目的，除了提供一個交織教育學的模式，更是要促進交織性的跨領域研究，特別在結構與體制權力裡面的社會定位（social location）、解構特權方面，並執行邁向社會正義的行動。全書因此分成三部分：交織性理論與基礎、交織性在教室中的運用、邁向社會正義的交織教育學。這本書檢視教育人員與學習者如何處理多元文化教室的交織性議題，並說明如何將交織性運用於課程設計、運用於教室脈絡裡面。儘管該書的「教室脈絡」皆為大學教室，然其理論基礎與基本精神仍適用於中小學，只是在課程活動設計上需有年段與在地性的斟酌與調整。

作者首先用一個圖形來闡述交織教育學的內涵。由下圖5-1，我們可以看到許多大小不等的同心圓彼此交織連結。從個人觀點來看，同心圓代表同時交織作用於個人的系統性面向；而這些同心圓也像齒輪一樣，彼此推動著彼此，也互相影響著。大圓裡面的小圓代表著每一個自我（self）不同面向呈現出來的複雜性，而不可見的內團體多樣性也經常被忽略。圖中有大圈、小圈，分別代表著作用於個人身上的社會認同面向明顯程度，例如像種族／族群、性別等比較顯而易見的面向，則以比較大的圈表示。而一些被推往前面的圓代表一些儘管是特權群體成員（例如白人或其他主流群體），可能因為某些邊緣及被壓迫的經驗被往後推著走，因這些經驗在主流文化不會被注意到或被貶抑。有些圓遠遠隱身在後面、甚至是不可見的交織狀態。

⬤ **圖5-1**　交織教育學：個人與結構的層次（引自Case, 2016）

　　透過交織性分析，能夠讓學生可以了解他們本身所具備的特權
（privilege）或社會位置，也能理解人類經驗的複雜性與多樣性，並了解
製造出維持社會不平等的過程是如何運作的，包含如何持續形塑殊異的生
活機會及其結果。就如Case在第一章所言，「交織性」理論可以協助我
們看清楚教材、課程設計中隱含的壓迫。除此之外，Collins（2010）也
提出「宰制矩陣」（matrix of domination），這樣的矩陣為事物發展的社
會文化或政治條件，可提供教育上有用的概念架構來拆解既存的社會位
置，包含弱勢與優勢者的認同等。

　　在2020年（108學年度第二學期）「多元文化教育與輔導研究」研究
所課程，讓班上同學到黑板上畫出個人的同心圓，並在畫完之後說明如此
畫的原因。透過個人畫出同心圓的過程，能夠讓每個人去思考自己的社會
處境與位置，也能找到班上同學的共同點以及共同關注的議題。同學在說
明自己同心圓的過程中，也釐清一些不清楚的概念，例如有學生自認為作
用於她的重要面向是「年齡」（因為已屆婚齡），但透過班上的對話，仔
細討論探究，發覺其實是「性別」因素。再者，當學生畫出教育職場上的
「年齡歧視」時，她／他們談到年輕老師因「年輕」，成為工作上的阻
礙，我一開始說「年齡歧視」（ageism）在學術上的概念特別是針對老年
群體，況且社會與媒體依然充滿著「年輕霸權」；但在進一步對話與思考
之後，我也重新思考所謂的「年齡歧視」內涵，在東西方可能存在的文化
差異，特別是在教育職場對於「天地君親師」階序格局的儒家文化傳統。

　　在最近一次學碩合開「多元文化教育研究」（110學年度第一學期）課程中，我們創新地以自我敘說作為方法，讓學生藉此領略交織性的概念，且進一步思考自身擁有的特權及社會位置。品如助教首先以「從故事看見交織性——敘事探究的入門」為題，先簡要概述敘事探究內涵，再帶領全班近60位同學（學碩各半）聚焦於己，從敘事探究中的自我敘說開始，接著藉由交織圖（如下圖5-2）提供幾個讓學生思考交織的面向，愈往核心代表著自身在這個類別位置中擁有更多的權力（power）；反之，愈遠離中心代表在這個類別位置中屬於邊緣（marginalized）。同學在繪製自身故事的交織圖後，根據自己所畫的交織圖與同組組員進行分享和對話（如下圖5-3），藉由小組討論去理解並反思自己所處的交織性位置和所擁有的特權。下圖5-4為某同學所繪之交織圖，其自己的身分根據各種不同向度以及所擁有距離特權的位置進行梳理，理解在交織性狀態下的自

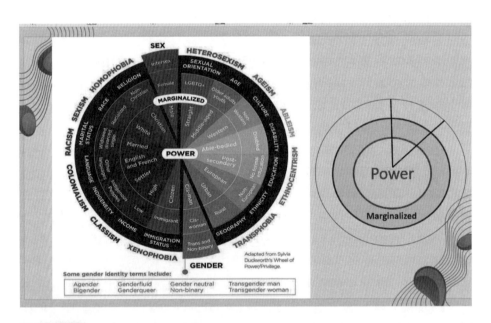

◯ 圖5-2 交織圖及其權力位置

原圖引自Canadian Institutes of Health Research (2021). *Meet the methods series: Quantitative intersectional study design and primary data collection.*取自網址：https://cihr-irsc.gc.ca/e/52352.html

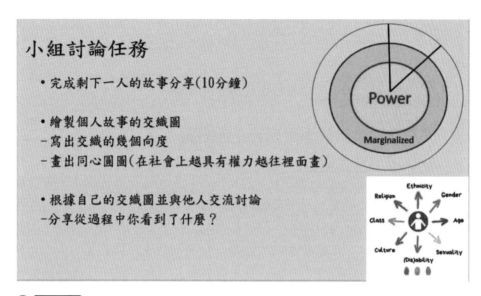

圖5-3　TA課程小組討論任務投影片（蘇品如助教提供）

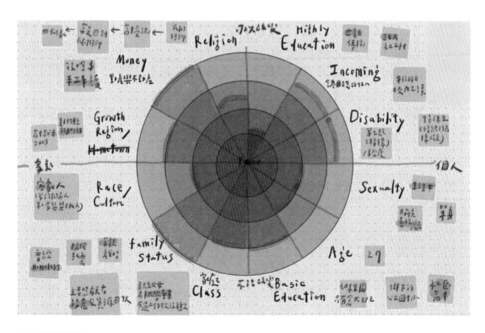

圖5-4　某同學繪製之交織圖（徵得該同學同意下使用）

身所處的位置為何。在小組的分享中，這位同學分享了自身身處於勞工階級、學習障礙、情緒障礙及女性身分帶給她在學習旅程的衝突及交織，同組的同學也以自身為男同志者的身分互相交流。在小組組員互相分享的過程中，也帶動起人我之間生命敘事交織性的交織。

二、「交織性」對於學生學習上的增益

就如女性主義政治學者MacKinnon（2013）所言，來自底層的生存經驗特別能夠批判社會政治秩序，因此如何看見、聽見邊緣學生的聲音顯得更為珍貴；沒能考慮／思考交織性的教育學，可能沒能好好接住這些邊緣背景的學生，因而造成傷害。另一個角度來說，教育學不能假設白人女性沒任何種族身分、或者拉丁裔男性是沒有性別的等；以臺灣的本土脈絡而言，教育學不能假設漢人女性沒任何種族身分，或者原住民族男性沒有性別。當「交織性」能夠被看見、能夠被思考，這樣的教育學才會是有效的教育學。

再者，交織教育學本身也能增加學生的「社會識能」（social literacy）（Berger & Guidroz, 2009），倘若學生能夠提高「社會識能」，就更能指認出內化的壓迫（internalized oppression）、單一觀點的侷限性以及宰制等（Weber, 2010）。Greenwood（2008）首先使用一個重要詞彙「交織性意識」（Intersectional consciousness）來知道學生理解「群內差異」（intragroup differences）及多重壓迫的能力，相關研究也發現「交織性意識」的教導能夠讓白人女學生對於穆斯林女性產生正面的態度（Greenwood & Christian, 2008）。Cole, Case, Rios以及Curtin（2011）4位美國學者在〈了解學生帶什麼進到教室：多元課程對學生態度效果的調節〉研究，就以「交織性意識」作為檢視多元課程（diversity course）的向度之一，其他還包含對種族主義的覺察、白人優勢的覺察、系統性結構性的不平等議題等。該研究結果發現，多元課程對於上述皆有促進效果，尤其對白人學生的衝擊與影響則更大。「交織性的覺察」在教育上的重要性是：可以協助教育人員在設計課程或在課堂活動上能夠滿足學生在特定交織上的需求。也就是說，「交織教育學」中，教師本身必須先某程度具備「交織性」議題的理解能力，此在後面將多所著墨。

三、批判教育學在其中的重要性

　　Harmat（2019）在《交織教育學——性別及和平工作的創意教育實踐》（*Intersectional Pedagogy: Creative Education Practices for Gender and Peace Work*）一書的第一章就開宗明義談到交織性的覺察（intersectional awareness）在教育領域的價值與重要性，並特別強調批判教育學在其中的重要性。Harmat認為批判教育學對於個人與群體的經驗之教育整合性覺察，強調社會經驗（social experience）的交織性面向，及其對實踐及學習者經驗的批判性反思，鋪陳出一個文化取向來洞悉教與學。Patti Lather（1998）將批判教育學描述為「大帳篷」（big tent）或者是許多強調社會正義觀點的源頭。因此，交織教育學與批判教育學的高度關聯性不言而喻。

　　同樣的，多元文化教育範疇的「批判的多元文化主義」（critical multiculturalism）的核心也是批判教育學。Kincheloe和Steinberg（1997）在《*Changing multiculturalism*》一書內更談及「批判的多元文化主義」跟批判理論（critical theory）、批判教育學（critical pedagogy）的關聯（pp. 23-24）。批判理論（critical theory）來自1920年代德國法蘭克福學派，關注工業、現代社會中的權力與宰制（power and dominance）關係，認為階級、性別角色及種族自我意象，是由宰制觀點所形塑，因此要先促進個人作為一個社會存有（social being）的覺醒意識（consciousness）。

　　批判教育學（critical pedagogy）正是批判理論（critical theory）與教育的相遇之處（Kincheloe and Steinberg, 1997: 24）。批判教育學對抗（confront）現代主義／實證主義（positivism）觀看方式，而現代主義／實證主義正主導著學校教育的傳統自由及保守主義（McLaren, 1994）。批判教育學是要協助學生跟教師去了解學校如何透過分類過程以及課程權力來進行的。批判教育學者認為反思實踐與學習者經驗中的權力動態與背景的了解，可以協助定義與指認出教與學過程中被性別化或文化上相關的歧視（Apple, 1993; Ladson-Billings, 1995）。McLaren（2003）在美國校園的研究發現，學校教育非但不是價值中立，更是傳遞並強化一種男性支配、階層化、中產階級社會結構的既存價值與倫理。Thrupp（2006）

特別強調學校所處的社會脈絡，包括階級、族群、特殊學生或區域等社會因素，必須被看見並處置，方能邁向教育上的公平正義。筆者在臺灣的學校田野研究也發現高度「族群性別化」的現象，族群化、性別化的學校文化以學業表現為平臺，在新管理主義（new managerialism）強調效率與競爭的教育趨勢下，彼此加強、相互增益。在高度學校政治下，「教師必須成為轉化型知識分子，倘若他們想要教育學生成為活躍且具批判能力之公民的話」（Giroux, 1988: 127）。從批判教育學觀點，Giroux點出兩個息息相關的重要面向：學校政治文化及教師角色，這也是交織教育學很重要的兩個關鍵。特別說明的是，這裡所談的「政治」（politics）並非是媒體上或一般人所言的「政治人物」的「政治」，而是指涉權力關係。學校政治（school politics）是指學校內的權力關係。此在下一節有更多的說明。

第二節　交織教育學的實踐

隨著臺灣社會近年來開放、多元的趨勢，包含各種涵容性（inclusive）進步性法令的通過或修正，例如俗稱同婚專法的「司法院釋字第748號解釋施行法」、攸關學生權利的「釋字第784號解釋」（認定學生權利因學校教育或管理措施受侵害時，例如一般人民地位所享之身體自主權、人格發展權、言論自由、宗教自由或財產權等憲法上的權利，可提起行政訴訟救濟）。又如103年11月28日通過的《十二年國民基本教育課程綱要總綱》將新住民語文列為國民小學必修，國中為校訂選修課程，並列入政府推動的重點工作。此外，立法院於108年5月24日三讀通過《原住民族教育法》修正草案，將原住民族教育實施對象自原住民學生擴大到全體師生及國民，以促進族群相互尊重與多元文化發展，並啟動原住民培育師資等。特別針對新住民子女教育議題，教育部國教署自民國93年起補助各縣市政府執行「外籍及大陸配偶子女教育輔導計畫」，然而如前所述，各學校主要辦理異文化展演活動，或者對新住民媽媽的「輔導」、親子教育的增能等。只針對新住民族群的多元文化教育？多元文化教育的主要對象不是社會中的少數族群，反而是一般主流族群民眾。「文化了解」是消除偏見與歧視的開端。儘管近年來臺灣社會法令或政策快速

接軌現代國家，然而在教育上如何回應這些改變，相關的討論仍然很少或者只是片段。即使在西方學界，如何將「交織性」成為教與學的可運用工具，目前依然相當缺乏。

　　林津如（2011）在「〈女性主義縱橫政治〉及其實踐：以臺灣邊緣同志為例」一文整理Yuval-Davis「女性主義縱橫政治」的理論、精神與特色，認為應該展開對話，不同立場的人只有透過不斷地對話與溝通，與更多不同的群體對話，才可能貼近真理（the truth），而「紮根」與「置換」（Rooting and Shifting）則為對話理解的基礎。所謂「紮根」是以經驗為基礎，行動者的言說必須立基於自己的經驗，同時對自己的立場（standing）、認同（identity）具備反思性的知識。「置換」就是將自己的腳放到別人的鞋子裡般的換位思考，想像在某種情境之下會有什麼樣的感受。那麼，如何將交織教育學實踐於教與學之中？Case在2013年寫的一本書《解構特權：教與學作為教室的同盟》（*Deconstructing privilege: Teaching and learning as allies in the classroom*）慢慢發展出十點有效的交織教育學模式（Case, 2016: 8），條列如下：

(一)將「交織性」概念化為一組複雜性分析，包含同時交互作用產生的系統性不平等，所產生的特權跟壓迫社會認同，因此改變了從特定社會位置的觀點、偏見與歧視的生活經驗、特權與機會。交織性理論可以跨越單一範疇的添加式分析。

(二)「交織性」教學擴及各種形式的壓迫，不只性別跟種族，還包含一直在課程內被忽略的面向，例如性、身心健全狀態、性別認同、移民位置等。

(三)目的在揭露不可見的交織（invisible intersectionality）。

(四)將特權（privilege）含括到重要的教學面向之中，透過解構特權化的認同（privileged identities）以及特權如何運作來維持壓迫，延伸學習目標。

(五)要分析權力。

(六)教育者對交織認同（intersectional identities）的個人性反思。

(七)鼓勵學生反思並寫下自己的交織認同，進一步深刻思考這些認同如何形塑他們自己的生活、心理、知覺與行為。

(八)鼓勵社會行動，讓學生能夠走出教室。

(九)珍視邊緣與被壓迫者的聲音。

　　綜上所述，交織教育學的教室實踐包含以下三個核心面向：(一)拆解權力關係交織下所生成之認同（identity），並能指認出交織認同（intersectional identities）；(二)揭露主流群體特權位置並使其能夠感知；(三)教育者與學生的反思與行動。筆者在社會學、批判教育學、性別與多元文化教育、教育實踐等基礎上，進一步闡述如下：

一、拆解權力及其交織下的認同

　　認同（identity）正是「批判的多元文化主義」與交織教育學（intersectional pedagogy）高度重疊與對話之處，也是處理交織教育學實踐時不可或缺的面向。「批判的多元文化主義」關注正義、社會變遷與教育學（the pedagogical）的關聯，教育學（the pedagogical）於此被定義為「認同的產製」（the production of identity）（Kincheloe and Steinberg, 1997: 27）——也就是說，「教育」讓我們學習如何看我們自己的方式與世界的關聯；因此，「批判的多元文化主義」把「自我」（self）看成是壓迫及民主力量政治鬥爭（political struggle）的場域。用白話來說，「我覺得自己是誰」的自我認同（self-identity）絕非僅個人性的問題，而是社會壓迫跟民主平等兩股力量拔河作用之處，跟整體社會文化，甚至經濟環境有很大的關聯。自身文化若能受到他人的肯定，則能強化認同，反之，個人可能處於認同掙扎中。個人認同之形成與社會肯認（recognition）程度有關；肯認也與自身文化所在的權力結構（power structure）密不可分，是整體的環境氛圍、權力結構關係，讓認同變得困難重重。Yuval-Davis的「女性主義縱橫政治」也對認同有類似的看法，認為所有認同都是一種建構（construction）而非本質性的存在，多元差異在群體內被認可，而團體內部可以透過溝通、對話而建構出共同主體，不需要抹滅差異（引自林津如，2011）。

　　職此之故，「批判的多元文化主義」下的多元文化教育重要工作是要讓學生了解形塑他／她們認同（identity）的力量為何，而其中的解構工具就是反思性的自我覺察（reflective self-awareness）以及個人增能的

策略（ibid.）。透過自我反思（self-reflection）可以造成觀點上的改變，舉例來說，早期的原住民族學生從主流社會看到整體社會對其身分的貶抑，於是在「認同的產製」過程中，逐漸遠離原民文化的認同，轉而認可（recognize）主流文化，因此成為一種「汙名化的認同」（stigmatized identity）（謝世忠，1987）。倘若教師能夠讓弱勢學生理解認同的產製過程，並透過拆解認同，讓學生重新思考這些「汙名化的認同」的原因，反轉其意義且產生行動，正是交織教育學重要的教育實踐。附帶說明的是，「弱勢學生」（disadvantaged students）是教育社會學學術上的專有詞彙，指涉在社會權力關係下，結構面較為弱勢者，包含低社經地位、少數族裔（ethnicity）、性別少數等，是一種社會學分析的指稱，並非將其「標籤化」。

　　當然，要讓學生體驗這樣的轉變過程，教師們最好先有這樣的體驗，或者經歷過自我檢視、拆解的歷程。教師們必須先知道她／他們的社會位置在哪裡，必須能夠理解權力、認同與知識的交織，要能夠描繪出知識如何被生產、傳遞，以什麼方式被「寫入」心理與身體。筆者自身在英國作為少數族群的體驗，讓我切實感受到種族、階級的交織在我身上的作用，幸運的是，社會學的批判理論訓練背景讓我能夠深陷痛苦後，在一篇篇的省思文章書寫過程中累積力量跳出來拆解，逐漸重拾自信，文化敏覺性也在過程中逐漸銳化。

　　要拆解認同，不能不先談汙名在其中的作用。Erving Goffman在《汙名：管理受損身分的筆記》一書從不同形式的認同（identity）談汙名在其中的作用，包含社會認同（social identity）、個人認同（personal identity）與自我認同（ego identity），雖然2010年群學出版社譯本的譯者曾凡慈將'social identity'翻譯為「社會身分」、'personal identity'翻譯為「個人身分」，但對於'ego identity'則譯為「自我認同」。Erving Goffman談及其間的差異：

　　社會身分的概念讓我們可以思考汙名化。個人身分的概念讓我們思考訊息控制在汙名管理中扮演的角色。自我認同的觀念則允許我們思考個人對汙名的感覺與對它的管理，也讓我們特別注意到他在這些方面獲致的各種建議。（頁126）

　　有關上述不同的認同概念內涵，文後進一步說明。Goffman這本書在討論交織教育學時特別重要，因為《汙名》一書不但談汙名、認同，更細緻的描述受汙名者在主流社會中「混類接觸」（mixed contacts）的各種狀態與呈現，而「混類接觸」正是我們在處理認同產製必須先梳理的脈絡。要提醒讀者的是，在該書中，「汙名」被視為一種「關係」（relationship），而非「屬性」（attributes）。

　　Goffman先在第一章談汙名與社會認同。由於社會「分類」的實然，人們對於眼前的人該是什麼樣子存在著特定的預設，因此使「受汙名者」產生兩種社會身分，一種是虛擬的（virtual）、另一則是真實的社會身分認同（actual social identity）。該書的重點在於其副標題「管理受損身分的筆記」，亦即「受汙名者」與所謂「正常人」（the normal）「混類接觸」時，如何去管理自己的身分以進行回應。在社會中，受汙名者學習與吸收「正常人」的觀點，以及具有特定汙名會是如何的一般性了解，因而習得社會的身分信念，於是在「混類接觸」時，或許就會出於防禦性地以畏縮來預做回應，也可能試圖懷有敵意的虛張聲勢，有時會在畏縮與虛張聲勢之間擺盪。也有可能「裝正常」（normification）或「正常化」（normalization），前者的意思是受汙名者努力表現得像普通人，雖然不一定會隱藏他的缺陷。「正常化」則往往以「正常人」（the normal）中的知情者（the Wise）為模式的過程。此在「明顯遭貶抑者」（the discredited）以及「可能遭貶抑者」（the discreditable），前者例如身體畸形或缺陷、膚色或外型，後者例如同志等，呈現不同「混類接觸」的應對狀態。

　　社會認同（social identity）、個人認同（personal identity）容易理解，於此我特別說明該書第三章談到的「自我認同」（ego identity）。「自我認同」是主觀性的，與感覺有關，由於受汙名者會學到各種身分標準，儘管無法符合它們，她／他們還是會把這些標準應用在自己身上，也被要求從主流團體的觀點來看待自我，於是產生認同上的矛盾──「既不能擁抱他的團體，也無法放棄它」（頁128）。受汙名者認同晃蕩在「內團體」（in-group）與「外團體」（out-group）之間：

　　　受汙名者發現自己處在一個四周都是關於他該如何思考自己

（即他的自我認同）的各種主張與討論的競技場上。他的困擾
還必須加上那些告訴他應該怎麼做、認爲他是什麼與不是什麼
的專家，同時將他推往好幾個方向，而這一切據說都是爲了他
好。透過書寫或演講來倡導任何一種「逃逸管道」本身即爲一
種有趣的發抒之道，但大多數人只顧閱讀和聽講而已，不作此
想。（頁147）

(一) 正常人「混類接觸」時也手足無措

　　雖然本書對於所謂「正常人」（the normal）與「受汙名者」「混類
接觸」時的反應沒能多加著墨，當我閱讀這本書僅出現的一小段落談到
「正常人」在「混類接觸」時的狀態——手足無措、不自在，不知如何對
應時，我聯想到當有學生跟我談他／她們各種被汙名的狀態，部分混類接
觸過程中，有時候一開始我也不知如何回應、不知道可以關心到的界線
在哪裡。反思到這些過程，我也想到在英國念書時曾經跟一位愛爾蘭屋友
（housemate）談到我在學院內受到的歧視性遭遇，他悠悠的說「可能因
為他們不知如何跟國際學生溝通交往……」。

> 我們正常人同樣也會認爲這些情境讓人手足無措。我們可能會
> 覺得受汙名者要不是太具攻擊性就是太害羞，無論哪種情況他
> 們都保持警醒，隨時要在我們的行動中讀出言外之意。我們可
> 能認爲如果對他的狀況顯現出直接的同情性關心，會超出自己
> 的尺度；然而，如果我們眞的忘記他的缺陷，又可能會強人所
> 難，或無意間輕慢了他的汙名夥伴（fellow-sufferers）。（頁
> 22）

　　混類接觸過程中往往是「正常人」不知如何回應，因為在主流社會
的互動裡面，較少人有這樣的經驗，而主流教育裡面對於「受汙名者」往
往隱晦的被存而不論，讓「正常人」更沒有機會獲得該如何與之互動的資
訊。反之，「受汙名者」為了能夠在主流社會生存，只能不斷練習，讓自

己更敏覺於互動中的風吹草動，日常生活逐漸熟練於情境管理。

(二) 教師作為知情者（The Wise）的轉譯角色

「受汙名者」要生存，首先要學會區辨哪些是「自己人」（the Own），以利於日常生活的各種展演。但在「正常人」、「受汙名者」、「自己人」之間，Goffman討論到一個我認為在交織教育學中值得被了解、看見的重要角色——知情者（The Wise）。知情者「是正常人，但他們的特殊處境讓他們熟諳受汙名者的神祕生活並且能夠同情，他們也發現自己在一定程度上被接受，也擁有一定程度的連帶成員資格（courtesy membership）」（頁33）；也有一種知情者的類型是，他的知情來自於在為受汙名者服務或代表社會採取行動的機構任職（頁34），另一種知情者是經由社會結構而與受汙名者產生關聯的人——此關係會導致社會在某些方面把這兩種人一體對待（頁36）。在學校或教室師生、生生關係之間，特別是教師作為知情者（The Wise），在「正常人」與「受汙名者」兩端進行文化轉譯的工作，將能夠在教室引發出不同的效應。

舉例來說，曾經有學校老師在自己辦公桌放個小彩虹旗，雖不顯眼，老師發覺這彩虹旗成為邊緣學生友善的通關密語，學生開始主動找老師聊各種困擾，彩虹旗的存在無意間讓老師成為班上某一邊緣群體的知情者（The Wise）。知情者不僅僅是許多教師口中的「同理心」而已，在一個班級中，倘若教師能夠從知識、情意層面理解受汙名學生的處境，或者從課程設計中召喚更多班上優勢位置的學生加入知情者（The Wise）的陣線，會是交織教育學實踐的重要策略之一。

二、揭露特權位置並使能感知

在《教學越界》這本書中，作者bell hooks——兼具作家、教師、黑人知識分子領袖多種身分，提到今日教育的核心：身處於多元文化主義的時代中，我們應如何重新思考教學實踐？我們可為那些不想教學的老師、不想學習的學生做些什麼？我們應該如何處理教室中的種族與性別歧視？對hooks而言，教導學生跨越種族、性別與階級的界線，以實現解放的天賦，這是身為教師最重要的目標。因此，hooks所稱的這種「教育」不是

一種理所當然（taken for granted）的以效率、功績主義為主的教育，而是一種深具批判性、能解構（或看到）社會中的權力核心，進而讓邊陲被見到與欣賞，因而讓界線（boundary）鬆弛或可以較容易被跨越，這樣的「教育」才可能成為自由的實踐。就如「批判的多元文化主義」尋求的「多樣性」（diversity）是在理解「差異權力」（power of difference）的前提且脈絡化於社會正義的基礎上，沒看見權力結構，無法鬆弛既有結構的教育努力，可能效果有限。

因此，多元文化教育對象是位於主流的大多數人或優勢族群，而非目前臺灣多元文化教育的政策性實踐做法——聚焦於對弱勢群體的「教導」。上述召喚更多班上優勢位置的學生加入知情者（The Wise）的行列，即在交織教育學實踐過程中，將特權（privilege）的覺知含括到重要的教學面向之中，透過解構特權化的認同（privileged identities）以及特權如何運作來維持穩固壓迫的結構，進入更深層學習目標。要解構特權（privilege），如上所述，首先要能夠拆解權力關係與認同。教師們必須先知道在社會實在網絡中他們的位置在哪裡，特別是種族／族群、社會階級與性別權力結構中。所以，「批判的多元文化主義」的教師必須能夠理解權力、認同（identity）與知識的交織的複雜性與細膩度，要能夠描繪出知識如何被生產並傳遞的方式，要能夠追溯權力如何被「寫入」心理與身體的方式。

Harmat（2019）於《交織教育學：性別與和平工作的創意教育實踐》（*Intersectional Pedagogy: Creative Education Practices for Gender and Peace Work*）一書開宗明義就以教學場景破題。作者先讓學生透過名字的故事彼此分享、分析，讓學生一開始能夠去思考、詰問、挑戰，探索認同、語言、特權、權力關係。Harmat（ibid.）認為鼓勵學生先把他們自己以及他們本身多樣的交織性認同（intersectional identity）帶到課堂裡面來，可以營造出一種開放的氛圍，可以讓彼此產生不同層次以及智識性的學習，這也是第一手資料的學習。智識性的學習並非單獨存在，而是與情緒與社會學習交織而成，包含有關於名字、背景、交織性認同等的認同、刻板印象、偏見。名字的分析（name analysis）課堂活動作為一種批判性的實踐，可搭起具信任基礎的對話橋梁，也能讓學生反思他們所從來的歷史、傳統、背景，並探索在他／她群身上可能的刻板印象。

　　看了該書從「名字」開始的課程，我實驗性的在通識課程帶領一個「請問大名？」活動，活動名稱我不使用大家習以為常的「請問芳名？」一詞，改為「請問大名？」以淡化男性在關係中主動性的刻板印象。該週主題為「男子氣概」（masculinity），於是我讓同學彼此之間分享自己為何如此被命名、名字的意義，藉以突顯男女性被「命名」背負的不同性別期待。儘管新世代的命名已經沒有那麼性別化（gendered），在結束同學命名的分享討論後，我呈現出每一年臺灣不同性別菜市場名字的排序，讓同學看到不同世代的性別期待，再連結到「男子氣概」（masculinity）一詞在不同年代、脈絡、文化中，也有著不同的內涵。這樣的討論，引起一些同學的興趣，下課之後，有學生跟我說到她曾經看過《第二性》（The second sex）一書談到種族跟性別的交織，我說「沒錯，就像一個黑人女性站出來，大家先看到的是黑人，而不是女性，為什麼？」

　　將交織性理論帶入教室的嘗試，例如Banks和Pliner（2012）、Ferber和Herrera（2013）都有談到。在進行「交織性」架構的時候，教學時教師要注意避免過度強調某一單一特性（在個人狀況的了解上）（Dill & Zambrana, 2009），而要把焦點轉到關於特權與壓迫社會位置的檢視（Cole, 2009）。也就是說，教師必須能夠裝備學生進行結構性權力分析的能力，以跨越個別層次或者誤以為看見每位學生的獨特性而已（Rios, Bowling & Harris, 2017）。所以在教學的部分，可以有以下的做法：(一)讓學生練習使用交織性理論，選取兩個不同面向比較分析；(二)將課程讀本或個人的例子，連結到交織性圖像的描繪；(三)思考這交織性圖像如何在個人、群體、文化、體制上，以及結構性層次能夠有新的改變。就如批判教育學也不願去描繪任一個特定的教學歷程（a specific set of teaching process），交織教育學也沒有特定歷程，而是在理解學生文化前提下的師生互動與彈性調整，自然無法被快速複製。能夠被快速複製的是商業，而不是教育。

　　當特權位置被揭露，然後呢？筆者想從自身失敗的教學故事談起。政大教育系系務會議通過從109學年度第一學期始，由我與王素芸教授、張奕華主任合開「教育概論」一門課，我思考著這六週「教育概論」課程應給教育新鮮人什麼樣的教育感受與想像，腦袋逐漸浮出來的是「邊緣教育學」一詞。主流教育概論往往以常態（normal）為關注重點、從中心

（center）角度進行觀看，並判斷所謂的好／不好、優秀／駑鈍等。為了這三分之一的課程，我花時間整理成一本上課用書《邊緣教育學：寫給教育新鮮人的導讀書》，嘗試從「邊緣」出發，以教育社會學為理論基礎，性別教育、多元文化教育為核心議題，嘗試讓「邊緣」成為中心，使得教育新鮮人學習從邊緣的角度觀看所謂的「教育」，也藉此讓學生重新思考「教育」的本質。我審視部分《教育概論》教科書，內容雖然包山包海，然而文字的陳述較難讓大一教育新鮮人引起共鳴、感受與對話，於是設計用「感受」作為學生進入教育很重要的入門，因「感受」能夠引起強大的內在動機去學習、去洞悉問題，進而思考解決問題的方針，是進入教育很重要的開始。

志得意滿的花了許多時間做課前準備，課程當中剛好遇上學校的「文山聯盟」事件，即政治大學與附近大文山地區的大專院校共同組成跨校聯盟，包含華梵大學、世新大學、中國科技大學、景文科技大學、東南科技大學、臺灣戲曲學院等，這消息在網路引起熱烈討論及反彈，有政大學生憂心學歷貶值等。這是一個很棒的教學切入點，我於是把六次課程重點放在未來教師的多元文化教育，跟他們談哪些人念臺大？上頂尖大學？科技大學又是哪些背景的人居多？想要讓他們理解「教育不公平」的結構為何。

為了讓學生更加理解自己的社會位置，規劃前進、後退的活動，例如「父母之一有大學學歷」往前一步、「雙親之一是原住民」往後一步等，由於班上人數太多，於是請大約四、五位上來作為這活動可以如何進行的例子，沒想到這「感受性」活動也引起部分學生的反彈，有同學認為「當活動結束時，我看到有同學一直站在原地不動、遲遲無法前進一步，而另外的同學已經遙遙領先時，不免為這個活動設計感到不滿。我無法決定先天性條件，但這些也不該被拿到教室上被公審。」其他教學評量留言還包含「有些同學對這樣的課程感覺到很不舒服」、「老師有些言論對同學很不友善」、「希望老師能夠更多尊重學生的想法，少一點灌輸自己的想法到我們身上」。

這對我而言是一大衝擊，原來對於眼前絕大多數來自中上階級家庭背景的大一新生而言，這樣的教學讓有些同學感覺太過強烈，更諷刺的是那些感受卻是這門課教學目標致力要消除的。來自農工階級的我，無法體會

這是什麼感覺，痛定思痛，我試著思考著優勢階級被挑戰的心情是什麼？很認真用功考上頂大，卻又被引導思考自己的成功可能來自於很好的家庭條件，那是多大的否定？在寫這本書的同時，我也思考什麼樣的課程設計能夠在不到六週的時間引導大一學生思考教育不平等的議題，想到有些學生這門課的心情，我決定向全班寫最後一封信，摘錄部分如下：

> 當時的脈絡是要讓同學體會不同社經地位、性別、族群起跑點、文化資本的差異，因此請一些同學上臺，我也說了那只是一個活動的例子，沒有人要「公審」任何人，是要讓大家從教育社會學的觀點理解：我們現在的「成就」或者「頂大學生」的位置光環並非「理所當然」，而背後有哪些因素支撐著我們有這樣的「成就」。這是教育社會學的批判觀點，從結構面來分析現象，絕非針對任何的「個人」。如果妳／你有非常不舒服的感覺，我也能夠理解，因為大部分的我們是享受很多資源的社會優勢者。

> ***************〔略〕

> 我會建議大家先去修「社會學」，再來修「教育社會學」相關的領域，否則感受會太過強烈。臺師大的教育系，「社會學」是必修。我自我檢討一下，這六週應該只講「社會學導論」就好，否則一下子就進到多元文化教育，在沒有任何「社會學」、「教育社會學」的基礎前提下，對有些同學的確太快、太重、太多，特別是剛從高中上來的大一同學。

> 對於過程中有「感覺到很不舒服」我很遺憾，但這個是人之常情，被挑戰總是會不舒服，然而這是作為未來教育者「反思能力」的開始——每個人出生背景、生存的環境，都會影響著他們如何思考事情的方式。但當然每個人出身自己無法決定，我們出身好，是我們的幸運，但如何拿這些幸運做更多事？但在師資培育過程中，必須開始學著如何以「整體結構」的觀點來

思考每個學生，才不會成爲再製（reproduce）既有社會結構的推手。

最後，送給大家一段短片，作爲課程最終的結束。
你拿幸運做什麼？
https://www.youtube.com/watch?v=ZeYns11of0M

　　我不確定多少學生能夠理解上一封信的內容，但這以「感受性」出發的課程，的確引起優勢學生的「感受」，但卻是負面的，當然也有正面的，特別是轉學生、性別少數、來自東南亞等弱勢群體學生。我回想之前開過五次大學部「多元文化教育」選修課程能成功引起學生深刻反思的原因，可能在於有完整的時間累積理論上的扎實訓練，帶著學生進行學術上的思辨，之後再藉由各小組的實作行動進行反思。這樣的知識性混成實作課程設計，對於菁英學生而言，應是較婉轉、較能接受，且能自然進入反思狀態的方式，而非像「教育概論」課程讓學生在毫無知識反思、心理預備的情況下強迫進入「感受」。
　　教學場域與歷程作為田野（fieldwork），過程中筆者不斷思考與對話，上述的教學失敗原因在於在一層層的理論概念理解之前，我就急著讓學生「反思」，這對優勢學生形成一種很難接受的情緒，甚至成為「灌輸學生想法」的教學，更是始料未及。換言之，揭露特權位置必須以知識的引導為前提，並且在知識的堆疊中，一層層的抽絲剝繭，讓學生逐漸感知並自我拆解，而社會行動實踐正是加深看見、感知與反思的重要媒介，而非結果。

三、教育者與學生的反思與行動

　　如前所述，實踐交織教育學的課程要能夠引導學生「看見」不同面向的權力如何交織作用於個人，並對交織性的認同有深刻反思。這樣的課程除了在教室中的教學設計，社會行動（social action）可以扮演什麼樣的角色？一般認為是先看見了什麼問題，然後才能開始有所行動，「看見」似乎在「行動」之前；然而，「行動」或「實踐」是否可能成為「看見」

的方式呢？看見、實踐與反思又是什麼樣的關係呢？以下筆者分成三個層次來說明反思、看見與實踐交織性在多元文化教育／交織教育學可能的思考方式與運用：(一)透過文化體驗產生同理與理解；(二)透過反思性的對話，思考社會文化脈絡的權力關係、特權與位置；(三)「實踐」之後產生新的「看見」，產生更系統性、深刻性的行動與改變。詳述如下：

(一) 透過文化體驗產生理解與同理

　　王雅玄（2008）〈進入情境與歷史〉一文提及「文化體驗」可以直接轉化為多元文化素養，李淑菁（2017）在〈「體驗」作為多元文化教育的一種方式：內涵與實踐〉指出，「體驗」作為一種跨界的形式，打破範疇（category）之間的界線，這樣的理論位置正是多元文化概念的基礎，而位置造成的觀看視角不同，因此若能讓主／客易位，有機會從不同視角觀看世界，能夠置身不同於「習慣」、「理所當然」或主流的位置，正是多元文化教育的重要內涵，而「體驗」正是讓「位置」轉換的直接方式。雖然生命經驗並非每人皆能得，透過體驗式的學習可以對他者（other）的生活經驗與情境有機會產生連結交融（engagement），這樣的交融也是理解與對話的基礎。舉例來說，旅行（特別是裸旅的方式）本身由渾沌開始的文化衝擊或理解，可以使其由整體（the whole）出發，不致一開始就陷入單一社會範疇的看見。為了更加了解印尼文化，在2015年夏天，我將自己置入其中，藉由「移動」讓自己成為異鄉「客」，也開始了一段文化理解之旅。我將這一段有關性別觀察的部分整理成〈《印尼etc.+》：伊斯蘭性／別文化初探〉一文，這也是一段對伊斯蘭文化不斷拆解與重新理解的過程。

> 到印尼前，我對伊斯蘭性／別文化的了解不外於中東世界帶給我的經驗；到了印尼，沿路上一直感覺「對不上」原本的經驗，卻也很難具體描繪出印尼伊斯蘭性／別文化的樣子。隨著跟當地人的接觸愈來愈多、在地觀察時間長一些，再回到臺灣，當印尼食物繽紛的感受依然在舌尖激盪著，我想到了印尼伊斯蘭性／別文化其實很能與印尼當地飲食相應。……一樣行

走在伊斯蘭國家，筆者作為一位生理女性，在印尼比中東的感
覺輕鬆自由許多，沒有那麼多注目的眼光，也不見比例那麼高
包頭巾的女性……（李淑菁，2016：150）。

同樣的，從進到越南之前在圍「籬」外的想像，到真正起身離開臺灣
進入越南，我才慢慢能夠釐清越南的性別風景，原來越南媽媽眼中的臺灣
更是重男輕女，原來越南內部有那麼大的文化歧異性，原來越南那麼重視
孝道；進一步對越南社會文化的了解，可以幫助我們理解臺灣的越南婚姻
移民女性的處境（李淑菁，2013）。文化了解（cultural understanding）
是多元文化教育的核心，也是看見的第一步。跨國婚姻讓臺灣與東南亞愈
來愈密切，然而國人對她們的文化了解依然非常有限。我們最初理解新住
民文化的方式，顯露出因「不了解」產生的恐懼與歧視。尊重來自於理
解，倘若多數的優勢族群對多元文化相關議題沒有興趣，文化理解的匱乏
就不難想像。舉例來說，「vòng tay」在越南文化中是很重要的傳統禮貌
動作，雙手環抱在胸前下方一點（有些情境要上身往前微傾鞠躬），表示
問好與感謝。不具「文化了解」的教師可能會將之誤解為不禮貌，或有侵
犯意圖想要打架的動作。

能夠產生深層意義並發生改變的文化體驗，往往發生在學校圍牆之
外，「外婆橋計畫」就是一個很好的例子。誠致教育基金會與《四方報》
在2011年暑假發起「外婆橋計畫」，讓新移民媽媽有機會帶著孩子及其
臺灣老師一起搖到「外婆家」，這過程對於教師與孩子而言，都是深刻的
文化體驗教育。不曾到過東南亞的老師透過這場文化體驗學習，向新住民
媽媽及東南亞親人學習在地文化，充實多元文化知能，轉化成為教學專
業能力，也讓移民第二代增進對母國的認識，增強對媽媽母國文化的認
同與自信心；對於新移民媽媽而言，在孩子與老師面前能夠展現文化的
熟稔度與自信，這些可能是孩子與老師從未看見的。文化衝擊、體驗可
以轉為看見邊緣的能力，行動與實踐可以作為重新看見的方式。不了解
容易產生偏見，偏見生成歧視，因此文化了解是非常重要的基礎。複雜
性、差異性必須先被看見並理解，「肯認」（recognition）才有可能，否
則差異（difference）被看見之後，恐淪為區別（differentiation）、偏見
（bias）與歧視（discrimination）的幫凶。

(二) 透過反思性的對話，思考社會文化脈絡的權力關係、特權與位置

在談特權與位置之前，應該先談一個詞彙——「位置性」（positionality）。「位置性」是後結構主義關注的重點，位置不一樣，看到的世界也跟著改變，而位置有時並非自己能夠選擇的。位置性（positionality）的概念跟著位置（position）而來，主要有兩層相關的概念，第一是Alcoff（1988）的「位置性」（positionality）概念，她用此來說明性別認同與社會文化位置的關係，強調每一個人的位置開始於其現存的物質的、文化的、歷史的所處自我。女人的天生本質是被給予的，女人之所以被定義，並不是因為其特定的一組特性，而是其所在的特定位置，而且外在的環境也會決定其相對的位置（卯靜儒，2004）；換言之，這樣的「位置性」隱含變動的特性。第二是質性研究中關於研究倫理的討論，研究者必須要經常反思自己的位置在田野進行過程、資料的蒐集與結果呈現可能的影響。Alcoff（1988）也同時提及「位置性」在研究中的重要性。她從「相對位置」（relative position）的角度重新看待婦女（woman）這個詞彙的概念，並指出位置性概念的兩項內涵：是一種關係性（relational）的辭彙，因此只有在脈絡之中才能呈指出來；第二，婦女所處的位置是意義本身被理解之所在，而非被用來作為意義的建構而已。

「相對位置」的概念讓我們思考不管性別、階級或族群作為社會類屬，皆有其社會建構性，更有其流動性，因此看待社會類屬關係時，不能僅化約為壓迫／被壓迫的關係，也很難只看性別單一社會面向，這也說明了後結構女性主義於當今社會研究可著力之處。舉例來說，因為所處的社會位置不同，「家庭」對社會中的男性、女性而言，可能存在著不同的意義（John Muncie等人著，洪惠芬、胡志強、陳素秋譯，2003）。同樣的，主流族群的家庭意識符碼可能在社會工作者文化敏感度不足的情況下，作出不當的處遇，導致長期的傷害（林津如、黃薇靜，2010）。在學校教育中，漢人教師詮釋的原住民族的性／別關係，影響原住民族學生在學校如何被看待與對待的方式。

有特權者（the privilege）很少能夠知道自己處於特權當中，因為社會規則的建置大多以主流為中心，主流社會的我們往往誤認這些社會規約

為「中立」（neutral），「自然」不必努力就可達到或遵守，「自然」成為「正常」。在此必須進一步澄清的是，多元文化教育在談權力關係時，是從「結構上」的權力分配、資源分配或文化肯認進行檢視，並非責怪優勢族群中的個人。在課堂上談性別時，有些生理男性學生會覺得不舒服；談階級時，中上階級背景的學生會一直想為自己辯解等，其實是對權力概念的不了解，以至於引發不必要的情緒反應。學術上的討論與一般人想當然耳的想像是有落差的。

　　「經驗」能否產生意義，就看具不具備思考及反思能力。如何能夠透過反思性的對話，讓主流、特權學生理解社會文化脈絡的權力關係、特權與位置，對社會中個人的影響？Carolyn Zerbe Enns和Ada L. Sinacore（2005）共同編輯的《教學與社會正義：教室中的多元文化女性主義理論》（*Teaching and Social Justice: Integrating multicultural and feminist theories in the classroom*）一書中，作者首先說明將「社會正義」一詞寫在此書標題的原因，是為了彰顯將學術與多樣性相關的實踐融入（infuse）於教育歷程與內容的重要性。該書是1998年諮商心理學會議之後規劃整理成的專書，該書的目標除了將有關多元多樣的教育文獻，引介到心理學領域，並協助心理學家與教育人員整合理論與實踐。在前言，兩位編者也說明教育中的「社會正義」包含：(1)要中心化並肯認邊緣或被忽視者的觀點；(2)改變教育發生的方式，如何讓權力差距縮小，讓學習者與教育者的增能更為完善；(3)可以讓所有的學習者有完整且公平的參與；(4)重新思考可以讓學習真正發生的機構內的結構（institutional structures）。

　　該書第一章作者Enns和Forrest（2005）就認為，多元文化能力與素養（multicultural competency and literacy）應是基礎教育的核心，多元文化教育是關於且為了所有人而存在（about and for all people），對象並非只是弱勢或有風險的孩子，反而是優勢群體的學生通常對於多樣、權力與特權有錯誤的訊息，特別是多元文化教育需要致力引導的對象。作者們在文中也談到女性主義教育學的重要基礎「意識覺醒」（consciousness-raising），其實也是批判教育學的核心。雖然該段落只談性別，但其概念與實踐策略可供我們思考如何具體透過教室中反思性的對話，讓學生思考社會文化脈絡的權力關係、特權與位置。

　　Enns和Forrest引用女性主義教育學Berenice Fisher（1981）的研究指出「意識覺醒」兩個最重要的面向為：(1)自我教育（self-education）及自我定義（self-definition）能力的培養(2)在理解壓迫跟解放經驗時，同時也要關注情緒與認知。那是Fisher在1981年的觀點，即使在二十年後Fisher（2001）的著作，仍然將「意識覺醒」置於女性主義教育學核心。「意識覺醒」包含如何透過經驗、感覺與想法的分享，提高個人與世界關聯性理解的覺醒。這樣的女性主義教育學的教育歷程包含：(1)關注群體的改變，從主控群體（dominant group）的典型教育內容到被邊緣化、被忽視的群體經驗；(2)權力動態（power dynamics）關注點的改變——包含女性或其他被壓迫群體如何無法成為意義創造者、宰制（dominance）如何透過男性中心的內容及語言被強化，以及機構、家庭及教室如何成為不正義的縮影等。所以根據Berenice Fisher（2001），女性主義教育學應該要檢視各種不同的經驗，特別能夠認知到女性獨特的經驗，並連結到壓迫與解放的思考，以挑戰不公平權力之知識，並看見學生的行動、經驗、認知及情緒等，以能夠回應不正義的交織形式。

　　在女性主義教育學的原則與策略方面，權力關係是必須要處理的議題，特別是在女性主義教室之內。國內關於女性主義教育學的研究，大多以大學教師在通識課程實踐女性主義教育學的討論為主（楊幸真，2009），基於女性主義教育學對於權力與宰制的關注，無獨有偶的，相關論文也都思考到這些議題並能反身思考，例如謝小芩與王雅各（2000）探討開設「兩性關係」和女性主義相關通識課程的女性教師如何在教學中實踐女性主義教育理念；楊幸真（2003）分享女性主義教室的經驗，並省思認同政治如何影響教學實踐；蕭昭君（2007）也反思自身課程面對的反挫與挑戰。

　　除了教育者要去處理權力的議題，Enns和Forrest（2005）認為教師也應本著「權力分享」（power-sharing）的原則，降低師生關係的階層體制（hierarchies），在教室環境上要特別重視參與式及互動式的學習環境設置，由學生經驗出發引發討論，強化學生作為專家以及活躍參與者的角色。而教室平等參與的策略包含：首先，教育人員的角色不再是傳統的領導者，而是促進協調者（facilitator），然後讓每位學生想要發聲的努力，都可以被認可與鼓勵，特別是分享文化特殊性相關的知識，運用的

方式可透過小團體討論，讓學生彼此分享觀點，並互相協力實踐合作學習。在評量／評分的部分，也盡量採用同儕問責（peer accountability）與給予團體成績（group grading）的方式，以符合「權力分享」（power-sharing）的原則。舉例來說，可嘗試將評分權交到學生自己手裡。筆者曾在芬蘭教室進行觀察，芬蘭國民教育階段沒有考試，但運用自行評估訓練學生對自己負責的態度，也是訓練獨立的開始。在一堂都是小一學生課程，老師讓學生評估自己昨天作業的表現，自己覺得表現不錯，就上來拿玻璃珠，一個、兩個或三個，自行評估，每位小朋友要說明拿了幾個玻璃珠的原因，這也是一種自我評估與負責的訓練。

　　看見與反思只是第一步，也是很重要的一步，至於如何面對、行動或承擔，在不同位置、角色與情境脈絡下，會有不同的做法。此刻我在寫作，寫作就可以成為一種社會運動；當我在教學，多元文化教學的本身也可以是一種社會實踐。作為一個學生，大家可以思考學生在看到問題之後能夠進行的努力。看見，是一切的開端！但更多人是看不到自己的優越位置，以為自己擁有的一切是理所當然，認為他／她人的弱勢是自己不夠努力。

　　從「看見」、「遇見」到「交融」（engaged）的交織性的過程中，教師的角色轉換相當重要，涉及到師資培育與教師教育的層次。與社會的連結能力是芬蘭師資培育的重要素養之一，其內涵包括社會覺知能力、批判性思考能力、平等的對話能力、文化能力、社區參與等社會能力。這些重要社會連結能力的養成，也正與未來108新課綱想要培養的學生能力高度相關。教育並非獨立存在，也不可能獨立存在，教育的發展需要整個系統的支持，並透過社會與文化永續發展，來維持教育永續性。

(三)「實踐」之後產生新的「看見」，產生更系統性、深刻性的行動與改變

　　教室成員因「位置性」差異可透過小組討論，讓不同的視野與生命經驗交融，接著教室外的體驗與實作，帶回來新的理解，再次小組交流討論後產生新的行動，再經過批判性思考，就有機會解構／重構既有的知識架構。某部分修筆者課程的學生都曾經經歷這樣的改變歷程，舉例來說，一

位在民國105年修「多元文化教育」課程大學部學生小米（化名）在期末作業的反思摘要如下：

> 上這門課之前，我對東南亞移民、移工的知識非常薄弱，甚至，潛意識裡仍存在著「衛生環境差、落後」的觀念。然而透過課程的內容、廖雲章的演講、期末實作作業，以及我課外參與的華新街導覽中，讓我有機會嘗試進到這些不同國家的文化脈絡裡，重新認識他們。而也因這堂課，讓過去對東南亞興趣不大的我，開始會注意身邊有關「東南亞國家」的訊息，雖然現階段常有「停在了解表面差異」的情況，但我想認識不同的事物都是由「了解差異」開始，引發興趣後，才能更深入地以理論和實查，走進文化脈絡裡。我不覺得，這門課裡進行的實作，或者相關的議題探討，會因爲這門課的結束而告一段落。相反的，這門課開啟我的視野，這些實作和議題探討，反而會以這堂課爲開端，不斷出現在我的生活裡……
>
> 這門課的意義對我來說，並不是學了多少理論，而是透過小組同學的不同背景，對於不同議題的想法，在我身上產生的火花。我認爲老師將同質性的同學打散，讓小組能有更多元的組合，這樣的做法很棒。像是我們這組就有來自澳門和日本的同學，有致力於參加社會運動的同學，教育系、民族系和心理系三者的交織，可以激發出不同的火花。

就如bell hooks（2009，劉美慧主譯）所言：「對話作為跨越邊界的開始」（p. 127），這種高度學生參與、涉入，強調透過經驗或體驗，與知識的學習、生活與生命經驗產生連結，並重新自我解構與重構，正是交織教育學很重要的歷程。Gal Harmat談自己在大學的教學課程運用女性主義批判教育學，讓學生先能夠運用性別分析日常事務，發現學生在這樣的教學過程中能夠逐漸在性別議題獲得比較寬廣的視野，也學會轉譯生活中的一般事務成為一些理論性的語言。這種理論與實踐的結合、個人與學術脈絡中的社會、文化的相遇，可以讓學生覺察能力產生改變。這樣的課程奠基於學生自己透過討論，分享與擴展個人與文化世界的理解，

如此將學生經驗融入到課程過程中的做法可以讓學生產生對課程的承諾（commitment），同時也能改變教室中傳統的師生威權關係。如此多元文化友善教室的前提則是教師要先營造出一個人際之間的安全空間，包含互相尊重、積極接受，以及對於壓迫的拒絕。

　　綜上所述，任何一個有效、能啟發學生看見、思考與深刻行動實踐的課程，必須先看到學生本身的經驗，而這些經驗又溯源到家庭社區的社會、政治、經濟文化脈絡，倘若教師將學生的經驗脈絡化（contextualized）於課程之中，讓學生嘗試用「整體觀」（holistic view）去感受、去理解，就有機會解構與重構知識、意義及社會中的自我。這樣的多元文化教師必須具備對文化的好奇與興趣、不盲目跟從主流意見的批判性思考能力等，然後懷著謙卑，自然就可以走入學生的心。在教師養成過程中，課程不應限於教育學而已，包含批判教育學、性別研究、後現代理論、文化研究等也都提供反歧視教育重要的理論基礎，如此才能培養教師成為具反思批判能力的「轉化型知識分子」（transformative intellectuals）（Giroux, 1988）。

　　細微的觀察能力是多元文化教師必須具備的重要工具能力，教師如果能夠具備質性研究的能力，或者能夠以人類學的視角，透過案例研究（case study）的方式把自己的班級當田野地，都能訓練自己成為多元文化教師。質性研究的能力不必然只能用於研究，不管運用在自己的生活、學生觀察與班級經營等，都相當有用。多元文化教師即能透過觀察與閒聊，很快的掌握學生的現況與問題。對於多元文化教育而言，「質性研究」特別能夠訓練未來老師幾個重要能力：(1)「開放性問題」提問與探究；(2)能夠用「對話」與「觀察」了解問題；(3)在探究問題與行動過程中，能夠做到互為主體性（inter-subjectivity）的能力，而非單方面的主從關係。教師在具備以上能力後，方能更細緻的進行文化回應教學。

第三節　邁向交織教育學的多元文化班級經營圖像

　　本章前兩節首先說明交織教育學的內涵與實踐，那麼運用交織教育學於多元文化班級經營的圖像為何？此時，先讓我們回想一下在第三章的

圖3-1大圖像的多元文化班級經營概念圖，多元文化班級經營是以平等為核心，教師的多元文化素養能將「平等」的概念擴及學習活動、課程知識解構與重構、班規與教室空間安排，進而洞悉性別與族群、階級各種交織型態及班級中的文化政治學。教師多元文化素養可撐起各自班級經營的堡壘，卻也與學校文化、社區文化密切相關，而教師的班級經營也會反饋到學校文化、社區文化及社會之中。在第四章第二、三節有關教師班級經營實踐策略的分析中，我們可以領略到愈是能夠理解學生文化、愈能反思自身與學生的權力差距、愈能善用內外部資源、愈能以信任與了解為基礎，愈能權力分享的班級經營者，愈接近多元文化班級經營圖像，只是「多元文化教育」作為師資培育的課程之一也是近十多年來的事，況且多數教師沒有修過這門課，因此有些教師在教室中實踐著多元文化班級經營，卻不盡然聽過「多元文化教育」這詞彙，更遑論性別與族群、階級交織性的概念。職是之故，在本書最後一節將整合前兩節有關交織教育學的重要概念，將之延伸到班級經營，思考邁向交織教育學的多元文化班級經營如何可能。我嘗試將交織教育學的主要概念置之於班級場域之間，繪製出邁向交織教育學的多元文化班級經營概念圖（如下圖5-5）

　　交織教育學下的多元文化班級經營圖像中，教師仍扮演重要核心角色，但跨越前述大圖像的多元文化班級經營，教師要進一步成為知情者（the Wise）與多元文化群體之間的協調者或催化者（facilitator），能透析班級的權力結構，理解個人的交織性認同、每個人所處的交織性權力位置，在民主的班級文化之中創造不同群體之間的同理共感，特別是優勢群體與少數群體之間，能夠透過「紮根」與「置換」（rooting and shifting），在殊異的經驗基礎上進行理解與反思，創造對話的基礎。而能夠看穿班級權力結構，則與是否對學校、社區與所處的社會文化產生社會性覺知（societal awareness）有關。以下分成兩個主要部分來說明邁向交織教育學的多元文化班級經營圖像：一、教師作為知情者、協調者；二、關係與同盟。

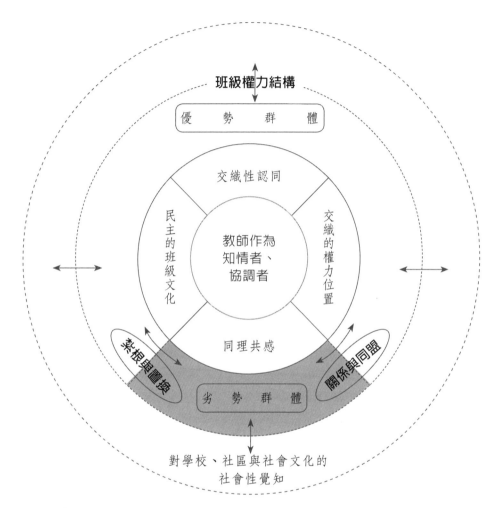

（作者發想草圖，陳緯安協助電腦製圖）

圖5-5　邁向交織教育學的多元文化班級經營圖像

一、教師作為知情者、協調者

　　根據公視新聞報導（2020-05-20），臺東縣教育處首開先例發文給縣內的國中小學，希望取消「風紀股長」的幹部名稱，將管理秩序的責任還給教師，也能減少同學之間的排擠、霸凌和衝突。臺東縣教育處認為「風紀股長」帶有威嚴意涵，也容易成為「抓耙子」、被同學排擠的對象，

教育行政單位隨著社會變遷，重新思考威權遺緒進行調整，深具教室民主化的意義，尤其在「班級」這個小社會裡面，導師／教師作為領導人如何理解班級經營、如何看待「班級」、如何塑造班級氛圍、維繫班級向心力等，都與教師本身的教育哲學觀、個人求學經驗、師資培育歷程、學校文化氛圍下其他教師壓力以及多元文化素養等因素息息相關。然而長久以來，當我們談班級經營的「問題」時往往化約為班級中「問題學生」產生的不合規範行為，例如搞怪、不守秩序、不交作業、偷竊、上課睡覺等，因此許多教師遇到類似的問題習於個別處理，或者以為「愛與包容」就可解決一切。這與多年來的班級經營學術發展有關，正如本書第二章整理臺灣歷年來的班級經營學術發展，發現「班級經營」傳統上多從管理、控制、教育心理學等觀點切入，少能從社會文化觀點進行鉅觀式的觀照，此也彰顯本書在教育領域的突破性與重要性。教育社會學／多元文化教育／交織教育學的觀點教我們若把「問題」放到社會結構面去看，當我們能有能力「看穿」「問題」的本質時，我們也看到了解方。

儘管教師班級經營不免受到學校文化、社區文化，甚至更廣大的社會文化價值觀所影響，教師多元文化素養是能夠撐出有關班級經營的學習活動、知識、班規、空間之關鍵。特別就教師多元文化素養而言，本書在第三章第二節「多元文化素養為中介的班級經營」嘗試了解教師對多元文化教育的理解方式，「理解」關係著「素養」，教師多元文化素養關係著能否看穿班級中的文化政治學、性別與族群、階級各種交織型態，能否運用於學習活動、課程知識解構與重構、班規與教室空間安排等。舉例來說，前述第四章中的小玉、小E老師坦承自己跟「家長」聯繫時都會習慣性跟「媽媽」連結，但因不知如何與新住民母親溝通，所以選擇跟爸爸聯繫，就如同前述「正常人」在「混類接觸」時也可能手足無措、不自在，不知如何對應，筆者可以理解導師選擇跟爸爸聯繫的考量，只是具備多元文化素養的教師可以進一步讓自己成為知情者（The Wise），在「正常人」與「受汙名者」兩端進行文化轉譯的工作，能夠在教室引發出彼此理解、相互學習的相乘效果，形塑班級韌性，更有助於班級經營。

於此，我想引薦社工與輔導領域常講的「優勢觀點」（Strengths Perspective），重新思考如何了解所謂的班級學生問題，並發展以班級作為一個整體（class as a whole）的優勢觀點。「優勢觀點」是美國堪薩斯

大學社會工作福利學院Charles Rapp教授與Ronna Chamberlain博士生於1982年共同發展，跨越傳統視案主為身陷問題、疾病、失能之人，重新採取一個全新的視角，肯定每個人的改變潛能。開始看見、發掘和運用案主被忽略的優勢，由此找到並建立更具品質、有意義的生活，該觀點是對病理觀點的反動、對問題解決學派的修正（宋麗玉、施教裕，2009）。「優勢觀點」的內涵與多元文化教育及交織教育學相近，只是前者重點在於社工人員應重新框架（reframe）對案主的觀看角度，而後者強調教師也應重新框架並改變對學生問題／教學／教育的思考模式與架構。

那麼，從優勢觀點、交織教育學切入班級經營，教師可以如何開始呢？首先，教師應重新概念化班級經營所「經營」的對象是「班級」作為一個整體，而非針對其中的個別學生成員進行「管理」。換言之，學生非班級經營的客體，而是「班級」。新時代的教師應具備以社會學或多元文化觀點的視角，將班級視為一小型社會的組合與縮影，甚至是社會關係部分面向的尖銳化。班級作為一個小社會，便存在多元性與複雜性，學生成員來自社會各個層面，包含不同社會階級、族群文化等。教師作為一個班級的帶領者，首先必須了解小社會的型態、組成與內涵，輔以「優勢觀點」，重新框架看待班級成員的方式，加上探究不同成員交織出的班級樣態，將焦點從個人移轉到班級本身，逐漸發展出一個以班級為本的服務（class-based service），就會有機會營造出bell hooks（2009，劉美慧主譯）所言「教室內的愉悅感」（pleasure in the classroom），讓教室內的學習充滿令人興趣與快樂的氛圍。作為一位教師，如何去理解種族／族群、階級、語言、性別等很重要，教師如果沒有能夠針對種族、社會階級、性別等作通盤的了解，即具備全觀性理解的能力，可能會導致對於學校班級發生之事產生過度簡化（oversimplified）或不正確之理解，而提出違背教育平等的簡化解方。舉例來說，一接新班，導師一拿到學生基本資料表格時，像家長姓氏名字（族群之相關線索）、家長職業（階級）、語言使用、性別、身心狀況等，都會影響我們對學生的了解。我們該如何跨越個別性的資訊，統合來思考這些面向揉合形成的班級樣態，而非個別分開來忖度可能的問題，考驗著教師的多元文化素養。

第二，教師必須重新框架並改變對學生問題的思考模式與架構、用優勢觀點站在更高的位置進行後設式的自我覺察（meta-awareness），開

始學著從整體結構的觀點去理解自己班級文化、家長與學生特性與其社會文化背景的關係、從社會文化的觀點去理解所謂的「偏差行為」，也就是具備見樹（個別差異）又見林（「樹」以及所組成的各種社會關係）的能力，方能看見班級內的社會與文化，並思考可能與可行的班級經營策略。在教學上，不宜再複製上對下的權力階層關係於教室環境之中，且在關係經營上，也應跳脫傳統管理觀念裡所暗示的一致性、統一性，及對殊異價值的壓迫和控制等。透過肯認差異、彼此的理解，教師多元文化素養能夠讓班級內部充滿韌性／韌力（resilience），教師也能藉由教師社群、社區支持幫助班級強化班級韌力，使內外關係與生態系統呈現有機互動。導師通常是最能掌握學生與班級狀況的人，倘若導師可以做好相關角色，學校輔導制度也能進行得更加順遂。班級文化的改變，是可以進行的努力，剛開始或許需要花費很多心力，一旦步入軌道，學生與環境以更多更快的方式回報。本章一、二節交織教育學的內涵與實踐可作為教師進行後設式的自我覺察（meta-awareness）的檢視指標。

　　第三，逐漸解封集權式管理，重新建立溝通與參與的班級組織文化，讓不同才能、族群文化、性別、階級等學生彼此教導，一起參與班級活動與課程教學。這樣的解封並非「全有」到「全無」，而是透過部分權力分享的同時，也賦予學生責任，學習為自己的行為、為班上負責。近幾年臺灣開始運用的「審議民主」概念，可以是班會或是任何班級決策一個好的嘗試。審議民主是一種民主參與模式，讓不同觀點和立場的人，有機會相互溝通、學習與對話。教師可自行將審議民主概念轉化成適合班級年段、特性的簡易版，協助學生進行班規討論、園遊會規劃、校慶活動構思等，讓學生在過程中學到溝通與互相理解、團隊合作的公民素養。教師分享權力的審議民主，也應注意學生之間權力關係可能對班級民主的影響。班級是廣大社會的縮影，甚至是濃縮尖銳化的社會樣貌，學生來自不同社會背景，使得教室內學生聲音呈現多元紛雜，其間充斥著各種競逐的聲音，有的大聲、有的小聲、有的容易被聽見、有的到嘴邊就不見了，因此教師應能夠反思教室內的各種溝通方式，試著用不同的方式，跟不同的學生對話，讓所有的聲音被聽見。關注教室生活學習過程中的社會面向，方能提高教室社會弱勢者的學習效果，彰顯教育上的民主與正義。

　　Curtin, Stewart和Cole（2015）的研究發現，對於維護既有性別及種

族不公，且為之辯護者、對於有權力的宰制群體也積極支持者，在交織性的覺察能力方面，呈現負相關；反之，交織性的覺察能力與生活經驗的開放度、能夠聽取別人的觀點、想要社會改變、對權益重視的行動者都有正相關。威權式的班級經營就如父權制的班級，導師幻化為家戶長，在以愛為名的大旗下進行教室管理與控制，灌輸學生只要好好「聽話」即可保證美好的未來與前景。相反的，解放權威、意識覺醒、鼓勵學生發聲、尊重多元、強調共享合作正是女性主義教育學主張，也是女性主義教室的圖像。儘管師生權力關係是制度性的必然存在，導師如何在班級經營中注意教師角色與權力問題，珍視每個不同學生的經驗與情感，並善用教師位置讓弱勢學生聲音被理解，是作為有機知識分子的教師應該思考的層面。

第四，教師要能具備社區文化能力，在與家庭及社區連結的基礎上，深度理解班級的樣態。芬蘭的師資培育機構對於教師能力的要求其中之一即為「文化、社區與社會能力」、「社會性覺知」（societal awareness）、內外部網絡資源的連結能力，而瑞典社會期待教師具備重建社會的能力，這些卻是目前臺灣師資培育過程中少被談論的面向。例如一個漢人老師進到原鄉或原漢混合學校，教師除了必須具備一般教學專業及輔導知能外，更重要的是具有原住民族文化與知識的素養，同時必須具備更強的家庭與社區的連結能力，甚至規劃如何透過教學活動讓學生能正向地了解並欣賞自己的母文化，將學生的文化能力拉回到教育軸線上，將自我了解與認同放在文化脈絡之下逐步釐清，在文化掙扎與思考過程中，以增能的教育（empowering education）讓原住民族學生能夠充分發揮潛能，都是班級經營必須思考實踐的議題。

特別當升學加分措施不能拉近原住民學生與一般學生的學習落差時，長期下來容易造成原住民學生因享有升學差別待遇而產生自卑感及族群的汙名，這是長久以來的社會文化結構對於心理結構的影響，讓他們產生低人一等的感覺；倒回來說，要處理自卑的心理結構務必要回到產生汙名的社會文化結構方能切入核心。就如解放教育之父佛雷勒（P. Freire）觀察到，自我貶抑是受壓迫者的一項特質，這是因為受壓迫者將壓迫者對他們的看法內化，到最後會變得真的相信自己無能，只能接受社會福利的提供與施捨。因此，佛雷勒認為，要改造世界或社會是可能的，其關鍵就在於受壓迫者能夠以自己的方式去命名、解讀這個世界，而不再以壓迫者

的角度來詮釋自己的生命。

　　第五，將理論的學習作為自由的實踐基礎，但教師可先自我訓練從描述現象開始。除了前述關於教師後設式的自我覺察能力，能夠覺知價值觀與偏見對班級經營可能的影響，有關多元文化與交織性的專業知識更能協助了解不同學生的世界觀，穩的鷹架起交織性多元文化班級經營並發展適當介入的策略與技巧。整體而言，在師資培育過程中重要的「班級經營」課程或領域，不管在學術或實踐現場，都呈現性別與多元文化關照不足的情況，特別是社會文化快速變遷的臺灣，教師如何讓知識理論的學習成為自由的實踐基礎，在未來師資培育過程值得多加著墨。這些知識理論包含反歧視教育的重要基礎學門，例如批判教育學、性別研究、後現代理論、文化研究等，其共同點都嘗試從邊陲（margins）解構主流。此外，還有更上位的媒體素養教育、體驗教育、語言與文化教育、國際教育、民主與公民教育等，共同裝備教師的「文化回應」（culturally responsive）能力。「文化回應」不只指涉教師的教學技巧、教學歷程或課程設計而已，若將「文化回應」運用到班級經營，還包含師生互動、親師互動、對「學生問題」的界定方式與輔導等。

二、關係與同盟

　　上述前進、後退的社會位置理解體驗活動在同一個學期，也針對某縣市性別平等教育輔導團教師增能工作坊進行。參與者為7位核心種子教師，那次的活動最後，大家很尷尬發現一位音樂老師一直往前，把所有老師甩得遠遠的。體驗活動之後的討論，我隱約感覺到一股不太對勁的氛圍，然而在當時還釐不清，直到期末的教育概論失敗經驗後，這「不太對勁氛圍」的圖像才逐漸清晰，那也是在特權位置被揭露後要處理的：如何重塑關係與同盟。在那同時，我讀到Patricia Hill Collins所寫的「邁向新視野：種族、階級與性別」（Toward a New Vision: Race, Class, and Gender）一文，作者帶領我們思考如何跨越種族、階級與性別的藩籬，以一起邁向社會改變的未來。Collins談關係與同盟，認為這是進行實踐很重要的開始，讀完豁然開朗，沒能在共感的前提下搭起關係與同盟，或許是我在課程失敗的因素之一。

　　首先，我們必須要理解我們每個人都活在系統中，裡面包含各式各樣不同層次的權力與特權，而權力的差異（包含種族、階級與性別等結構）也架構出我們之間的關係，讓我們很難能夠連結彼此，縱然我們認為已經很努力參與對話想要越過這些差異。由於大家的壓迫經驗不同，因而會在我們的關係中製造出不同的問題。要構築能夠產生社會改變的關係與同盟，Collins認為必須重新概念化「壓迫」（oppression），並將種族／族群、階級與性別的藩籬看成彼此緊密關聯的分析類別，是重要的第一步，此即為本書第一章強調的「交織性」（intersectionality）概念。我們首先要思索是什麼把大家團結在一起？共同的敵人是什麼？彼此分享共同的目標能夠跨越差異地維繫關係。當然，其間的張力可能仍是高的，但我們慢慢的可以發現一些彼此共同的連結。

　　第二，我們也必須理解，每個人的成長環境讓我們僅能用部分的觀點看世界，很少人能有機會修習種族／族群、階級與性別相關課程，也少有機會去認識不同世界的人，所以Collins認為課程轉化（curriculum transformation）有其必要性，而課程轉化需要一個政治性的組織過程，以尋求前述的共同性，接著再以共同性來連結。於此，Collins提出建立關係與聯盟的第三個命題：「個人課責」（individual accountability），課以每個人對於他群之個體與群體經驗發展出同理或同感（empathy）的責任，以能夠將自己置於他人的位置，並能夠理解或感受他人處境與情緒。

　　「同理共感」始於對別人的生活產生興趣，Collins認為，若我們在意他人，就應該會想要知道她／他的經歷，而且要更進一步了解種族／族群、階級與性別作為分析的類別（category），如何形成她／他的經歷之制度性及象徵性的背景（institutional and symbolic backdrop），就如我們如何能夠期待評估他人的品格、人格，卻不知他／她所面對的情境脈絡？在教學引導的部分，Collins舉例說，要讓白人學生對有色人種發展出同理或同感（empathy），首先要設法讓學生了解他們的白皮膚如何成為一種特權（privilege），包含白人優越性（whiteness）在制度與象徵中如何被提升的智識性過程（intellectual process），也含括看見自己的白人優越性（whiteness）如何形塑的學經歷的歷程。這樣的檢視過程通常是痛苦的、不好受的，甚至產生憤怒、焦慮不安等負面情緒，何況在有足

夠的時間讓優勢學生發展出同理共感、理解相關智識之前，這樣的痛苦沒能被疏通，隨之而來的是部分大一教育概論的學生在期末評量的憤怒。

　　然而，就如同我在《邊緣教育學：寫給教育新鮮人的導讀書》序言：「享有特權（privilege）的主流群體成員往往不知道自己享有特權，因為社會的準則、規範、標準，基本上就是為主流群體而設置，導致我們對於自己習焉不察的特權沒有感覺，甚至覺得是理所當然」，如何讓社會優勢的主控端（dominant side of privilege）看見自己的特權同時，又能同時找到與劣勢群體（disadvantage group）之間的共同點，以構築出同理或同感，是相當不容易的，因為有優勢背景者很少被鼓勵如此做。儘管如此，由從屬端要構築同理或同感（empathy）也不容易，但理由不同。Collins的觀察是，從屬群體（subordinate group）的成員不太想放棄對有權力群體成員的基本懷疑或不信任，因為這些基本懷疑傳統上是他們存活的核心，且從屬群體也不太信任優勢群體對他們的同理共感。換言之，要放下歧見尋求共感對於雙方而言皆不容易；因此，Collins呼籲雙方都須發展新的思維方式，才有開創新局的可能。

　　除了前述教師作為知情者的角色，教師亦能透過課程設計召喚主流優勢群體成為知情者，擴大彼此相互理解的基礎。在教學過程中，可能會觸發部分優勢學生的內疚、羞恥、責怪或沮喪等各種感覺，例如2017年第二學期研究所課程在幾次上課後，同學們開始面臨解構主流帶來的不安、內疚或各種情緒。有人開始多想一點，有人開始懷念以前什麼都不知道的「快樂時光」，於是有學生提問：要當「快樂的豬」還是「痛苦的蘇格拉底」？不可否認的，大多數人可能是社會的主流族群，因此一開始進入多元文化、性別或批判理論領域的焦慮，都是可以理解的。我往往必須不斷提醒，不用把自己看成「加害人」或「受害人」，我們談的是「結構」，不是「個人」。有些同學會很著急，急著為「弱勢者」做些什麼，其實所謂結構上的「弱勢」不代表她／他毫無能力，或許其生存能力是走在「軌道」上的大家一生難望其項背，只是她／他無法擁有大部分人所擁有，卻以為「自然」的機會，這也是為何權力關係的反思是重要的，讓所有的生活經驗都被看見，被壓迫而隱藏的認同不會被忽略。體驗可以作為「看見」的方式，但「實踐」與「看見」可以互為表裡，兩者並非先後關係，而是互相影響的關係，但其間需要中介的催化劑引導反身性思考。

　　本章在闡述交織教育學的同時，也從真實發生的教室故事談情緒、感受、特權、關係、同理共感、同盟、交織性、教學等，其實這些關鍵字也呼應本章第一節有關交織教育學的內涵，要先能看見交織作用於個人的系統性面向、結構與連結，每個同心圓代表同時交織作用於個人的系統性面向，許許多多的個人同心圓就像齒輪一樣，彼此推動著彼此，也互相影響著。藉由讓學生畫出個人的同心圓，並在畫完之後，使其說明如此畫的原因，能夠讓每個人思考自己的社會處境與位置，並找到班上同學的共同點以及共同關注的議題，也就是關係連結、同理共感的歷程。於此，說自己的故事課堂活動可以成為彼此連結關係、形成同盟的媒介。在失敗教學之後的一年（110學年度第一學期），在學碩合開的「多元文化教育研究」課程中，我與品如助教實驗性引入質性研究中的敘事研究概念，透過同學們故事的分享與敘說，創造出彼此理解的基礎，並進一步理解人與社會的流動性與多元性，製造更多人與人、人與土地、人與社會更深刻的連結，讓每一個人在社群的分享中成為更好的自己。在小組進入自我敘說之前，我先訂立學習社群（learning community）討論公約，包含：(一)傾聽，不急著批判；先理解圖像，不急著評論；(二)自行評估可說什麼、不可說什麼、想說什麼、不想說什麼；(三)聽到一個故事，可用其他的故事來回應；(四)一起思考故事癥結點背後可能的原因；(五)重新框架（re-frame）對事情／議題的看法。在組內彼此的自我敘說之後，讓學生在交織位置圖看見自己的位置，透過這樣的過程讓學生彼此連結、同理共感。

　　教師若欲將交織教育學的精神與內涵「主流化」（mainstream）至班級經營中，上述關鍵字也會是重要內涵。本書第四章呈現的教師班級經營實踐圖像，包含：第一，教師能夠反思性理解自身經驗背景與學生的差距，因此面對非學業優異班級學生時，能夠很快調整帶班策略，關鍵在於能理解特權，並能跟學生共享權力。第二，透過全班共同實作和參與的方式來連結學生、訂立班上成員的共同目標與方向，經由活動讓學生體驗價值，並藉以凝聚學生向心力，這樣的做法可以先跨越班上成員的背景差異，朝著共同目標前進，這做法的核心為關係連結，製造我群一體感的共感。第三，透過跟學生示弱、一起去唱卡拉OK、同意學生躺在地板午休、推食農教育、推閱讀、組班級車隊等，同理且能先接住學生的情緒和感受。第四，運用社群及社區的群體力量，包含教師社群、學校資源、社

區人際與文化動力等，共同撐住班級的有機運作。

　　儘管現場教師不見得理解教室權力、交織性、認同等議題，特別是部分資深教師習以言語展現權威的慣性，可能與他／她們師資培育過程以及生存的脈絡有關，因此在師生互動時以及班級經營方針上，蘊含家戶長制的嚴父形象與做法，呈現出教師單一權力中心，但仍不失關愛的班級經營樣態。參與研究的年輕老師以及部分曾經威權但逐漸「解封」管理的資深教師，透過教師的權力自我拆解，也開啟類似平等溝通的班級經營型態，呈現於學習活動、知識、班規、空間規劃與使用中。這些老師多半能看穿班級生態關係，或許有些能夠看懂班級中的文化政治學，可能不見得理解性別與族群、階級各種交織樣貌，但教師權力的下放與分享往往能夠啟動師生更深刻的對話。當教師對學生的意見與想法抱持彈性、接納與涵容的態度，就有機會澄清、確認學生的想法，也能進一步地挖掘學生話語底下的弦外之音及其未說出的話語，達成前述的「傾聽」與回應。在前述的條件下就有機會讓不同社會文化學生的聲音都能在班級中被聽見，讓每一種聲音的價值都能展現出來。

結語

　　本書創新性地從多元文化教育觀點出發，首先論述交織性的重要性以及在多元文化教育研究與實踐的匱乏，自第二章開始聚焦班級經營，運用的考古學釐清國內外「班級經營」內涵論述上的轉變。對照國內外的發展來看，即使現今國內「班級經營」從早期的「教室管理」概念，逐漸以較溫和的「經營」一詞取代，但目前國內相關研究仍聚焦績效、目標導向為主的教室「管理」階段，欠缺國外在2000年後發展的以多元文化、社會正義或是文化回應為主軸的內涵。在這樣的前提下，第三章帶領讀者思索多元文化班級經營的大圖像，並勾勒出一個大圖像的多元文化班級經營概念圖，但也對其中的核心要素——教師多元文化素養，多所討論與分析，不將之視為理所當然。第四章則讓本土教師班級經營實踐的具體操作策略與前一章多元文化班級經營的圖像進行對話。不同於傳統的總結，亦為呼

應第一章「看見交織性的多元文化教育」，本章則先開展出交織教育學跨越或增補目前多元文化教育的內涵與實踐，進一步思考邁向交織教育學的班級經營如何可能。

交織教育學跟多元文化教育的目標一樣，但操作方式更細膩複雜且延伸，特別強調「認同」（identity），尤其是交織性的認同（intersectional identities）與權力關係。交織性可能再現於複雜的認同模式（作用於個人），或者是同時存在、互相依賴以及彼此互動的壓迫系統結構，因此不僅能突破多元文化教育的侷限，也更能關照更多不同層面的邊緣（marginalized）群體，但因臺灣尚缺乏相關交織教育學論述，如何讓學生能覺察自身所處的權力關係位置，落實交織性之社會正義概念，並期給予政策上的建議，需要更多實踐性的研究填補。

交織教育學在班級經營之間的鑲嵌與實踐，首先要先理解教育是個持續、動態的過程，包含關係在內，教師要先能夠營造出一個安全與互相尊重的環境，打造一個邊緣友善的民主學習環境，所有不同社經背景、族群、性／別的師生在班級內必須被珍視並同等對待，師生之間、學生之間以平等原則進行開放性對話、分享，使其學習歷程充滿了探索與學習的樂趣。在安全、友善的環境之下，拆解權力關係交織下所生成之認同，鼓勵學生反思並理解自己的交織認同，進一步深刻思考這些認同如何形塑他們自己的生活、心理、知覺與行為。邁向交織教育學班級經營圖像中，教師要進一步成為知情者（the Wise）與多元文化群體之間的協調者或催化者（facilitator），透過「紮根」與「置換」，創造優勢與少數群體之間的關係與同盟，教師因此要經常審視自己不經意的偏見對於不同社經背景、性／別、族群、甚至能力弱勢學生的影響。批判意識與反思能力的培養必須是跨領域、跨學門訓練，未來的師資也需具有跨界與跨文化的理解能力，否則可能只流於口號難以真正落實。批判意識與反思能力的培養需要時間，但卻是最長長久久的，因為不管之後課程結構（領域、議題）如何變動，不管未來接到什麼樣的班級，她／他都能具備自行課程發展與融入以及交織性班級經營的能力，邁向社會正義的交織教育學！

本書不但在學術價值上，有重要貢獻；在實務上，更從解構的做法開展實踐的可能性。第一，由於教育學界對於全球化與社會變遷的相關研究較少，對於總體鉅觀的理論研究也偏少，因此總體鉅觀的理論檢視與班級

經營的歷史考古學有其創新性的意義。再者，多元文化教育是近年來臺灣社會的重要議題，如何將這些重要議題體現於班級經營之中，是未來教育不得不處理的面向，此書除了進行班級經營相關理論的增補或轉化之外，也讓蒐集的資料與既有的理論進行對話，提出邁向交織性多元文化班級經營的可能圖像供教育工作者參考。有機的班級經營策略，需要更多本土化的田野研究，以建構出本土有機的班級經營策略，本書拋磚引玉，期待後進者一起耕耘。

參考文獻

中文部分

丁一顧（2011）。教師專業發展另一章：班級經營教練。**中等教育，62**(2)，82-99。

孔翎蓁（2012）。性別主流化的交織性挑戰——中國農村與臺灣偏鄉托育問題省思（未出版之碩士論文）。國立政治大學，臺北市。

方志華、王乃玉、蘇晉億（2014）。感恩圓夢聯絡簿之教師班級經營與教學實踐探究。**教育論叢，2**，17-43。

方炳林（1967）。談教室管理，**教育文摘**，3-6。

王宏仁（2003）。難道你在懷疑阿扁的「人口素質」。**新新聞，877**，30-31。

王金國、楊雅惠（2012）。以合作學習活化班級經營。**教師天地，179**，29-36。

王金樑（2011）。高職導師班級經營策略與效能之相關研究。**北港農工學報，3**，1-25。

王郁青、康龍魁（2011）。臺中市國民小學級任教師人格特質與班級經營策略之研究。**文教論壇，3**，217-232。

王振輝、王玉珍（2011）。「潛」力無窮——班級經營中的潛在課程。**靜宜人文社會學報，5**(1)，119-133。

王等元（2014）。中小學班級經營與個人資料保護。**教育研究月刊，239**，53-69。

王雅玄（2007）。多元文化素養評量工具及其應用：現況與展望。**教育研究與發展期刊，3**(4)，149-180。

王雅玄（2007-2008）。**多元文化素養之使用：量表和手冊的編制、教學實踐與詮釋**（編號：NSC96-2413-H-194-023-MY2）。臺北市：科技部。

王雅玄（2008）。進入情境與歷史：臺灣原住民教師的多元文化素養及其實踐。**臺東大學教育學報，19**(1)，33-68。

王雅玄（2010）。檢視「多元文化素養量表」內涵建構之合理性基礎。載於陳清溪（主編），**培育高素質現代國民與世界公民之教育規劃**（4-29頁）。新北

　　市：國家教育研究院籌備處。

王雅玄（2020）。**多元文化素養**。臺北市：元照。

王錫堆、林耀榮、林國楨（2016）。國民中學導師實施差異化教學與班級經營
　　效能關係之研究：以臺中市為例。**人文社會科學研究：教育類**，頁31-55。

王麗斐、杜淑芬、羅明華、楊國如、卓瑛、謝曜任（2013）。生態合作取向的
　　學校三級輔導體制：WISER模式介紹。**輔導季刊**，**49**(2)，1-8。

王儷靜（2010）。性別主流化在教育機構的實踐：我們可以做些什麼？【專
　　刊】。**城市發展**，26-44。

王儷靜（2013）。重探性別融入教學之「融入」意涵。**女學學誌：婦女與性別研
　　究**，**(32)**，1-40。doi:10.6255/JWGS.2013.32.1

田秀蘭、盧鴻文（2018）。我國國民中學輔導工作五十年的回顧與展望。**教育研
　　究集刊**，**64**(4)，77-106。

白雲霞（2010）。以班級經營案例分析培養國小師資生批判思考能力之研究。**國
　　民教育學報**，**7**，1-33。

成令方、林鶴玲、吳嘉苓（譯）（2001）。**見樹又見林**（原作者：A. G.
　　Johnson）。新北市：群學。（原著出版年：1997）

成令方等（譯）（2008）。**性別打結：拆解父權的承傳**（原作者：A. G.
　　Johnson）。臺北：群學。（原著出版年：1997）

朱勝郁（2013）。以品德教育內涵建構班級經營模式之行動研究。**新竹縣教育研
　　究集刊**，**13**，161-206。

池熙璿（譯）（2010）。**中學班級經營：教師手冊**（原作者：E. T. Emmer, C. M.
　　Evertson & M. E. Worsham）。新北市：桂冠圖書。（原著出版年：2003）

池熙璿（譯）（2010）。**國小班級經營：教師手冊**（原作者：C. M. Evertson, E. T.
　　Emmer & M. E. Worsham）。新北市：桂冠圖書。（原著出版年：2002）

朱文雄（1989）。**班級經營**。復文圖書：高雄。

何文慶（2012）。透過親師溝通促進班級經營效能。**新北市教育**，**5**，29-31。

何國雄（2016）。淺談我的班級經營。**臺灣教育**，**698**，31-32。

余懷瑾（2019）。**仙女老師的有溫度課堂：讓學生不想下課的教學和班級經營心法**。
　　臺北市：商周出版。

吳明隆（2017）。**班級經營：理論與實務**（4版）。臺北市：五南。

吳玟靜、鍾智超、蔡至誠、羅希哲（2017）。SITH融入國中班級經營成效之探

討——以屏東縣某國中為例。**高雄師大學報：教育與社會科學類，42**，21-41。

吳建隆（2013）。探索教育方案融入大學班級經營之芻議。**通識教育學報，5**，187-199。

吳淑芳（2012）。班級經營與輔導。**新北市教育，5**，17-24。

吳淑敏（2010）。從資優生融合教育的觀點談班級經營。**資優教育，115**，8-16。

吳清山、李錫津、莊貞銀、劉緗懷、盧美貴（1990）。**班級經營**。臺北市：心理出版社。

吳雪錚（2011）。**參與攜手計畫教師多元文化素養與教學實踐之個案研究**（未出版之碩士論文）。國立臺北教育大學，臺北市。

宋慧慈（2019）。**當怪獸家長遇見機車老師：親征教改30年，宋慧慈老師最POWER的「班級經營」現場紀實**。臺北市：遠流出版。

李淑菁（2000）。**臺灣老年婦女經濟安全影響因素分析**。國立臺灣大學三民主義研究所社會組碩士論文，臺北市。

李淑菁（2009）。族群想像下的性／別意象：再思臺灣多元文化教育。**臺灣社會研究季刊，76**，179-216。

李淑菁（2011）。性別教育的論述角力：教師的詮釋與想像。**教育與社會研究，22**，39-92。

李淑菁（2013）。籬／離／釐：觀看越南的性別風景。**性別平等教育季刊，65**，13-22。

李淑菁（2015）。**性別教育：政策與實踐**。臺北市：學富。

李淑菁（2016）。反歧視教育。載於劉美慧、游美惠、李淑菁（編者），**多元文化教育**（第四版）。臺北：高等教育文化事業。

李淑菁（2017）。「體驗」作為多元文化教育的一種方式：內涵與實踐。**教育脈動，12**，1-9。取自http://pulse.naer.edu.tw/Home/Content/95ad4e86-5f93-449d-b211-449961cd4479?paged=1&categoryid=bca1d0bc-d1c0-419e-9d36-2489ac5ee09e&insId=00000000-0000-0000-0000-000000000000

李淑菁（2017）。想像與形構：臺灣多元文化教育發展之論述分析。**臺灣教育社會學研究，17(2)**，1-44。

李淑菁（2017）。**從識讀、素養到實踐：學校的多元文化教育再現與學生回應**（編號：MOST104-2410-H-004-161-）。臺北市：科技部。

李淑菁（2017）。**社會變遷下的班級經營理念與策略探究：性別與多元文化觀點的增**

補（期中報告，編號：MOST105-2410-H-004-158-MY2）。臺北市：科技部。

李淑菁（2019）。**社會變遷下的班級經營理念與策略探究：性別與多元文化觀點的增補**（期末報告，編號：MOST105-2410-H-004-158-MY2）。臺北市：科技部。

李園會（1989）。**班級經營**。臺北市：五南。

李錫津（1969）。班級經營之研究，**師友月刊，147**，36-40。

李輝華（1994）。**教室管理**。高雄市：復文圖書出版社。

杜淑芬、王麗斐（2016）。諮商心理師與國小學校輔導行政人員跨專業合作面臨的諮商倫理議題與因應策略——以臺北市駐區心理師方案為例。**臺灣諮商心理學報，4**(1)，63-86。

谷瑞敏（2014）。**幼兒園班級經營：反省性教師的思考與行動**（第三版）。新北市：心理出版社。

周重石、徐婕婷、方雅真、陳永祥（2017）。情緒監測模組在班級經營的整合與應用發展。**醒吾學報，56**，45-59。

周新富（2016）。**班級經營**。臺北市：五南。

周新富（2019）。**幼兒班級經營**（五版）。臺北市：華騰出版。

周靜琬（2016）。從班級經營中探討學生的話語權。**華文世界，118**，40-46。

孟瑛如（2019）。**資源教室方案：班級經營與補救教學**（4版）。臺北市：五南。

林志興、侯世昌（2015）。教師與學校行政人員互動的微觀政治素養研究。**嘉大教育研究學刊，35**，63-104。

林怡辰（2020）。**小學生年度學習行事曆：班級經營×教學備課×親師溝通，一本搞定**。臺北市：親子天下。

林易萱、龔心怡（2017）。教師信念、專業承諾與班級經營效能比較之研究——以國高中新手與資深教師為例。**師資培育與教師專業發展期刊，10**(2)，111-138。

林玫伶（2016）。**笑傲班級：班級經營實用祕笈**（二版）。臺北市：天衛文化。

林芳玫（1996）。**女性與媒體再現**。臺北市：巨流。

林俊達、范佩誼（2017）。探討導師班級經營效能之研究——以苗栗縣某國中為例【特刊】。中華管理發展評論，221-229。

林信志、劉藍芳（2011）。國民中學班級經營之正向管教策略。**中等教育，**

62(1)，122-131。

林思賢（2020）。疫情下的特殊教育：教學、輔導、班級經營與行政支援面臨的挑戰與因應。**學生事務與輔導，59**(1)，65-69。

林政逸（2013）。**班級經營：核心實務與議題**。新北市：心理出版社。

林津如（2011）。女性主義縱橫政治及其實踐：以臺灣邊緣同志為例。載於游素玲（主編），**跨國女性研究導讀**（頁17-48）。臺北市：五南。

林津如、黃薇靜（2010）。失竊的世代？漢人家庭意識型態符碼與原住民族兒童保護。**臺灣社會研究季刊，77**，59-96。

林礽麒（1958）。如何實施有效的教室管理，**臺灣教育輔導月刊**，12-15。

林後淑（1967）。教室管理的理論與實際，**國教月刊**，11-14。

林晉如（2021）。**給力：我想教會孩子的事——林晉如的創意班級經營術**。臺北市：聯經出版社。

林偉雄（2012）。激勵與比馬龍效應在教室上的運用。**師說，227**，58-62。

林國棟、林慧婉、邢鴻貴、龔傳貴（2010）。陸官導生對「班級經營」與課輔的認知。**黃埔學報，59**，175-198。

林雪惠、潘靖瑛（2012）。教師人格特質、情緒管理、領導行為與班級經營效能相關性之統合分析。**教育與多元文化研究，6**，23-59。

林進材（2017）。**班級經營**（二版）。臺北市：五南。

林進材、林香河（2015）。**圖解班級經營**。臺北市：五南。

林慧萍（2019）。少子女化趨勢班級導師在班級經營上之因應。**臺灣教育評論月刊，8**(5)，86-89。

邱連煌（1975）。教室管理與不良行為的防止，**師友月刊，102**，7-11。

邱連煌（1997）。**班級經營：學生管教模式、策略、與方法**。臺北市：文景書局。

邱琡雯（2005）。**性別與移動：日本與臺灣的亞洲新娘**（增訂一版）。臺北市：巨流出版社。

金樹人（譯）（1994）。**教室裡的春天——教室管理的科學與藝術**（原作者：C. M. Charles）。臺北市：張老師出版社。（原著出版年：1981）

施宜煌、趙孟婕（2015）。從師生互動探思幼兒園班級經營的策略。**幼兒教保研究期刊，15**，101-117。

施怡僑、賴志峰（2013）。國民小學級任教師時間管理與班級經營效能關係之研究。**學校行政，87**，73-97。

洪巧珣、林宏熾（2010）。國小階段身心障礙資源班教師多元文化教育素養及其相關因素之研究。**特殊教育學報，335**，53-84。doi:10.6768/JSE.201006.0053

洪華穗（2012）。青春素描本，舞出班級力——讓文字活化班級經營。**中國語文，110**(2)，80-92。

洪華穗、馮愛蓮（2010）。班級經營ING——以Moodle經營快樂天堂。**麗山學報，4**，17-38。

洪嘉穗（2017年10月24日）。劉千萍：我是新二代，請您從「心」認識我【部落格文字資料】。取自http://mpark.news/2017/10/24/3463/

胡美鑾（2008）。**男班長？女學藝？——國中班級幹部性別分工之研究**。國立臺灣師範大學教育學系在職進修碩士班碩士論文，臺北市。取自https://hdl.handle.net/11296/6sqnn4

姜增發（1955）。進步的教室管理，**臺灣教育輔導月刊**，28-30。

徐俊龍（2012）。班級經營策略的新思路——協同學習。**新北市教育，5**，40-44。

桂紹貞（2012）。多元智慧在班級經營上的實踐。**健康產業管理期刊，1**(1)，29-40。

桂紹貞（2012）。學前品德教育現況與問題研究：從班級經營觀點切入。**中華創新發展期刊，1**(1)，20-27。

高博銓（2010）。班級經營的人類學基礎。**研習資訊，27**(3)，53-62。

高博銓（2014）。班級學生行為問題的處理與預防。**教育研究月刊，239**，19-31。

高翠鴻（2012）。興味淋漓，其樂也陶陶：「學習共同體」理念在班級經營的應用。**新北市教育，5**，35-39。

張文權、范熾文（2019）。翻轉班級經營品質的新視野：教師績效責任領導。**教育研究月刊，299**，4-20。

張仕政、陳世佳（2010）。僕人式領導對國小教師班級經營之啟示。**學校行政，67**，18-30。

張民杰（2010）。從臺灣諺語省思教師的班級經營策略。**中等教育，61**(1)，134-146。

張民杰（2014）。班級經營的藝術——注意與忽略。**教師天地，191**，24-29。

張民杰（2014）。後母？難為？繼任導師班級經營困擾的原因與解決策略。**國民教育學報，11**，85-112。

張民杰（2015）。運用集體口試作為班級經營表現評量之研究。**雙溪教育論壇，3**，39-56。

張民杰（2017）。**案例法與班級經營之教師專業成長**。臺北市：高等教育出版。

張民杰（2020）。**班級經營學說與案例應用（四版）**。臺北市：元照出版社

張民杰、賴光真（2017）。大學班級經營課程運用桌上遊戲的設計與實施。**大學教學實務與研究學刊，1**(2)，95-124。

張如慧（1998）。如何創造多元文化的兩性平等教室。**教育研究集刊，41**，103-118。

張如慧（2002）。**民族與性別之潛在課程——以原住民女學生為例**。臺北市：師大書院。

張秀敏（1998）。**國小班級經營**。臺北市：心理出版社。

張奕華、許正妹、張奕財（2014）。資訊科技融入班級經營之策略：兼談TEAM Model智慧教室之創新應用。**教育研究月刊，239**，32-52。

張建成（2007）。獨石與巨傘——多元文化主義的過與不及。**教育研究集刊，53**(2)，103-127。

張建成主編（2000）。**多元文化教育：我們的課題與別人的經驗**。臺北市：師大書苑。

張茂桂（2002）。多元主義、多元文化論述在臺灣的形成與難題。載於薛天棟（主編），**臺灣的未來**（223-273頁）。臺北市：華泰文化。

張倉凱（譯）（2011）。**所有教師都應該知道的事：班級經營與紀律**（原作者：D. W. Tileston）。新北市：心理出版社。（原著出版年：2003）

張純子（2015）。幼兒園教保專業倫理信念及其班級經營實踐之研究。**教育學誌，33**，125-171。

張淑惠、陳如慧、王若蘭、鄭佳瑜、李雯雅、許月偉（2016）。當我們同在一起——班級經營社群。**景女學報，16**，191-217。

張櫻仔（2007）。生命共同體——新臺灣之子之教學策略探討。**網路社會學通訊期刊，62**。網路來源：http://www.nhu.edu.tw/~society/e-j/62/index.htm

張義東（1993）。社會學的型態想像。**當代，89**，32-49。

張翠娥（2015）。**學前融合班級經營理論與實務**。臺北市：華騰文化。

張馨芳譯（2016）。**贏在班級管理**（原作者：J. T. Roth）。臺北市：師德文教。
　　（原著出版年：2014）

教育部（2003）。**國民中小學九年一貫課程綱要重大議題**。臺北市：教育部。

梁其姿（1986）。悲觀的懷疑者：米修‧傅柯。**當代雜誌**，**1**(1)，18-21。

梁珀華、陳崇慧（2011）。教師班級經營風格與情緒教育對國小一年級學童情緒
　　智力之影響。**朝陽人文社會學刊**，**9**(1)，199-233。

梁滄郎、張慶豐（2014）。國中導師班級經營策略與班級經營效能相關之研
　　究——以彰化縣為例。**師說**，**238**，25-36。

粘絢雯、程景琳（2010）。國中班級經營與班級氣氛相關因素之探討：關係攻
　　擊與關係受害。**教育實踐與研究**，**23**(1)，頁57-84。

莊海玲（2012）。平凡中的不平凡教學——我的星光班班級經營分享。**雲嘉特教
　　期刊**，**15**，50-55。

莊勝義（2007）。機會均等與多元文化兩種教育運動的對比。**高雄師大學報**，
　　22，21-42。

莊勝義（2009）。從多元文化觀點省思「弱勢者」的教育「問題」與「對
　　策」。**多元文化與教育研究**，**1**，17-55。

許妙馨、李炎鴻（2014）。八德國中藝術工程股份無限公司——包工程之班級
　　經營。**中等教育**，**65**(1)，134-152。

郭明德（2010）。研究問卷的設計：教師班級經營策略量表之發展。**國立臺灣體
　　育學院學報**，**23**，1-32。

陳木金、蘇芳嬋、邱馨儀（2010）。國民小學教師創新班級經營指標建構之研
　　究。**創造學刊**，**1**(2)，17-42。

陳正專（2010）。分佈式領導的微觀政治學。**彰化師大教育學報**，**18**，1-27。

陳玉樺（2016）。問題導向學習於師資培育課程實施之探討——以班級經營為
　　例。**教學實務研究論叢**，**2**，1-39。

陳良弼、金立誠、吳思達（2004）。融合多元文化教育之班級經營策略。**雄工學
　　報**，**5**，141-150。

陳幸仁（2008）。家長參與校務決策之微觀政治分析。**國民教育研究學報**，**21**，
　　91-114。

陳幸仁（2013）。透視團體間衝突：一所小校微觀政治分析。**國立屏東教育大學
　　學報**，**40**，243-272。

陳勇祥（2018）。解開班級經營師生衝突之鑰。**中等教育，69**(3)，133-141。

陳威任、陳膺宇（2013）。**十二年國教下的班級經營：十八項理論解說與事例印證**。新北市：心理出版社。

陳昭如（2013）。《就是女性主義》導讀。**臺灣法學雜誌，233**，101-114。

陳美如（2000）。**多元文化課程的理念與實踐**。臺北市：師大書苑。

陳美華（2001）。層層剝削？互利共生？兩岸性交易網絡中的交織政治。**臺灣社會學刊，48**，1-49。

陳桂鳳、蘇育令（2020）。新北市公立幼兒園教保服務人員教學信念與班級經營效能之相關研究。**幼兒教保研究期刊，22**，49-78。

陳敏華、顏德琮（2020）。分散式數理資優班班級經營與學生輔導策略——以永和國中為例。**資優教育論壇，18**(1)，62-71。

陳淑莉（2019）。班級經營之我見。**弘文學報，20**，27-33。

陳棟樑、譚得祥、趙明芳（2017）。臺中市完全中學國中部導師教師信念與班級經營策略之研究【特刊】。**管理資訊計算，6**，189-198。

陳雅惠（2010）。班級經營我思之我見。**教師之友，51**(3)，71-79。

陳碧祺（2019）。母校教師訪談經驗對師資生職涯選擇與班級經營專業成長之影響初探。**中等教育，70**(3)，36-53。

陳錦惠、陳世佳（2010）。國中導師僕人式領導之初探。**教育科學期刊，9**(2)，123-142。

陳錫欽（2002）。教師班級經營的生態學觀點。**師友月刊，423**，44-46。

陳履賢、林靜萍（2021）。體育課師生權力互動——以微觀政治觀點探討。**中華體育季刊，35**(4)，209-216。

陳騰祥（1970）。如何運用班級經營以輔學業不振的學生，**師友月刊，152**，2-6。

教育部（2014）。**十二年國民基本教育課程綱要：總綱**。取自：https://www.pksh.ylc.edu.tw/ischool/public/resource_view/openfid.php?id=157

國教署（2014年11月9日）。**四海一家：火炬計畫**。取自：https://www.moe.gov.tw/News_Content.aspx?n=9E7AC85F1954DDA8&sms=169B8E91BB75571F&s=2EC2074B03A1CF03

黃道琳（1986）。知識與權力的毀解：米修・傅柯及其思想。**當代雜誌，1**(1)，22-33。

章勝傑（2002）。原漢國中一年級學生中輟傾向之比較研究。**原住民教育季刊，26**，47-68。

許殷宏、武佳瀅（2011）。班級內教師權力運作的微觀政治分析。**中等教育，62**(3)，114-131。

莊文照（2017）。一所小學校本課程的解構與重塑之論證分析——以微觀政治觀點取向。**教育理論與實踐學刊，35**，97-122。

傅麗玉（2003）。誰的生活經驗？九年一貫課程「自然與生活科技」領域原住民生活經驗教材探討。**原住民教育季刊，38**，5-26。

單文經（1993）。在班級中營造多元文化教育環境的策略。載於中國教育學會（主編），**多元文化教育**（427-454頁）。臺北市：臺灣書店。

單文經（1998）。坊間出版的「班級經營」專書概覽。**課程與教學季刊，1**(1)，159-166。

單文經（譯）（2004）。**班級經營：理論與實務**（原作者：M. L. Manning & K. T. Bucher）。臺北市：學富文化。（原著出版年：2003）

彭翊榛、張美雲（2015）。新竹縣學前教師融合教育班級經營與教學效能之研究。**幼兒教保研究期刊，14**，41-64。

曾凡慈（譯）（2010）。**汙名：管理受損身分的筆記**（原作者：E. Goffman）。臺北市：群學。（原著出版年：2010）

曾永清（2013）。國中教師健康對其班級經營與學生學習的影響與效益分析——多層次模式應用。**學校衛生，62**，29-46。

曾素秋（2010）。實作評量融入師資生班級經營課程實施成效探究。**朝陽人文社會學刊，8**(2)，91-134。

曾榮祥（2011）。課後托育教師轉化與互易領導影響班級經營效能之研究：以班級氣氛為中介之衡量。**明新學報，37**(1)，231-248。

曾榮祥（2012）。課後照顧教師自我效能與教學承諾影響班級經營效能之研究。**明新學報，38**(1)，205-223。

曾榮祥（2013）。運用全面品管理念建構課後照顧教師班級經營指標之研究。**明新學報，39**(2)，279-301。

曾榮祥、張家瑜（2013）。私立課後照顧機構教師轉化領導行為、班級經營策略與班級經營效能關係之研究：中介效果模式驗證。**臺中教育大學學報，教育類，27**(2)，77-104。

曾嬿芬（2004）。引進外籍勞工的國族政治。**臺灣社會學刊，32**，1-58。

游佳璇（2018）。公立幼兒園三至五歲混齡班老師的班級經營調查。**幼兒教育，325**，97-112。

游美惠（2014）。**性別教育小詞庫**。臺北市：巨流。

湯心怡（2010）。**公民與社會科教師多元文化素養與教學信念**（未出版之碩士論文）。國立臺灣師範大學，臺北市。

鈕文英（2014）。融合班級經營中關於公平議題之分析與因應。**南屏特殊教育，5**，13-29。

馮涵棣、梁綺涵（2009）。私領域中之跨國化實踐：由越南媽媽的「臺灣囝仔」談起。載於王宏仁、郭佩宜（主編），**流轉跨界：跨國的臺灣‧臺灣的跨國**（193-229頁）。臺北市：中研院亞太研究中心。

黃永和（2010）。支持學習社群的班級經營系統之探討。**教育研究月刊，196**，48-59。

黃金鐘（2015）。在班級經營中提升品格力。**中等教育，66(4)**，170-182。

黃品璁（2013）。臺南市國民小學級任教師樂觀信念、情緒管理與班級經營效能關係之研究。**教育研究論壇，4(2)**，133-158。

黃建皓（2012）。家庭社經地位與班級經營效能對學生自我效能感之影響：階層線性模式分析。**教育經營與管理研究集刊，8**，107-130。

黃彥超（2015）。一位國小教師運用轉型領導於班級經營之探究。**學校行政，98**，167-187。

黃美齡、張景媛、吳道愉（2010）。紐西蘭與臺灣國小教師班級經營的跨文化研究。**慈濟大學教育研究學刊，6**，95-143。

黃素微、李悠菁（2016）。由《十二年國民基本教育課程綱要總綱》論高中導師班級經營的新視野。**學生事務與輔導，55(3)**，5-8。

黃雅伶（2011）。淺談班級經營。**育達學報，25**，197-203。

楊安立（2015）。讓體育課成為班級經營裡的一項秘密武器──以國小高年級為例。**學校體育，25(2)**，94-101。

楊幸真（2002）。女性主義的教室──女性主義教師在成人教育環境之教育實踐。載於謝臥龍（主編），**性別平等教育：探究與實踐**（153-186頁）。臺北市：五南。

楊幸真（2009）。成為女性主義教師：身分認同與實踐經驗的意義探問。**臺灣教**

育社會學研究，**9**(1)，1-40。

楊佳羚（2015）。**性／別化的種族歧視：後殖民女性主義的觀點（上）**。取自：
https://twstreetcorner.org/2015/06/23/yangchialing-2/

楊佳羚（2015）。**性／別化的種族歧視：後殖民女性主義的觀點（下）**。取自：
https://twstreetcorner.org/2015/06/23/yangchialing-3/

楊長鈴（2010）。從班級經營談法治教育。**商水學報，3**，1-7。

楊治宋（1958）。中等學校的教室管理。**臺灣教育輔導月刊**，27-28。

楊智如（2020）。初任特教班導師在班級經營所面臨的挑戰及解決方向。**臺灣教育評論月刊，9**(7)，171-176。

楊詠翔（譯）（2021）。**溫和且堅定的正向教養教師聖經：班級經營的有效工具，讓孩子在情緒、人際與課業都成功**（原作者：J. Nelsen & K. Gfroerer）。臺北市：遠流。（原著出版年：2017）

楊傳蓮（2000）。國小教師的多元文化教育素養指標初步建構之研究。**花蓮師院學報，11**，143-170。取自 https://www.airitilibrary.com/Publication/alDetailedMesh?docid=1025966x-200012-x-11-143-170-a

楊蓓瑛（2019）。學習功能輕微缺損學生的發展性輔導如何從班級經營對綜職科學生進行性平培力之實務分享。**特教園丁，34**(3)，5-9。

溫美玉（2012）。**溫美玉老師的祕密武器：班級經營與寫作**。臺北市：天衛文化。

溫美玉（2018）。**溫美玉老師的祕密武器：班級經營與寫作**（二版）。臺北市：天衛文化。

溫雲皓（2019）。臺南市國民中學學生知覺導師班級經營風格與學生學習動機之相關研究。**教育研究論壇，9**(2)，271-296。

鄒季婉（1951）。談教室管理問題。**臺灣教育輔導月刊**，31-34。

葉彥宏（2014）。中輟生與班級經營的關係：一些教育哲學的觀點。**教育研究月刊，239**，70-86。

詹琇育（2017）。美語班的特色及其班級經營。**弘文學報，2**，23-27。

廖信達（2019）。**幼兒班級經營：省思理念取向**。新北市：群英出版。

熊智銳（1994）。**開放型的班級經營**。臺北市：五南圖書。

臧瑩卓（2011）。幼兒園教師班級經營策略運用情形之研究。**幼兒保育學刊，9**，17-35。

趙文滔、陳德茂（2017）。中小學輔導教師在跨專業系統合作中的挑戰：可能

　　　遭遇的困境、阻礙合作的因素以及如何克服。**應用心理研究，67，**119-179。

趙品灃、莊梅裙（2019）。Line進行親師溝通、家長參與與班級經營效能之研

　　　究。**工業科技教育學刊，12，**115-132。

趙曉美、王麗斐、楊國如（2006）。臺北市諮商心理師國小校園服務方案之實

　　　施評估。**教育心理學報，37(4)，**345-365。

劉千榕、張美雲（2017）。幼兒園教師情緒管理與班級經營之研究。**幼兒教保研**

　　　究期刊，18，1-27。

劉美慧（譯）（2009）。b. hooks著。**教學越界：教育即自由的實踐**（*Teaching to*

　　　transgress: Education as the practice of freedom）。臺北市：學富。

劉美慧（2011）。多元文化教育研究的反思與前瞻。**人文與社會科學簡訊，**

　　　12(4)，56-63。

劉美慧（2011）。我國多元文化教育之發展與困境。載於國家教育研究院（主

　　　編），**我國百年教育回顧與展望**（221-236頁）。臺北市：國家教育研究院。

劉富如（2012）。**國小教師班級經營對學生公民行為影響之研究──以教師性別為干**

　　　擾變數。大葉大學管理學院碩士在職專班碩士論文，彰化縣。取自https://

　　　hdl.handle.net/11296/52j4jt

劉語霏（2014）。日本中小學教師班級經營的困難與改革動向。**教育研究月刊，**

　　　239，118-132。

標美蘭（2008）。**教師的性別刻板印象對班級經營的影響──以臺中縣、市公立幼稚**

　　　園為例。國立臺東大學幼兒教育學系碩士班碩士論文，臺東縣。取自https://

　　　hdl.handle.net/11296/7xd95m

歐秀慧（2016）。從「巧用貼紙」談「班級經營」。**華文世界，118，**47-53。

蔡宜潔、陳思帆（2013）。從受虐兒童生活適應輔導建構班級經營策略。**諮商與**

　　　輔導，330，35-38。

蔡采秀（譯）（1998）。**傅柯**（原作者：B. Smart）。臺北市：巨流。（原著出

　　　版年：1994）

蔡純純（2006）。**職前教師之多元文化素養研究：量表發展與現況分析**（未出版之碩

　　　士論文）。慈濟大學，花蓮縣。

蔡進雄（2011）。教師領導的理論、實踐與省思。**中等教育，62(2)，**8-19。

　　　doi:10.6249/SE.2011.62.2.01

蔡麗君、林錦煌（2015）。影響國小班級經營效能之動態因素探討【專刊】。**亞**

東學報，**34**，247-257。

鄭玉疊（2012）。教室現場老師的班級經營。**新北市教育，5**，25-28。

鄭如珍（2011）。體育課的班級經營。**學校體育，127**，117-122。

鄭素芳（2014）。運用家書做班級經營。**麗山學報，8**，31-58。

鄭惠方（2015）。淺談國中資源班班級經營。**特教園丁，31**(1)，15-25。

蕭昭君、陳巨擘（譯）（2003）**校園生活：批判教育學導論**（原作者：Peter McLaren）臺北市：巨流。（原著出版年：1998）

蕭瑞芝（2012）。「手牽手、心連心」社會信任資本與公民班級經營的結合。**中山女高學報，12**，121-139。

賴光真（2010）。應用評鑑理論建立班級經營認證方案。**學校行政，66**，139-154。

賴光真（2012）。更上層樓、更添活力——班級經營進階之道。**教師天地，179**，17-22。

賴光真（2021）。**班級經營：概念36講、策略36計、實務36事**。臺北市：五南出版社。

賴協志（2020）。國民中學校長教學領導、導師正向管教與班級經營效能關係之研究。**課程與教學，23**(1)，217-247。

賴秋江、曾冠蓉、許碧月（2020）。**教室high課：班級經營100招**（三版）。臺北市：天衛文化。

賴慧珠、胡悅倫（2010）。專家與新手教師在班級經營的知識結構差異：以口試題目檢驗之。**教育與心理研究，33**(1)，1-31。

賴靜宣（2009）。**國小教師多元文化素養之形成與實踐**（未出版之碩士論文）。中原大學，桃園市。

錢唯真（2019）。「班級經營」理論與實務。**華語學刊，27**，38-50。

駱怡君、許健將（2010）。反省性思考在教師班級經營上之運用。**教育科學期刊，9**(1)，71-86。

謝文峰（2011）。探討教師如何利用故事領導理念促進班級經營良好成效之達成。**南投文教，31**，108-112。

謝世忠（1987）。**認同的汙名：臺灣原住民的族群變遷**。臺北市：玉山社。

謝佳雯（2014）。國中表演藝術專家教師班級經營之研究。**戲劇教育與劇場研究，5**，115-143。

謝金青（2016）。**班級經營：理論知能與實務技巧**。黃金學堂文化

藍佩嘉（2005）。階層化的他者：家務移工的招募、訓練與種族化。**臺灣社會學刊，34**，1-57。

瞿立鶴（1956）。談談教室管理。**國教月刊**，14。

羅寶鳳、張德勝（2012）。大學教師教學風格與教學自我效能之研究。**教育與多元文化研究，6**，93-121。

蘇秀枝、翟敏如、黃秋鑾、林國楨、張炳煌、游進年、劉秀嫚（譯）（2011）。**班級經營：營造支持社群與策略**（原作者：V. Jones & L. Jone）。臺北市：華騰文化。（原著出版年：2009）

蘇彬純（2014）。應用於高年級班級經營之曼陀羅主題的藝術教育治療課程。**國教新知，61**(3)，25-34。

顧忠華（1993）。人類的文明與命運：伊里亞斯的學術關懷。**當代，89**，16-31。

英文部分

Acker, J. (2006). *Class questions, feminist answers*. Maryland: Rowman and Littlefield Publishers.

Alcoff, L. (1988). Cultural feminism versus post-structuralism: The identity crisis in feminist theory. *Signs, 13*(3), 405-436.

Aldosemani, T. I., & Shepherd, C. E. (2014). Second life to support multicultural literacy: Pre- and in-service teachers' perceptions and expectations. *TechTrends: Linking Research and Practice to Improve Learning, 58*(2), 46-59.

Anderson, L. M. (1980). Dimensions in classroom management derived from recent research. *Journal of Curriculum Studies, 12*(4), 343-362.

Apple, M. (1993). *Official knowledge*. New York: Routledge.

Apple, M. (2004). *Ideology and curriculum* (3rd Edition). New York: Routledge.

Apple, M. W. (2013). *Knowledge, power, and education: The selected works of Michael W. Apple*. New York: Routledge.

Arnot, M. (2006). Gender equality, pedagogy and citizenship: Affirmative and transformative approaches in the UK. *Theory and Research in Education, 4*(2), 131-150.

Arnot, M., McIntyre, D., Pedder, D., and Reay, D. (2004). *Consultation in the classroom: Developing dialogue about teaching and learning.* Cambridge, England: Pearson Publishing.

Arnot, M., & Reay, D. (2007). *Social inequality (re)formed: Consulting students about learning.* London, England: Routledge.

Atherley, C. (1990). The implementation of a positive behaviour management programme in a primary classroom: A case study. *School Organisation, 10*(2-3), 213-228.

Babyak, A. E., Luze, G. J., & Kamps, D. M. (2000). The good student game: Behavior management for diverse classrooms. *Intervention in School and Clinic, 35*(4), 216-232.

Bain, A. (1991). The effects of a school-wide behaviour management programme on teachers' use of encouragement in the classroom. *Educational Studies, 17*(3), 249-260.

Ball, S. (1987). *The micro-politics of the school: Towards a theory of school organization.* London and New York: Routledge.

Banks, J. A. (1991). Teaching multicultural literacy to teachers. *Teaching Education, 4*(1), 135-144.

Banks, J. A. (2001). Multicultural education: Characteristics and goals. In J. A. Banks and C. A. Banks (Eds.). *Multicultural education: Issues and perspectives* (4th ed., pp. 3-30). New York: John Wiley & Sons Inc.

Barrera, R. B. (1992). The cultural gap in literature-based literacy instruction. *Education and Urban Society, 24*(2), 227-243.

Bear, G. G. (2015). Preventive and classroom-based strategies. In E. T. Emmer & E. J. Sabornie (Eds.). *Handbook of classroom management* (2nd ed., pp. 15-39). New York, NY: Routledge.

Bennett, Susan V.; Gunn, AnnMarie Alberton; Gayle-Evans, Guda; Barrera, Estanislado S.; Leung, Cynthia B. (2018). Culturally responsive literacy practices in an early childhood community. *Early Childhood Education Journal, 46*(2), 241-249.

Berger, M. T., & Guidroz, K. (Eds.). (2009). *The intersectional approach:*

Transforming the academy through race, class, and gender. Chapel Hill, NC: University of North Carolina Press.

Bernstein, B. (2004). Social class and pedagogic practice. In S. Ball (Ed.). *The RoutledgeFalmer reader in Sociology of Education* (pp. 196-218). London and New York: RoutledgeFalmer.

Bissonnette, J. D. (2016). The trouble with niceness: How a preference for pleasantry sabotages culturally responsive teacher preparation. *Journal of Language and Literacy Education, 12*(2), 9-33.

Blosser, P. E., Reynolds, D. S., & Simpson, R. D. (1980). Pilot study using computer-based simulations on human transactions and classroom management. *Science Education, 64*(1), 35-41.

Bosch, K. A. (2006). *Planning classroom management*. London, England: SAGE Publications.

Brophy, J. (1986). Classroom management techniques. *Education and Urban Society, 18*(2), pp. 182-194.

Brophy, J. (1988). Educating teachers about managing classrooms and students. *Teaching and Teacher Education, 4*(1), pp. 1-18.

Brown, D. F. (2003). Urban teachers' use of culturally responsive management strategies. *Theory into Practice, 42*(4), 277-282.

Burden, P. R. (2005). *Powerful classroom management strategies: Motivating students to learn*. Thousand Oaks, CA: Corwin Press.

Burden, P. R. (2013). *Class management: Creating a successful K-12 learning community*. Hoboken, NJ: Wiley.

Burman, E. (2003). From difference to intersectionality: Challenges and resources [Special issue]. *European Journal of Psychotherapy & Counselling, 6*(4), 293-308.

Cakmak, M. (2008). Concerns about teaching process: Student teacher's perspectives. *Education Research Quarterly, 31*(3), 57-77.

Canter, L. (2010). *Lee Canter's assertive discipline: Positive behavior management for today's classroom*. Bloomington, IN: Solution Tree.

Carpenter, S. L., & McKee-Higgins, E. (1996). Behavior management in inclusive classrooms. *Remedial and Special Education, 17*(4), 195-203.

Carter, K., & Doyle, W. (1995). Preconceptions in learning to teach. *The Educational Forum, 59*(2), 186-195.

Case, K. A. (Ed.). (2016). *Intersectional pedagogy: Complicating identity and social justice.* London, England: Routledge/Taylor & Francis Group.

Casey, Z. A., Lozenski, B. D., & McManimon, S. K. (2013). From neoliberal policy to neoliberal pedagogy: Racializing and historicizing classroom management. *Journal of Pedagogy, 4*(1), 36-58.

Caspersen, J., & Raaen, F. D. (2014). Novice teachers and how they cope. *Teachers and Teaching, 20*(2), 189-211.

Crenshaw, K. (2011). Demarginalising the intersection of race and sex: A black feminist critique of anti-discrimination doctrine, feminist theory and anti-racist politics. In Lutz, H., Herrera Vivar, M. T. Supik, L. (eds). *Framing intersectionality: Debates on a multi-faceted concept in gender studies* (pp. 25-42). Farnham: Ashgate.

Chin, F. (1991). Come all Ye Asian American writers of the real and the fake. In J. P. Chan, F. Chin, L. F. Inada, & S. Wong (Eds.). *The big aiiieeeee: An anthology of Chinese American and Japanese American literature* (pp. 8, 11-12). New York: Meridian.

Cochrane Library. (n.d.). About Cochrane Reviews. Retrieved from https://www.cochranelibrary.com/about/about-cochrane-reviews?contentLanguage=zh_HANT

Cole, E. R. (2009). Intersectionality and research in psychology. *American Psychologist, 64*, 120-180.

Cole, E. R., Case, K. A., Rios, D., & Curtin, N. (2011). Understanding what students bring to the classroom: Moderators of the effects of diversity courses on student attitudes. *Cultural Diversity and Ethnic Minority Psychology, 17*(4), 397-405.

Collins, P. (2010). Toward a new version: Race, class, and gender. In M. Adams, W. J. Blumenfeld, C. Castañeda, H. W. Hackman, M. L. Peters, & X. Zúñiga (Eds.). *Readings for diversity and social justice* (3rd ed., pp. 604-609). New York, NY: Routledge.

Collins, P. H. (2000). *Black feminist thought*. New York: Routledge.

Davis, J. R. (2017). From discipline to dynamic pedagogy: A re-conceptualization of classroom management. *Berkeley Review of Education, 6*(2), 129-153.

Debbag, M., & Fidan, M. (2020). Relationships between prospective teachers' multicultural education attitudes and classroom management styles. *International Journal of Progressive Education, 16*(2), 111-122.

Denis, A. (2008). Intersectional analysis: A contribution of feminism to sociology. *International Sociology, 23*(5), 677-694.

Dickson, R., Gemma Cherry, M., & Boland, A. (2014). Carrying out a systematic review as a master's thesis. In R. Dickson, M. Gemma Cherry & A. Boland (Eds.). *Doing a systematic review: A student's guide* (pp. 1-16). London, UK: SAGE.

Dill, B. T., & Zambrana, R. E. (2009). Critical thinking about inequality: An emerging lens. In B. T. Dill & R. E. Zambrana (Eds.). *Emerging intersections: Race, class, and gender in theory, policy, and practice* (pp. 1-21). New Brunswick, NJ: Rutgers.

Djigic, G., & Stojiljkovic, S. (2011). Classroom management styles, classroom climate and school achievement. *Procedia: Social and Behavioral Sciences, 29*, 819-828.

Dooley, C. M. (2008). Multicultural literacy teacher education: Seeking micro-transformations. *Literacy Research and Instruction, 47*(2), 55-76.

Doyle, W. (1977). Learning the classroom environment: An ecological analysis. *Journal of Teacher Education, 28*(6), 51-55.

Doyle, W. (2006). Ecological approaches to classroom management. In C. M. Evertson & C. S. Weinstein (Eds.). *Handbook of classroom management: Research, practice, and contemporary issues* (pp. 97-126). Mahwah: Lawrence Erlbaum Associates.

Doyle, W., & Rosemartin, D. (2012). The ecology of curriculum enactment: Frame and task narratives. In Wubbels, T., den Brok, P., van Tartwijk, J., Levy, J. (Eds.). *Interpersonal relationships in education* (pp. 137-147). Rotterdam, Holland: Brill Sense.

Doyle, W., & Wittrock, M. C. (1986). Classroom organization and management. *AREA handbook of research on teaching* (pp. 392-431). 3rd, Macmillan, New York.

Dreikurs, R., Grunwald, B., & Pepper, F. (1982). *Maintaining sanity in the classroom: Classroom management techniques* (2nd ed.). New York, NY: Harper and Row.

Duke, D. L. (1978). Can the curriculum contribute to resolving the educator's discipline dilemma? *Action in Teacher Education, 1*(2), 17-35.

Emmer, E. T., Evertson, C., & Worsham, M. E. (2000). *Classroom management for secondary teachers* (5th ed.). Allyn and Bacon, Boston.

Enns, C. Z., & Forrest, L. M. (2005). Toward defining and integrating multicultural and feminist pedagogies. In C. Z. Enns & A. L. Sinacore (Eds.). *Teaching and social justice: Integrating multicultural and feminist theories in the classroom* (pp. 3-24). Washington, DC, NE: American Psychological Association. doi: 10.1037/10929-000

Ersozlu, A., & Cayci, D. (2016). The changes in experienced teachers' understanding towards classroom management. *Universal Journal of Educational Research, 4*(1), 144-150.

Evertson, C. M., & Weinstein, C. S. (2006). Classroom management as a field of inquiry. In C. M. Evertson & C. S. Weinstein (Eds.). *Handbook of classroom management: Research, practice, and contemporary issues* (pp. 3-16). Mahwah: Lawrence Erlbaum Associates.

Evertson, C. M., Anderson C. W., Anderson, L. M., & Brophy, J. E. (1980). Relationships between classroom behaviors and student outcomes in junior high Mathematics and English classes. *American Educational Research Journal, 17*(1), 43-60.

Ferber, A. L. & Herrera, A. O. (2013). Teaching privilege through an intersectional lens. In K. A. Case (Ed.). *Deconstructing privilege: Teaching and learning as allies in the classroom* (pp. 83-101). New York: NY: Routledge.

Feuerverger, G. (1994). A multicultural literacy intervention for minority language students. *Language and Education, 8*(3), 123-146.

Fisher, P. (2001). Teachers' views of the nature of multicultural literacy and implications for preservice teacher preparation. *Journal of Reading Education, 27*(1), 14-23.

Foster, M. (1997). Race, gender, and ethnicity: How they structure teachers' perceptions of and participation in the profession and school reform efforts. In B. Bank & P. Hall (Eds.). *Gender, equity and schooling: Policy and practice* (pp. 159-186). New York and London: Garland Publishing.

Fraser, N. (1996). Multiculturalism and gender equity: The U.S. "difference" debates revisited. *Constellation, 3*(1), 61-72. doi: 10.1111/j.1467-8675.1996.tb00043.x

Fraser, N. (1997). *Justice interruptus: Critical reflections on the 'post-socialist' condition.* London: Routledge.

Giroux, H. A. (1988). *Teachers as intellectuals: Towards a critical pedagogy of learning.* Massachusetts: Bergin & Garvey.

Giroux, H. A. (1992). *Border crossings: Cultural workers and the politics of education.* New York: Routledge.

Glasser, W. (1969). *School without failure.* New York, NY: Harper and Row.

Glazer, N. (1997). *We are all multiculturalists now.* Cambridge, Mass: Harvard University Press.

Gonzalez, L., & Carter, K. (1996). Correspondence in cooperating teachers' and student teachers' interpretations of classroom events. *Teaching and Teacher Education, 12*(1), 39-47.

Good, T. L., & Brophy, J. E. (2006). *Looking in classrooms* (8th ed.). New York: Longman.

Gough, D., Oliver, S., & Thomas, J. (2012). Introducing systematic reviews. In D. Gough, S. Oliver, & J. Thomas (Eds.). *An introduction to systematic reviews* (pp. 1-16). London, UK: SAGE.

Grace, G. R. (1995). *School leadership: Beyond education management: An essay in policy scholarship.* London and Washington, D.C.: The Falmer Press.

Grzanka, P. R. (2014). *Intersectionality: A foundations and frontiers reader.* Boulder, CO: Westview Press.

Greenwood, R. (2008). Intersectional political consciousness: Appreciation for intra-group differences and solidarity in diverse groups. *Psychology of Women Quarterly, 32*(1), 36-47.

Greenwood, R., & Christian, A. (2008). What happens when we unpack the invisible knapsack? Intersectional political consciousness and inter-group appraisals. *Sex Role, 59*(5), 404-417.

Gump, P. V. (1967). *The classroom behaviour setting: Its nature and relation to student behaviour.* Washington, DC: US Office of Education.

Gunduz, Y., & Can, E. (2013). The compliance level of primary and high school teachers to classroom management principles according to student's views. *Educational Administration: Theory and Practice, 19*(3), 419-446.

Halsey, A. H., Lauder, H., Brown, P. and Wells, A. S. (Eds.) (1997). *Education: Culture, economy, and society.* Oxford: Oxford University Press.

Harmat, G. (2019). *Intersectional pedagogy — Creative education practices for gender and peace work.* London: Routledge.

Holdsworth, R., & Thomson, P. (2002). *Options with the regulation and containment of student voice and/or students research and acting for change: Australian experiences.* Paper presented at the AERA symposium.

hooks, b. (1984). *Feminist theory: From margin to center.* Boston, MA: South End Press.

hooks, b. (1987). *Ain't I a woman: Black women and feminism.* London, England: Pluto Press.

Horgan, D. D. (1995). *Achieving gender equity: Strategies for the classroom.* Boston: Allyn and Bacon.

Hornberger, N. H. (1990). Creating successful learning contexts for bilingual literacy. *Teachers College Record, 92*(2), 212-229.

Kampwirth, T. J. (1988). Behavior management in the classroom: A self-assessment guide for teachers. *Education and Treatment of Children, 11*(3), 286-293.

Kelley, E. A. (1978). Developing a lesson plan for classroom discipline. *Action in Teacher Education, 1*(2), 41-45.

Kim, S., & Slapac, A. (2015). Culturally responsive, transformative pedagogy in the transnational era: Critical perspectives. *Educational Studies: Journal of the*

American Educational Studies Association, 51(1), 17-28.

Kim, Y., Turner, J. D., & Mason, P. A. (2015). Getting into the zone: Cases of student-centered multicultural literacy teacher education. *Action in Teacher Education, 37*(2), 102-120.

Kincheloe, J. L. and Steinberg S. R. (1997). *Changing multiculturalism.* Buckingham: Open University Press.

Kohut, S. (1978). Defining discipline in the classroom. *Action in Teacher Education, 1*(2), 11-15.

Kounin, J. S. (1970). *Discipline and group management in classrooms.* New York: Holt, Rinehart and Winston.

Ladson-Billings, G. (1995). Toward a theory of culturally relevant pedagogy. *American Educational Research Journal, 32*(3), 465-491.

Lather, P. (1998). Critical pedagogy and its complicities: A praxis of stuck places. *Educational Theory, 48*(4), 487-497.

Landau, B. M. (2001). *Teaching classroom management: A stand-alone necessity for preparing new teachers.* Paper presented at the annual meeting of the American Educational Research Association, Seattle, WA.

Lew, M. M., & Nelson, R. F. (2016). New teachers' challenges: How culturally responsive teaching, classroom management, & assessment literacy are intertwined. *Multicultural Education, 23*(0), 7-14.

MacKinnon, C. A. (2013). Intersectionality as method: A note. *Signs: Journal of Women in Culture and Society, 38*(4), 1019-1030.

Martin, N., & Baldwin, B. (1993b, April). *Validation of an inventory of classroom management style: Differences between novice and experienced teachers.* Paper presented at the Annual Conference of the American Educational Research Association, Atlanta, GA. Retrieved from http://eric.ed.gov/ERICDocs/data/ericdocs2sql/content_storage_01/0000019b/80/13/f0/9e.pdf

Martin, N. K., Shoho, A. R., Yin, Z., Kaufman, A. S., & McLean, J. E. (2003). Attitudes and beliefs regarding classroom management styles: The impact of teacher preparation vs. experience. *Research in the Schools, 10*(2), 29-34.

Maxwell, J. A. (1998). Designing a qualitative study. In L. Bickman & D. J. Rog

(Eds.). *Handbook of applied social research methods.* London: Sage.

Mayo, C. (2009). Queer lessons: Sexual and gender minorities in multicultural education. In J. A. Banks & C. A. McGee Banks (Eds.). *Multicultural education: Issues and perspectives* (7th edition, pp. 209-228). Hoboken, NJ: John Wiley & Sons.

McCall, L. (2005). The complexity of intersectionality. *Signs, 30*(3), 1771-1800.

McLaren, P. (1994). White terror and oppositional agency: Towards a critical multiculturalism. In D. Goldberg (ed.). *Multiculturalism: A critical reader.* Cambridge, MA: Basil Blackwell.

McLemore, W. P. (1978). Make contact before there is a discipline problem. *Action in Teacher Education, 1*(2), 37-40.

McQuillan, K. (1996). Classroom performance of students with serious emotional disturbance: A comparative study of evaluation methods for behavior management. *Journal of Emotional and Behavioral Disorders, 4*(3), 162-170.

Minami, M., & Kennedy, B. P. (1991). *Language issues in literacy and bilingual/ multicultural education.* Harvard Educational Review Reprint. Series No. 22. 599. Cambridge, MA: Harvard Educational Review.

Mohanty, C. T. (1988). Under western eyes: Feminist scholarship and colonial discourses. *Feminist Review, 30*, 61-87.

Morris, R. C. (1978). Creating effective classroom discipline. *Clearing House, 52*(3), 122-124.

Murray, D. E. (1992). *Diversity as resource: Redefining cultural literacy.* Alexandria, VA: Teachers of English to Speakers of Other Languages.

Nam, R. (2016). Culturally responsive literacy through student narratives. *English in Texas, 46*(2), 30-34.

Nelson, J. R. (1996). Designing schools to meet the needs of students who exhibit disruptive behavior. *Journal of Emotional and Behavioral Disorders, 4*(3), 147-161.

Newbigging, A. (2002). *How can education advisors help to achieve the PSA gender equality targets: Guidance sheets for promoting equal benefits for females and males in the Education Sector.* London: DFID (Education Department).

Newman, M., & Gough, D. (2020). Systematic reviews in educational research: Methodology, perspectives and application. In O. Zawacki-Richter, M. Kerres, S. Bedenlier, M. Bond, & K. Buntins (Eds.). *Systematic reviews in educational research* (pp. 3-22). Manhattan, NY: SpringerVS.

Nieto, S., & Bode, P. (2012). *Affirming diversity: The sociopolitical context of multicultural education* (6th Ed.). London, England: Pearson.

Padilla, R. V. (1980). *Theory in bilingual education: Ethnoperspectives in bilingual education research, Volume II.* Tempe, Arizona: Bilingual Review Pr.

Paramita, P. P., Sharma, U., & Anderson, A. (2020). Effective teacher professional learning on classroom behaviour management: A review of literature. *Australian Journal of Teacher Education, 45*(1), 5.

Pliner, S. M., & Banks, C. A. (Eds.). (2012). *Teaching, learning and intersectional identities in higher education.* New York, NY: Peter Lang.

Postholm, M. B. (2013). Classroom management: What does research tell us. *European Educational Research Journal, 12*(3), 389-402.

Rios, D., Bowling, M. J., & Harris, J. (2017). Decentering student "uniqueness" in lessons about intersectionality. In K. A. Case (Ed.). *Intersectional pedagogy.* New York, NY: Routledge.

Ritter, J. T., & Hancock, D. R. (2007). Exploring the relationship between certification sources, experience levels, and classroom management orientations of classroom teachers. *Teaching and Teacher Education, 23*(7), 1206-1216.

Rosenberg, M. S. (1986). Maximizing the effectiveness of structured classroom management programs: Implementing rule-review procedures with disruptive and distractible students. *Behavioral Disorders, 11*(4), 239-248.

Roy, B., & Brown, S. P. (2007). A gender-inclusive approach to English/language arts method: Literacy with a critical lens. In D. Sadker & E. S. Silber (Eds.). *Gender in the classroom foundations, skills, methods, and strategies across the curriculum* (pp. 165-204). London: Routledge.

Sadker, M., & Sadker, D. (1994). *Failing at fairness: How America's schools cheat girls.* New York: Charles Scribner's Sons.

Savage, T. V., & Savage, M. K. (2009). *Successful classroom management and discipline: Teaching self-control and responsibility* (3rd edition). Sage Publications, Inc.

Sezer, B. (2017). The effectiveness of a technology-enhanced flipped science classroom. *Journal of Educational Computing Research, 55*(4), 471-494.

Shores, R. E., Gunter, P. L., & Jack, S. L. (1993). Classroom management strategies: Are they setting events for coercion? *Behavioral Disorders, 18*(2), 92-102.

Simpson, J. N., Hopkins, S., Eakle, C. D., & Rose, C. A. (2020). Implement today! Behavior management strategies to increase engagement and reduce challenging behaviors in the classroom. *Beyond Behavior, 29*(2), 119-128.

Sleeter, C. E. (1997). Gender and multicultural education: Building bridges. In National Normal University Department of Education (Ed.). *International symposium on multicultural education: Theories and practices* (pp. 241-262). Taipei, Taiwan: National Normal University Department of Education.

Snider, S. J., & Cooper, L. J. (1978). Classroom conduct theory into practice system. *Action in Teacher Education, 1*(2), 47-53.

Snyder, D. W. (1998). Classroom management for student teachers. *Music Educators Journal, 84*(4), 37-40.

Stoll, L. C., & Embrick, D. G. (2013). *Race and gender in the classroom: Teachers, privilege, and enduring social inequalities*. Lanham, MD: Lexington Books.

Tetreault, M. K. T. (2009). Classroom for diversity: Rethinking curriculum and pedagogy. In J. A. Banks, & C. A. McGee Banks (Eds.). *Multicultural education: Issues and perspectives* (7th edition, pp. 164-185). Hoboken, NJ: John Wiley and Sons Ltd.

Thompson, M. K. (2010). Classroom for diversity: Rethinking curriculum and pedagogy. In J. A. Banks & C. A. McGee Banks (Eds.). *Multicultural education: Issues and perspectives* (7th edition, pp. 159-182). Hoboken, NJ: John Wiley & Sons.

Thompson, N. (2003). *Promoting equality: Challenging discrimination and oppression* (2nd ed.). Hampshire and New York: Palgrave Macmillan.

Timmreck, T. C. (1978). Will the real cause of classroom discipline problems please stand up. *Journal of School Health, 48*(8), 491-497.

Troyna, B. and Carrington, B. (1990). *Education, racism and reform*. London and New York: Routledge.

Ünal, Z., & Ünal, A. (2012). The impact of years of teaching experience on the classroom management approaches of elementary school teachers. *International Journal of Instruction, 5*(2), 41-60.

Van Ness, H. (1981). Social control and social organization in an Alaskan Athabaskan classroom: A microethnography of "getting ready" for reading. In H. T. Trueba, G. Guthrie, and K. Au (Eds.). *Culture and the bilingual classroom: Studies in classroom ethnography* (pp. 120-138). Cambridge, Mass.: Newbury House Publishers.

Varrella, G. (2000). Science teachers at the top of their game: What is teacher expertise? *Clearing House, 74*(1), 43-45.

Walby, S. (2007). Complexity theory, systems theory and multiple intersecting social inequalities. *Philosophy of the Social Sciences, 37*(4), 449-470.

Walker, D., & Nocon, H. (2007). Boundary-crossing competence: Theoretical considerations and educational design. *Mind, Culture, and Activity, 14*(3), 178-195.

Watt, S., & Higgins, C. (1999). Using behaviour management packages as a stepping stone from school to society: A Scottish evaluation of "Turn Your School Round." *Children & Society, 13*(5), 346-364.

Weber, L. (2010). *Understanding race, class, gender, and sexuality: A conceptual framework* (2nd ed.). New York, NY: Oxford University Press.

Weinstein, C. S. (1991). The classroom as a social context for learning. *Annual Review of Psychology, 42,* 493-525.

Weinstein, C., Curran, M., & Tomlinson-Clarke, S. (2003). Culturally responsive classroom management: Awareness into action. *Theory into Practice, 42*(4), 269-276.

Weinstein, D. S., Tomlinson-Clarke, S., & Curran, M. (2004). Toward a conception of culturally responsive classroom management. *Journal of Teacher Education, 55*(1), 25-38.

Wellesley College Center for Research on Women (1995). *How schools shortchange girls: The AAUW report*. New York: Marlowe & Company.

Willis, A. I., Garcia, G. E., Barrera, R. B., & Harris, V. J. (2003). *Multicultural issues in literacy research and practice* (1st ed.). New York, NY: Routledge.

Wolff, C. E., van den Bogert, N., Jarodzka, H., & Boshuizen, H. P. (2015). Keeping an eye on learning: Differences between expert and novice teachers' representations of classroom management events. *Journal of Teacher Education, 66*(1), 68-85.

Wright, C., Weekes, D. and McGlaughlin A. (2000). *'Race', class and gender in exclusion from school*. London and New York: Falmer Press.

Yassine, J. N., Tipton, L. A., & Katic, B. (2020). Building student-teacher relationships and improving behaviour-management for classroom teachers. *Support for Learning, 35*(3), 389-407.

Yuval-Davis, N. (2006). Human/women's rights and feminist transversal politics. In M. Ferree & A. M. Tripp (Eds.). *Global feminism: Transnational women's activism, organizing and human rights* (pp. 275-295). NY: New York UP.

國家圖書館出版品預行編目資料

邁向交織教育學：多元文化班級經營理念與實
踐策略圖像／李淑菁著. －－初版. －－臺北
市：五南圖書出版股份有限公司, 2022.12
　　面；　公分
　　ISBN 978-626-343-493-6（平裝）

1.CST: 班級經營　2.CST: 教育理論

527　　　　　　　　　　111017351

1I5X

邁向交織教育學
多元文化班級經營理念與實踐策略圖像

作　　者 ─ 李淑菁

發 行 人 ─ 楊榮川

總 經 理 ─ 楊士清

總 編 輯 ─ 楊秀麗

副總編輯 ─ 黃文瓊

責任編輯 ─ 陳俐君、李敏華

封面設計 ─ 姚孝慈

出 版 者 ─ 五南圖書出版股份有限公司

地　　址：106臺北市大安區和平東路二段339號4樓

電　　話：(02)2705-5066　　傳　　真：(02)2706-6100

網　　址：https://www.wunan.com.tw

電子郵件：wunan@wunan.com.tw

劃撥帳號：01068953

戶　　名：五南圖書出版股份有限公司

法律顧問　林勝安律師事務所　林勝安律師

出版日期　2022年12月初版一刷

定　　價　新臺幣350元

※版權所有·欲利用本書內容，必須徵求本公司同意※

全新官方臉書

五南讀書趣

WUNAN
Books since1966

Facebook 按讚

👍 1秒變文青

五南讀書趣 Wunan Books

★ 專業實用有趣
★ 搶先書籍開箱
★ 獨家優惠好康

不定期舉辦抽獎
贈書活動喔！！！

經典永恆・名著常在

五十週年的獻禮——經典名著文庫

五南，五十年了，半個世紀，人生旅程的一大半，走過來了。

思索著，邁向百年的未來歷程，能為知識界、文化學術界作些什麼？

在速食文化的生態下，有什麼值得讓人雋永品味的？

歷代經典・當今名著，經過時間的洗禮，千錘百鍊，流傳至今，光芒耀人；

不僅使我們能領悟前人的智慧，同時也增深加廣我們思考的深度與視野。

我們決心投入巨資，有計畫的系統梳選，成立「經典名著文庫」，

希望收入古今中外思想性的、充滿睿智與獨見的經典、名著。

這是一項理想性的、永續性的巨大出版工程。

不在意讀者的眾寡，只考慮它的學術價值，力求完整展現先哲思想的軌跡；

為知識界開啟一片智慧之窗，營造一座百花綻放的世界文明公園，

任君遨遊、取菁吸蜜、嘉惠學子！